人力资源管理师操作实务

职业生涯规划管理实务

主编◎葛玉辉　副主编◎张　宵　宋志强　何　菲

第2版

Career Planning and Management Practices

清华大学出版社
北京

内 容 简 介

本书系统地介绍了职业生涯规划管理实务的相关理论知识，并提供了丰富的图表、案例和问题探究，以期为广大读者提供可操作性的指导，帮助个人进行科学有效的职业生涯规划，帮助组织做好员工的职业生涯开发与管理工作。

全书分为六篇，共二十三章，分别从职业生涯规划管理概述、职业生涯规划管理的测量工具、个人职业生涯规划管理、组织职业生涯规划管理、职业生涯周期管理、大学生职业生涯规划六个方面对职业生涯规划管理进行了全面分析和系统阐述，并提供了一系列操作性很强的工具，这些都给读者提供了一个机会，使之把所学的内容用于职业探索，确定职业目标和职业开发战略，掌握职业生涯管理过程中的各种关键因素。

本书可以作为普通高校人力资源管理专业在校学生教材，可以用作企业人力资源管理师培训教材和实战参考书，也可以作为企业员工职业生涯规划培训教材和人力资源工作者的常备工具书，同时还可以作为相关领域学习和研究人员的参考资料。

图书在版编目（CIP）数据

职业生涯规划管理实务 / 葛玉辉主编. --2 版.

北京：清华大学出版社，2024.6. --（人力资源管理

师操作实务）. --ISBN 978-7-302-66469-7

Ⅰ. F272.92

中国国家版本馆 CIP 数据核字第 2024SC9736 号

责任编辑：邓　婷
封面设计：刘　超
版式设计：文森时代
责任校对：马军令
责任印制：刘　菲

出版发行：清华大学出版社
　　　　　网　　址：https://www.tup.com.cn，https://www.wqxuetang.com
　　　　　地　　址：北京清华大学学研大厦 A 座　　　　　邮　编：100084
　　　　　社 总 机：010-83470000　　　　　　　　　　邮　购：010-62786544
　　　　　投稿与读者服务：010-62776969，c-service@tup.tsinghua.edu.cn
　　　　　质量反馈：010-62772015，zhiliang@tup.tsinghua.edu.cn
印 装 者：三河市人民印务有限公司
经　　销：全国新华书店
开　　本：185mm×260mm　　　印　张：16.25　　　字　数：364 千字
版　　次：2011 年 1 月第 1 版　　2024 年 6 月第 2 版　　印　次：2024 年 6 月第 1 次印刷
定　　价：59.80 元

产品编号：081390-01

丛书主编

葛玉辉，男，1964 年出生，华中科技大学管理学博士，上海理工大学管理学院教授、博士生导师、工商管理系主任、工商管理一流学科带头人，国内著名的管理咨询专家，中国管理学网名师，上海交通大学海外教育学院特聘教授，复旦大学特聘教授，同济大学特聘教授，慧泉（中国）国际教育集团高级教练，精品课程"人力资源管理"主讲教授，上海解放教育传媒·学网特聘教师，上海博示企业管理咨询有限公司技术总监，中国人力资源开发与管理委员会委员，上海人才学会理事，上海市系统工程学会会员，上海社会科学联合会会员，湖北省社会科学联合会会员，中国管理研究国际学会理事。

葛玉辉在 *African Journal of Business Management*，*Journal of Grey System*，*Journal of Computational Information Systems* 等国外期刊，以及《预测》《管理工程学报》《科学学与科学技术管理》等国内期刊上公开发表学术论文 260 余篇，2000—2018 年主持企业策划、人力资源开发与管理研究等科技项目 40 余项，其中国家级项目 4 项，省部级项目 6 项，横向课题 31 项，多项科研成果分别获国家优秀成果二等奖、湖北省重大科技成果奖、湖北省科技进步三等奖等。

丛书编委会（排名不分先后）

宋　美　宋志强　张玉玲　孟陈莉　赵晓青　郭亮亮

高　雪　顾增旺　蔡弘毅　葛玉辉　焦忆雷　蔺思雨

总 序
P·R·E·F·A·C·E

　　本套"人力资源管理师操作实务"丛书第2版是在丛书第1版的基础上结合新时代前沿理论和最新的行业实践要求，从人力资源工作实务的角度进行编写的。本丛书注重理论与实践结合，强化实操，汲取了人力资源管理经典理论和新观点，并融入了编者多年在管理咨询实践中的许多心得体会与经验，形成了"理论—实战—工具—操作"的全新撰写思路。本套丛书实操性强，注重基础理论、工具方法和实际操作的有机联系，充分利用丰富的图表来形象地表达和说明问题并结合案例进行分析，有助于读者尽快掌握人力资源管理实务操作技能。本套丛书是人力资源管理者进行人力资源规范化管理、提高工作效率必备的实用工作手册和常用工具书。同时，本套丛书为打造一个专门的板块特构建了一个集"阅读—下载—互动"为一体的立体化教学资源平台，读者可以从这个平台的网站上下载工作中使用的表格或者文件的模板，也可以延伸阅读一些案例。

1. 丛书（第2版）构成：一套六本

　　（1）《工作分析与工作设计实务（第2版）》
　　（2）《招聘与录用管理实务（第2版）》
　　（3）《员工培训与开发实务（第2版）》
　　（4）《绩效管理实务（第2版）》
　　（5）《薪酬管理实务（第2版）》
　　（6）《职业生涯规划管理实务（第2版）》

2. 丛书特色：理论—实战—工具—操作—下载—互动

　　（1）丛书第2版立足于中国国情并结合新时代特色将前沿理论融入丛书，如《绩效管理实务(第2版)》一书中编者增加了最新的绩效考核工具目标—结果考核法（objectives and key results，OKR）和经济增加值考核法（economic value added，EVA）。
　　（2）从人力资源管理工作实务的角度出发，按照实际工作流程中的相应环节进行内容框架设计；内容丰富，与实际工作结合紧密，具有工具性特色。在每章的开头以案例导入，每章的正文适当穿插案例，每章的结尾再设置案例，便于读者结合理论进行分析和讨论。
　　（3）从实用性的角度出发，对知识讲解采取图和表等直观形式来进行说明；对一些具体工作文本和工具表格提供网络链接，方便读者下载使用，突出实用性特色。

（4）对一些不容易用图和表说明的内容，针对各个工作环节中遇到的主要问题用实例加以说明；突出方法与技巧，帮助读者理解和掌握相关知识点；示例新颖、有代表性，完美地展现了人力资源管理的成功经验和实用技巧。

（5）形式活泼。书中增加了一些小案例、小测试或相关知识阅读推荐之类的小板块，使读者阅读起来更轻松，便于掌握。

（6）网络与丛书的互动。我们在互联网上搭建了一个编者与读者教与学的互动平台，将最新理论成果、策划案例分析、图形、表格、工作文本等相关资料展现在网上（www.boshzixun.cn），形成教学互动，实现丛书资源共享。

3. 作者团队：学术界+企业界

本套丛书的作者既有来自高校管理学院的教授、博士，又有来自管理咨询公司的资深高级咨询师，更有来自企业的人力资源总监、高层管理者，体现了理论与实践的完美结合、学术与应用的并重、操作与理念的相互渗透。

本套丛书从调研、策划、构思、撰写到出版，前后历时多年。丛书第2版的出版既是作者辛勤工作的成果，更是"产学研"团队合作成功的标志。在此衷心感谢团队成员付出的大量心血，感谢清华大学出版社对本套丛书的支持和帮助。

本套丛书适合作为经济管理类专业的本科生、研究生和 MBA 教材，也可供研究人员及各类组织的管理人员自学和培训使用。

在编写本套丛书的过程中，我们参阅和借鉴了大量的相关书籍与论文，在此谨向这些书籍和论文的作者表示最诚挚的谢意。限于编者的水平和经验，书中难免存在不足之处，敬请广大读者批评指正。

葛玉辉于上海

前　言

F.O.R.E.W.O.R.D

作为人力资源管理中的一个重要领域，职业生涯规划管理无论对组织还是对个人而言，都具有举足轻重的作用。但是，在实践中，职业生涯管理又最容易受到组织和个人的忽视。我们经常可以看到的情境是：企业在"招聘—流失—招聘"的旋涡中循环，而员工在"求职—辞职—求职"的旋涡中循环。由此造成的结果是：企业不断地流失优秀的员工，员工不断地丧失稳定发展的机会，这是对企业和员工双方都不利的"双输"结局。良好的职业生涯规划管理可以带来企业和员工的"双赢"局面，这也正是目前职业生涯规划管理越来越受到企业和个人双向欢迎，其应用越来越得到重视和推广的重要原因。

当今世界，一场以大数据、云计算、物联网、区块链和人工智能等新一代信息技术应用为主要驱动力的科技革命正在孕育中。历史上发生的每一次工业革命都曾引起就业结构的深刻变化。大数据、人工智能、区块链将与实体经济深度融合，促进产业创新发展，使产业结构、技术体系、生产方式等都发生深刻的变化，很多新的行业和职业正在迅速崛起，同时一些传统的行业和职业正在逐渐消亡。如何破除传统观念的束缚，在瞬息万变、风起云涌的职场中实现职业生涯的延续？职业生涯规划显得尤为重要。职业的选择并非理所当然。凡事预则立，不预则废。重视职业生涯规划的意义，知晓规划职业生涯的方法和工具以及必要的职场攻略，个人才能立于不败之地，用人单位才能更好地用人、留人，实现用人单位与个人的共同成长。

本书受国家社科基金项目（项目编号：11BGL014）、国家软科学研究计划项目（项目编号：2013GXQ4D165）、上海市教委科研创新重点项目（项目编号：14ZS117）、教育部人文社会科学研究规划基金项目（项目编号：17YJA630020）和上海市一流学科建设项目（项目编号：S1201YLXK）的资助，以职业生涯规划管理过程为内在逻辑主线，系统介绍了职业生涯规划管理概述、职业生涯规划管理的测量工具、个人职业生涯规划管理、组织职业生涯规划管理、职业生涯周期管理和大学生职业生涯规划的基本理论和操作方法。本书通过理论与实践、个人行为与组织行为、量表测试与分析、案例分析与讨论等内容的结合，使读者不仅能够学习和掌握职业生涯规划管理的理论知识，更重要的是希望借此为读者提供一整套职业生涯规划管理的操作方法。

在写作过程中，本书参阅了大量国内外同行有关职业生涯规划管理知识的著述、文献和资料，借鉴了许多前人的研究成果，在此对他们表示深深的感谢！如果没有他们前期丰富、精彩的理论和实践工作，我们的写作就无异于无本之木、无源之水。

由于时间仓促以及自身水平有限，书中难免存在不少问题，也有不少需要进一步深入探讨的方面，恳请广大读者在阅读和使用过程中不吝批评指正，以便改进。

编　者

目 录
CONTENTS

第二篇　职业生涯规划管理的测量工具

第三篇 个人职业生涯规划管理

第四篇　组织职业生涯规划管理

第五篇　职业生涯周期管理

第六篇　大学生职业生涯规划

第一篇
职业生涯规划管理概述

【关键词】

职业；职业生涯；职业生涯规划；管理；角色

【学习目标】

➤ 了解职业与职业生涯

➤ 了解职业生涯规划管理的内容与意义

➤ 掌握职业生涯规划管理的特征、原则与流程

➤ 熟悉职业生涯规划管理的角色与任务

【开篇案例】

小张该何去何从①

某省级电信企业分公司网络运维部小张积极肯干，勤于思考，深得省公司企业发展部赵总的赏识，一年前赵总力将小张从其所在市公司借调到省公司工作，增加省公司新职能战略管理的力度。小张工作十分努力用心，仅在一年中，就深入参与省公司年度战略规划的制定工作，并向省公司提交了多篇电信企业竞争环境的分析报告，工作获得了不小的成绩。

小张的直接主管刘经理是一位精通业务的技术骨干，但对下级工作挑剔，经常不分

---

① 资料来源：职业生涯管理案例[EB/OL]. https://wenku.baidu.com/view/d6c0d5aaef3a87c24028915f804d2b160b4e86ac.htm.

场合地批评员工，对于本是借调并且内向寡言的小张更是多番指责。刘经理苛刻的工作作风虽然受到小张等多名下属的抱怨，但是大家对这位顶头上司也只能沉默屈从，小张本人更是兢兢业业、如履薄冰。

小张借调时值一年，省公司进行中层领导的竞聘上岗。在省公司职能部门任职多年的赵总要到分公司去竞聘老总，刘经理也要重新参加部门主管的公开竞聘。小张则处于职业发展何去何从选择中，自己原定两年的借调期目前时已过半，虽然工作业绩与个人能力受到赵总的赏识，但是赵总如果到地市分公司竞聘成功，小张将直接面对苛刻严厉的直接领导——刘经理，小张很难预料自己留在省公司的发展前途。如果此时小张以两地分居为由，向赵总申请缩短借调期，回到原单位继续本职工作，那么工作轻车熟路，既受老领导器重，又可以与家人团圆。然而如此一来，小张在省公司企业发展部的工作成绩，掌握的关于企业发展战略方面的知识与技能便失去了意义。他觉得通过参与公司战略规划项目，能够站在企业最前沿关注公司环境的变化，了解最新的技术动向、市场动向，这些是自己在网络部技术岗位所接触不到的。小张现在很矛盾，究竟是回市公司网络部发展，还是坚持留在省公司呢？

第一章　职业与职业生涯

第一节　职业的定义与分类

一、职业的定义

从词义学的角度分析，"职业"一词是由"职"与"业"两个字构成。现代汉语中，所谓"职"，引申出社会职责、天职、权利与义务的意思；所谓"业"，引申出从事业务、事业、事情、独特性工作的意思。

根据中国职业规划师协会的定义，职业是性质相近的工作的总称，通常指个人服务社会并作为主要生活来源的工作，包括农村农业、生产加工、制造、服务娱乐、政治、科研教育、管理、商业等方向，细化分类有九十多个常见职业，如工人、农民、个体商人、公共服务、知识分子、管理等。西方学者普遍认为，职业是指不同行业和组织中存在的一组类似的职位。在特定的组织内，职业表现为职位（即岗位，position），每一个职位都会对应着一组任务（task），作为任职者的岗位职责。而要完成这些任务就需要这个岗位上的人，即从事这个工作的人，具备相应的知识、技能、态度等。

日本社会学家尾高邦雄认为，职业是某种一定的社会分工或社会角色的持续的实现，因此职业包括工作、工作的场所和地位。他指出："职业是社会与个人，或整体与个体的结合点。通过这一点的相关动态，形成了人类社会共同主体的基本结构。整体靠个体通过职业活动来实现，个体则通过职业活动对整体的存在和发展做出贡献。"

日本劳动问题专家保谷六郎认为，职业是有劳动能力的人为了生活需要而发挥个人能力，向社会做贡献的连续活动。"职业"的特性有以下几个。

（1）经济性，即人们可从职业中取得收入。

（2）技术性，即人们在职业中可发挥个人的才能与专长。

（3）社会性，即人们要在职业中承担社会的生产任务（社会分工），履行公民义务。

（4）伦理性，即人们所从事的职业要符合社会需要，为社会提供有用的服务。

（5）连续性，即人们在职业中所从事的劳动相对稳定，是非中断的。

美国学者泰勒（Taylor）在其著作《职业社会学》一书中指出："职业的社会学概念，可以解释为一套成为模式的与特殊工作经验有关的人群关系。这种成为模式的工作关系的整合，促进了职业结构的发展和职业意识形态的显现。"

二、职业的分类

根据西方国家的一些学者提出的理论，划分职业类型的方法一般有以下三种。

1. 按脑力劳动和体力劳动的性质、层次进行分类

这种分类方法把工作人员划分为白领工作人员和蓝领工作人员两大类。白领工作人员包括专业性和技术性的工作人员、农场以外的经理和行政管理人员、销售人员、办公室人员。蓝领工作人员包括手工艺及类似的工人、非运输性的技工、运输装置机工人、农场以外的工人、服务性行业工人。这种分类方法明显地表现出职业的等级性。

2. 按心理的个别差异进行分类

这种分类方法是根据美国著名的职业指导专家霍兰德创立的"人格—职业"类型匹配理论，把人格类型划分为六种，即现实型、研究型、艺术型、社会型、企业型和常规型，与其相对应的是六种职业类型。

3. 按各个职业的主要职责或"从事的工作"进行分类

国际上较为通用的标准职业分类将职业由粗至细分为四个层次，即8个大类、83个小类、284个细类、1506个职业项目，总共列出职业1881个。其中8个大类具体如下。

第一大类：专家、技术人员及有关工作者。

第二大类：政府官员和企业经理。

第三大类：事务工作者和有关工作者。

第四大类：销售工作者。

第五大类：服务工作者。

第六大类：农业、牧业、林业工作者及渔民、猎人。

第七大类：生产和有关工作者、运输设备操作者和劳动者。

第八大类：不能按职业分类的劳动者。

我国于1999年颁布的《中华人民共和国职业分类大典》明确了我国的职业分类。随着社会职业结构的变化，大典于2015年进行了修订，取消了"收购员""平炉炼钢工""凸版和凹版制版工"等传统职业，增加了"绿色职业"标识，以及"网络与信息安全管理员""快递员""文化经纪人""动车组制修师""风电机组制造工"等新兴职业。2022年9月，新版修订大典在保持八大类职业类别不变的情况下，净增158个新职业。如围绕制造强国，将"工业机器人操作员"和"运维人员"纳入大典；根据乡村振兴的需要，将"农业数字化技术员"和"农业经理人"纳入大典；结合绿色职业发展状况，将"碳排放管理员""碳汇计量评估师"等新兴职业纳入大典。同时对相关职业信息描述做了一些修订，对两个大类职业的名称和定义做了调整，对30个中类、100余个小类的名称、定义做了一些调整，对700多个职业的信息描述做了调整，并对"数字职业"和"绿色职业"进行了特别标注。目前，我国将职业归为8个大类、79个中类、449个小类、1636

个细类（职业）。其中 8 个大类具体如下。

第一大类：国家机关、党群组织、企业、事业单位负责人。

第二大类：专业技术人员。

第三大类：办事人员和有关人员。

第四大类：社会生产服务和生活服务人员。

第五大类：农、林、牧、渔业生产及辅助人员。

第六大类：生产、运输设备操作人员及有关人员。

第七大类：军人。

第八大类：不便分类的其他从业人员。

第二节 职业生涯的定义、特性与类型

现代社会，人的一生大部分时间是在职业生涯中度过的，职业生涯跨越人生中精力最充沛、知识经验日臻丰富和完善的几十年，职业成为绝大多数人生活的重要组成部分。职业不仅提供了个人谋生的手段，而且创造了迎接挑战、实现自我价值的大好机会和广阔空间。组织也越来越认识到，人力资本是最重要的资源。因此，用人单位一方面想方设法保持员工的稳定性和积极性，通过提高员工的业务技能来创造更好的效益；另一方面又希望能通过对一定程度的人员、知识或观念的重新替代来适应外界环境的变化，保持组织的活力和竞争力。因此，对职业生涯进行管理恰好可以满足个人与组织的双重需要，是双方都不可忽视的一项重要工作。

一、职业生涯的定义

所谓职业生涯，是指个人一生中的职业历程。从经济的观点来看，职业生涯就是个人在人生中所经历的一系列职位和角色，它们和个人的职业发展过程相联系，是个人接受培训教育以及职业发展所形成的结果。职业生涯是一个动态的过程，以心理开发、生理开发、智力开发、技能开发、伦理开发等人的潜能开发为基础，以工作内容、工作业绩的评价作为工资待遇、职称、职务确定和变动的标准，以满足需求为目标的工作经历和内心体验的经历。每个职业岗位上所度过的或拥有与工作活动相关连续经历的人，不论成功与否，都有属于自己的职业生涯。

中国职业规划师协会将职业生涯定义为两个方面：内职业生涯和外职业生涯。内职业生涯是指从事一种职业时的知识、观念、经验、能力、心理素质、内心感受等因素的组合及其变化过程，是别人无法替代和窃取的人生财富；外职业生涯是指从事职业时的工作单位、工作时间、工作地点、工作内容、工作职务与职称、工作环境、工资待遇等因素的组合及其变化过程，是依赖于内职业生涯的发展而增长的。职业生涯在个人的全部生活中占据核心与关键的位置。

萨伯（Super，1976）认为，职业生涯是生活中各种事态的连续演进历程，它统合人一生中依次发展的各种职业和生活的角色，包括人一生中一连串有酬或无酬职位、角色的综合。

霍尔（Hall，1976）认为，职业生涯指的是每个人终其一生与其工作或职业相关的生活经验或态度。

也有人指出，职业生涯中所谈的工作指的是持续地付出心力或劳力，以满足自己或他人为目标所进行的劳务活动（张春兴，1977；杨朝祥，1989）；为从事上述目标活动，企业、组织或社会需赋予个人某种职位（position），使其扮演相当的角色，以完成任务和目标，此总称为职业（occupation）；若上述职业能结合心智成长、知识增进及权位提升，则有事业或生涯（career）的含义（吴秉恩，1999）。职业生涯是指以心理开发、生理开发、智力开发、技能开发、伦理开发等人的潜能开发为基础，以工作内容的确定和变化、工作业绩的评价、工资待遇、职称职务的变动为标志，以满足需求为目标的工作经历和内心体验的经历（张德，2001）。

尽管对于职业生涯的认识角度不同，但是职业生涯有其基本含义，具体如下。

（1）职业生涯是一个体的行为经历，而非群体或组织的行为经历。

（2）职业生涯是一个人一生中的工作任职经历或历程。

（3）职业生涯是一个时间概念，指职业生涯期。

（4）职业生涯蕴含着具体职业内容，它是一个动态的、发展的概念。

二、职业生涯的特性

职业生涯具有以下六个方面的特性。

1. 方向性

职业生涯指向生活里各种事态的连续演进方向。

2. 时间性

职业生涯发展是一生中连续不断的过程。

3. 空间性

职业生涯是以事业角色为主轴，也包括其他与工作有关的角色。

4. 发展性

每个人的职业生涯都有一个发展过程。

5. 独特性

每个人的职业生涯发展都是独一无二的。

6. 现象性

只有在个人寻求它时,它才存在。

三、职业生涯的类型

1. 按是否稳定分类

职业生涯按其是否稳定,可以分为传统性职业生涯和易变性职业生涯。

(1)传统性职业生涯。例如,一名高校老师在传统性职业生涯的初期职称是助教,随着其学术水平和工作年限的增长,其职称可能会逐步晋升为讲师、副教授、教授。

(2)易变性职业生涯。例如,一名教师职业之初从事教学工作,以后转到行政岗位上从事教学管理工作,等等。

2. 按职业发展对象分类

从职业发展对象的角度来考察,职业生涯又可以分为内职业生涯和外职业生涯。

(1)内职业生涯。内职业生涯就是从业者个人追求职业过程中所经历的通路。内职业生涯的因素包括与职业相关的知识、观念、心理素质、能力、个性品质等。它们的取得可以通过别人的帮助而实现,但主要是由自己的努力追求而实现,并且一旦取得就永远归自己所有,别人无法收回或剥夺。

(2)外职业生涯。外职业生涯的因素包括工作单位、工作地点、工作内容、工作职务、工作环境、工资待遇等。这些因素都是由单位给予的,在个人职业生涯初期,它们往往与自己的付出不相符。外职业生涯的发展以内职业生涯的发展为基础,只有二者达到和谐统一,才可能保证职业生涯的最终成功。

第三节 职业生涯规划与管理

一、职业生涯规划

职业生涯规划(career planning)又叫作职业生涯设计,是指个人与环境相结合,在对一个人职业生涯的主、客观条件进行测定、分析、总结的基础上,对自己的兴趣、爱好、能力、特点进行综合分析与权衡,结合时代特点,根据自己的职业倾向,确定其最佳的职业奋斗目标,并为实现这一目标做出行之有效的安排。职业生涯规划是对职业生涯乃至人生进行持续的系统计划的过程。

一个人通常的职业生涯占生命历程的42%～50%,因此职业生涯是人一生中最重要的历程,对人生价值起着决定性作用。那么如何能让自己的职业发展达到理想的状态,从自己的职业生涯中最大限度地获得成功与满足,就需要科学、系统地进行职业生涯规划。

二、职业生涯规划管理

职业生涯规划管理（career planning and management）是指组织与员工共同制定的，基于员工个人和组织共同需要的，员工个人发展目标与发展道路的活动。

职业生涯规划管理是对个人职业生涯的安排，可以从个人与组织两个层面展开，因此对于职业生涯规划管理的内涵，也可以从两个层面加以界定。

从个人层面而言，职业生涯规划管理又叫作职业生涯设计，是指个人与组织发展相结合，在对一个人职业生涯的主、客观条件进行测定、分析、总结的基础上，对自己的兴趣、爱好、能力、特点进行综合分析与权衡，结合时代特点，根据自己的职业倾向，确定其最佳的职业奋斗目标，并为实现这一目标做出行之有效的安排。

按照时间的长短来分类，职业生涯规划可分为人生规划、长期规划、中期规划与短期规划四种类型，如表 1-1 所示。

表 1-1　职业生涯规划的类型

类　　型	定义与任务
人生规划	整个职业生涯的规划，时间长至 40 年，设定整个人生的发展目标。如规划成为一个有数亿资产的公司董事
长期规划	5～10 年的规划，主要设定较长远的目标。如规划 30 岁成为一家中型公司的部门经理，规划 40 岁成为一家大型公司的副总经理，等等
中期规划	一般为 3～5 年的目标与任务，如规划到不同业务部门经理，规划从大型公司部门经理到小公司的总经理等
短期规划	3 年以内的规划，主要是确定近期目标与任务，规划近期完成的任务，如对专业知识的学习，掌握哪些业务知识

个人职业生涯规划主要由五大要素构成，分别为知己、知彼、选择、目标和行动，如图 1-1 所示。

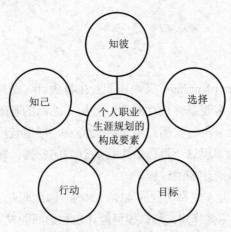

图 1-1　个人职业生涯规划的构成要素

（1）知己：就是充分地了解自己，包括自己的性格和气质特征、兴趣爱好、能力和价值观取向等方面。

（2）知彼：深入了解外面的世界，包括职业的特性、职业要求、职业发展前景和薪资待遇等方面。

（3）选择：根据对自己和对外界的分析结果，对自己将要从事的职业进行选择、确定。

（4）目标：对自己将要从事的职业进行确定之后，就要为自己制订完成目标的计划。

（5）行动：制订计划后，按照计划一步步向着自己的目标前进。

从组织层面而言，职业生涯规划管理是组织开展和提供的、用于帮助和促进组织内正从事某类职业活动的雇员实现其职业发展目标的行为过程，包括职业生涯设计、开发、评估、反馈和修正等一系列综合性的活动与过程，为雇员提供必要的教育、训练、轮岗等发展机会，以促进组织发展目标和雇员生涯目标的实现。组织职业生涯规划管理是通过雇员和组织的共同努力与合作，使雇员的职业生涯目标与组织发展目标一致，使雇员个人的发展与组织的发展相吻合。

个人职业生涯规划管理与组织职业生涯规划管理的内涵存在显著的不同，要深入理解其内涵，必须注意以下三个方面的问题。

1. 个人职业生涯规划管理是个人职业生涯的自我管理

自己是自己的主人，自我管理是职业生涯成功的关键；个人职业生涯规划管理是以自我价值的实现和增值为目的，自我价值的实现和增值并不局限于特定的组织内部，雇员可以通过跳槽实现个人发展目标。组织职业生涯规划管理是组织为雇员设计的职业发展与职业援助规划，是从组织的角度出发，根据组织发展对职业的需要，将雇员视为可开发增值的人力资本；通过协助雇员在职业目标上的努力，谋求组织的持续发展。组织职业生涯规划管理有一定的引导性和功利性。它帮助雇员完成自我定位，克服完成工作目标中遇到的困难、挫折，鼓励将个人职业生涯目标同组织发展目标紧密相连，并尽可能多地给予他们发展机会。由于这类职业生涯规划是由组织发起的，通常由人力资源部门负责，所以具有较强的专业性、系统性。与之相比，个人职业生涯规划管理并不一定那么正规和系统，但只有在科学的职业生涯管理之下，才可能形成规范的、系统的和科学的个人职业生涯规划。

2. 职业生涯规划管理必须满足个人与组织的双重需要，实现二者的共同目标

职业生涯规划着眼于帮助雇员实现个人职业生涯目标，即力求满足雇员的职业生涯发展需要。因此，要实行有效的职业生涯规划管理，必须了解雇员现实的职业生涯目标，以及在实现职业生涯目标过程中会遇到哪些方面的问题，如何解决这些问题，雇员的职业生涯历程可以分为哪几个阶段，每个阶段的典型矛盾和困难是什么，如何加以克服和解决。组织只有在对这些信息有充分的了解之后，才可能相应地制定出有关政策和措施，帮助雇员解决这些问题并为雇员提供相应的发展机会。同样，在满足雇员职业发展需求

的同时，还必须满足组织自身职业发展的需要。这可以通过两个方面的工作来实现：一方面是在满足雇员职业发展需求时，使全体雇员的职业技能得到提高，进而带动组织整体人力资源水平的提升；另一方面是在职业生涯管理中对雇员的有意识引导，可使同组织目标方向一致的雇员脱颖而出，从而为组织培养高层经营、管理或技术人员提供人才储备。

3. 职业生涯规划管理是一个庞大的系统工程，涉及的内容十分广泛

从内容上来看，职业生涯规划管理既包括对雇员个人状况的深入了解，又包括对组织的深入了解；既包括职业生涯规划目标的确定，又包括实现职业生涯目标所需的各种管理方法与手段；同时又涉及职业活动的各个方面，既应了解组织过去的发展及未来的目标，预测政治、经济、社会、文化等环境的外在变化及可能产生的影响，规划出有长远性、前瞻性的发展方向，主动提供各种信息给雇员，强化彼此之间的回馈、沟通、信赖与支持，又应了解雇员的个体差异性及绩效表现、发展目标等，以提高雇员的工作积极性和企业凝聚力。从活动来看，凡是对雇员职业活动的帮助，均可列入职业生涯规划管理的范畴之中。其中，既包括针对雇员个人的，如各类培训、咨询、讲座以及为雇员自发的扩充技能、提高学历的学习给予便利等，也包括针对组织的诸多职业发展政策和措施的完善与调整，如规范职业评议制度、建立和执行有效的内部升迁制度等。从时间上来看，职业生涯规划管理将伴随个人的整个生涯历程，对组织而言则贯穿组织生命周期的全过程。因此，一套系统的、有效的职业生涯规划制度和体系要涉及企业管理与个人发展的诸多方面，是一项长期的系统工作。

 ## 本章小结

职业是性质相近的工作的总称，通常指个人服务社会并作为主要生活来源的工作，包括农村农业、生产加工、制造、服务娱乐、政治、科研教育、管理、商业等方向，细化分类有九十多个常见职业，如工人、农民、个体商人、公共服务、知识分子、管理等。

职业生涯是指个人一生中的职业历程。从经济的观点来看，职业生涯就是个人在人生中所经历的一系列职位和角色，它们和个人的职业发展过程相联系，是个人接受培训教育以及职业发展所形成的结果。

职业生涯规划又叫作职业生涯设计，是指个人与环境相结合，在对一个人职业生涯的主、客观条件进行测定、分析、总结的基础上，对自己的兴趣、爱好、能力、特点进行综合分析与权衡，结合时代特点，根据自己的职业倾向，确定其最佳的职业奋斗目标，并为实现这一目标做出行之有效的安排。职业生涯规划是对职业生涯乃至人生进行持续的系统计划的过程。

职业生涯规划管理是指组织与员工共同制定的，基于员工个人和组织共同需要的，员工个人发展目标与发展道路的活动。

 思考问题

1．什么是职业生涯？职业生涯规划有哪些特性和类型？

2．什么是职业生涯规划管理？职业生涯规划管理包括哪些内容？

3．个人职业生涯规划管理与组织职业生涯规划管理有什么不同？

4．谈谈你的职业生涯目标是什么？你将如何实现这一目标？

 延伸阅读

职 业 生 涯

第二章 职业生涯规划管理的内容与意义

第一节 职业生涯规划管理的内容

一、个人职业生涯规划管理

个人既是职业生涯规划的主体，职业生涯规划的制订者、实施者，也是职业生涯规划管理和服务的对象。无论是个人还是组织开展的职业生涯规划活动，都是以个人的情况为基础，在细致地自我分析的基础上制订的，其落实也要靠个人的努力与配合，因此，个人既是职业生涯规划的主体，也是职业生涯规划实施的对象。个人的状况、价值观和对职业生涯规划的态度对职业生涯管理都有着至关重要的影响。个人在组织内的职业生涯规划管理一般包括自我分析、目标设定、目标实现策略、反馈与修正四个方面的内容，具体如图 2-1 所示。

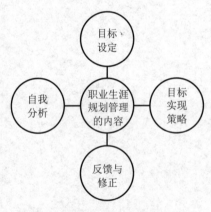

图 2-1 职业生涯规划管理的内容

（1）自我分析，是指全面、深入、客观地分析和了解自己。即认清自己为人处世所遵循的价值观念，明确自己为人处世的基本原则和追求的价值目标，熟悉自己掌握的知识与技能，分析自己的人格特征、兴趣、性格等多方面的个人情况，以便了解自己的优势和不足，对自己形成一个客观、全面的认识和定位。

（2）目标设定，是在上述自我分析与定位的基础上，设立明确的职业目标。由于职业生涯跨越个人的青年、中年乃至老年，并且人在各时期的体能、精力、技能、经验、为人处世的特点有明显差别，所以有针对性地制定阶段性的目标更为切实可行。

（3）目标实现策略，是通过各种积极的具体行动与措施争取职业目标的实现。目标实现的内容不仅包括个人在工作中的表现及业绩，还包括超出现实工作之外的一些前瞻性的准备，以及为平衡职业目标和其他目标（如生活目标、家庭目标）而做出的种种努力。目标实现的策略很多，包括撰写求职简历、参加面试应聘、商议工资待遇、制订和完成工作目标、参加公司举办的培训和发展计划、构建人际关系网、谋求晋升、参加业余时间的课程学习以及跳槽换工作等，都可以看成目标实现的具体努力和措施。

（4）反馈与修正，是指在实现职业生涯目标的过程中，根据实际情况自觉地总结经验和教训，修正对自我的认知和对最终职业目标的界定。研究表明，许多人都是在经过了一段时间的尝试和寻找之后，才了解自己到底适合从事什么领域的工作，这段时间在缺乏反馈和修正的情况下可能长达十几年。即使在自我定位和目标设定正确时，反馈和修正同样可以纠正分阶段目标中出现的偏差，极大地增强实现目标的信心。

二、组织职业生涯规划管理

组织职业生涯规划管理的基本内容主要有以下七个方面。

1. 对组织的发展目标进行宣传教育

通过会议、内刊、主管宣讲等方式，让员工了解组织的发展目标，使员工对组织的发展目标产生认同，建立使命感，并以此激发员工内在的积极性，进而促进员工之间的了解、沟通，建立共识，为完成组织目标而共同奋斗。

2. 职业信息系统

职业信息系统包括组织和员工所有的相关信息，也包括组织的发展战略、职位空缺、各岗位任职资格标准、晋升标准等方面的信息。一个好的职业信息系统应该能够比较全面地呈现职位需求信息和组织内人员的供给状况信息，以便为平衡需求和供给打下良好的基础。

3. 设立员工职业生涯发展评估中心

对大中型组织来说，可以在组织内设立员工职业生涯发展评估中心，对员工进行评估。例如，美国的通用公司与 IBM 公司、日本的松下电器等均设有咨询辅导专家协助员工解决其职业生涯发展问题。这些公司都设有管理知识讲座、自我成长等课程，都制订有自我评估方案并对员工进行心理测验，以协助员工分析自己，增加其个人职业生涯知觉与自信心。

对小型组织而言，既可以由其人力资源部门的工作人员兼做员工的辅导、评估与指导工作，也可以聘请社会上的职业生涯专家来负责本组织的职业生涯指导与咨询。

4. 与人力资源管理活动相配合

人力资源管理活动要密切配合职业生涯管理工作。例如，确定员工的职业生涯发展方向，使员工能集中精力去学习新知识和新技能；对员工的工作进行轮岗调适，增加员工的工作技能，丰富员工的工作经历；对领导候选人进行培训，提高管理人员的素质，预测未来的人力供需与调配计划；等等。

5. 建立奖赏与升迁制度

奖赏与升迁既是满足员工物质需求和精神需求的重要手段，也是激励员工的主要方式，并且升迁往往还是员工职业生涯发展规划中的一个重要目标。因此，组织里的人力资源部门应该研究开辟多种升迁渠道，包括行政管理系列、技术职务系列、实职领导岗位、非领导岗位等，让优秀员工均能达到其级别，享受其待遇，使其职业生涯目标得到实现，以此提高组织的整体素质，调动员工的积极性。

6. 加强员工的培训与教育

对员工进行培训是为了提高员工的工作技能，以满足组织当前的工作需要；对其进行教育则是为组织培养未来所需的人才，主要是着眼于未来考虑。对于员工而言，接受培训与教育是其职业生涯发展的重要内容之一。通过参加培训与教育，可以增进其技能、丰富其理论、转变其观念、变革其思维，进而可以促进其职业生涯发展，使其成为有用人才，为组织做出更大的贡献。

7. 个人需要与组织需要相适应

组织的职业规划贯穿于组织职业生涯规划管理的全过程。它针对员工职业工作生命周期的不同阶段，配以不同任务和内容的职业计划，与员工的职业发展相匹配，为员工不断进步开辟道路。只有做到个人需要与组织需要相互适应，才能最终同时达到组织与个人的目的，实现双赢。

第二节　职业生涯规划管理的意义

职业生涯规划管理有助于个人发现自己的人生目标，做出更好的职业选择，平衡家庭与朋友、工作与个人爱好之间的需求。更为重要的是，职业生涯规划管理为人生事业成功提供了科学的技术与基本的操作方法，并能使组织与个人实现双赢，因而对个人的职业生涯发展及组织发展都具有重要的意义和作用。

一、对个人而言

对个人而言，职业生涯规划管理的意义与重要性主要体现在以下几个方面。

（1）职业生涯规划管理可以帮助个人清晰地认识自我。个人通过规划职业生涯的过程，更认真地审视自身的兴趣、爱好，认识自身的个性特质，把握自己的职业倾向和职业定位，分析个人现有和潜在的优劣势，扬长避短，充分发挥自身现有的价值，并使其持续增值。

（2）职业生涯规划管理可以帮助个人确立合理目标。一个有职业规划的人，将会更好地评估个人职业目标与现状之间的距离，并努力实现职业目标。没有目标的人生注定不会成为成功的人生。要使自己能够在将来的工作中取得成绩、获得成功，必须学会给自己确定目标和努力方向，职业规划正好可以提供这样一种解决方案。通过职业规划，一个人将能够更加清楚自身的兴趣、爱好，明确职业方向，树立客观、科学的人生目标，一个人一旦有了目标，也就有了前进的方向，就会为目标的实现投入更多的精力和时间，不断努力去争取成功。

（3）职业生涯规划管理可以增强个人对职业环境的把握能力和对职业困境的控制能力。个人职业生涯规划与管理方面的工作不仅可以使个人更了解自身的长处和短处，养成对环境和工作目标进行分析的习惯，又可以使自己合理计划、安排时间和精力开展学习和培训，以完成工作任务，提高职业技能。这些活动的开展都有利于强化个人的环境把握能力和困难控制能力。

（4）职业生涯规划管理可以帮助个人协调好职业生活与家庭生活的关系，更好地实现人生目标。高质量的职业生涯规划和职业生涯管理工作可以帮助个人从更高的角度看待职业生活中的各种问题和选择，使各分离的事件相互联系起来，共同服务于职业目标，使职业生活更加充实和富有成效。同时，职业生涯规划管理能帮助个人综合地考虑职业生活同个人追求、家庭目标等其他生活目标的平衡，避免顾此失彼、左右为难的窘境。

（5）职业生涯规划管理可以指导个人不断实现更高的职业目标和自我价值。员工寻求职业的最初目的可能仅仅是找一份可以养家糊口的差事，进而追求的可能是财富、地位和名望。制订职业生涯规划并对职业生涯规划进行管理，不断修正职业目标和前进的方向，最终通过对职业目标的多次提炼逐步使个人的工作目标超越财富和地位，追求更高层次自我价值实现的成就感和满足感。因此，职业生涯规划管理可以清晰地指明个人努力的方向，增加成功的概率，使个人的职业目标和自我价值得以实现。

二、对组织而言

对组织而言，职业生涯规划管理的意义与重要性主要体现在以下几个方面。

（1）职业生涯规划管理可以帮助组织了解组织内部员工的现状、需求、能力及目标，调和它们同存在于企业现实和未来的职业机会与挑战间的矛盾。职业生涯规划的主要任务就是帮助组织和员工了解职业方面的需要和变化，帮助员工克服困难，提高技能，实现企业和员工的发展目标。

（2）职业生涯规划管理可以更加合理与有效地利用人力资源。合理的组织结构、组织目标和激励机制都有利于人力资源的开发利用。同薪资、奖金、待遇、地位和荣誉的单纯激励相比，切实针对员工深层次职业需要的职业生涯开发与管理具有更有效的激励作用，同时能进一步开发人力资源的职业价值。

（3）职业生涯规划管理可以为员工提供平等的就业机会，对促进企业持续发展具有重要意义。职业生涯规划考虑了员工不同的特点和需要，并据此设计不同的职业发展途径和道路，以利于不同类型员工在职业生活中扬长避短，为员工在组织中提供了更为平等的就业和发展机会，稳定和提升了员工的技能水平、创造性、主动性和积极性，这对于促进组织的持续发展具有至关重要的作用。

本章小结

个人既是职业生涯规划的主体，职业生涯规划的制订者、实施者，也是职业生涯管理和服务的对象。个人的状况、价值观和对职业生涯规划的态度对职业生涯管理都有着至关重要的影响。个人在组织内的职业生涯规划管理一般包括自我分析、目标设定、目标实现策略、反馈与修正四个方面的内容。

组织的职业规划贯穿于组织职业生涯规划管理的全过程。它针对员工职业工作生命周期的不同阶段，配以不同任务和内容的职业计划，与员工的职业发展相匹配，为员工不断进步开辟道路。

职业生涯规划管理可以帮助个人清晰认识自我；可以帮助个人确立合理目标；可以增强个人对职业环境的把握能力和对职业困境的控制能力；可以帮助个人协调好职业生活与家庭生活的关系，更好地实现人生目标；可以指导个人不断实现更高的职业目标和自我价值。

思考问题

1. 什么是个人职业生涯规划管理？
2. 个人职业生涯规划管理包括哪些内容？
3. 组织职业生涯规划管理包括哪些内容？
4. 谈谈个人和组织职业生涯规划管理的意义。

延伸阅读

职业生涯规划

第三章 职业生涯规划管理的特征、原则与流程

第一节 职业生涯规划管理的特征

根据职业生涯规划管理的概念以及人力资源管理工作的内容，可以看出职业生涯规划管理具有以下几个特征。

（1）职业生涯规划管理是组织与雇员双方的责任。在职业生涯规划管理中，组织和雇员都必须承担一定的责任，双方共同合作才能完成职业生涯规划目标，促进雇员的全面发展。在职业生涯规划管理中，雇员个人和组织须按照职业生涯规划管理的具体要求做好各项工作。无论是个人或组织都不能过分依赖对方，因为许多工作是对方不能替代的。

（2）职业生涯信息在职业生涯规划管理中具有重要意义。组织必须具备完善的信息管理系统，只有做好信息管理工作，才能有效地进行职业生涯规划管理。在职业生涯规划管理中，雇员个人需要了解和掌握有关组织各方面的信息，组织也需要全面掌握雇员的情况。同时，职业生涯信息总是处于变动过程之中，组织的发展在变，经营重点在变，人力需求在变，雇员的能力在变，雇员的需求在变，雇员的职业生涯目标也在变，这就要求必须对管理信息进行不断的维护和更新，只有这样才能保证信息的时效性。

（3）职业生涯规划管理是一种动态性管理，它将贯穿于雇员职业生涯发展的全过程和组织发展的全过程。每一个组织成员在职业生涯的不同阶段及组织发展的不同阶段，其发展特征、发展任务以及应注意的问题都是不同的。由于决定职业生涯的主、客观条件的变化，组织成员的职业生涯规划和发展也会发生相应变化，职业生涯开发与管理的侧重点也应有所不同，以适应情况的变化。

（4）职业生涯规划管理的客观性和不可逆转性。每个人由于其所处的环境不同，加之个体之间的差异，职业生涯发展中往往充满了许多偶然因素，但从长远来看，职业生涯发展是可以规划的，规划的目的在于给个人提供总体的指导，它不预言具体的细节，而是对职业发展的方向做出战略性的把握，并根据阶段性特征做出阶段性的客观的抉择方案。同时，职业生涯发展是不可逆转的，其不可逆转性源于人的自然成长和发展过程的不可逆转性，毕竟人们不能抹杀过去的经历，不能简单地从头再来，而总是在原有的基础上前进。职业发展的不可逆转性提醒人们要充分重视职业生涯中的每一步，因为今

天的每一个选择都可能影响下一步选择。而事实上，人们也往往有"一着不慎，满盘皆输"的教训。

第二节　职业生涯规划管理的原则

职业生涯规划管理的过程包括职业选择的过程。因此，在介绍职业生涯规划管理的原则时，有必要先介绍一下职业选择的原则。

一、职业选择的原则

职业选择的原则可以概括为十六个字：择己所爱，择己所长，择世所需，择己所利。

1. 择己所爱

调查表明，兴趣与成功的概率有着明显的正相关性。在设计自己的职业生涯时，一定要考虑自己的兴趣，择己所爱，选择自己喜欢的职业。俗话说：兴趣是最好的老师。从事自己喜欢的工作，工作本身就能给你一种满足感和成就感，个人的职业生涯也会从此变得妙趣横生。兴趣不仅是最好的老师，也是前进的动力和成功的基石。

2. 择己所长

不同的职业对从业者的要求不同。任何职业都要求从业者掌握一定的技能，具备一定的能力条件。一个人一生中不能将所有的技能全部掌握，所以你必须在进行职业选择时择己所长，从事有利于发挥自己特长的职业。

在国际贸易中有一个著名的比较优势原理，它说明的道理是，任何一个国家，即使在每种产品的生产上都有绝对优势，也不应样样都生产，而应选择具有相对优势的产品进行生产。同样，一个人即使擅长很多方面，也不可能从事自己擅长的各种工作。这时，需要了解一下周围的人群，研究一下别人的长短处，选择自己最擅长而多数人感到棘手的职业作为自己的选择。

3. 择世所需

社会在不断地发展变化，社会的需求也在相应地改变。旧的需求在不断消失，新的需求在不断产生。如以前的磨刀、修锅盆的行业现在已经很少见，而逐渐兴起的心理咨询、职业规划、游戏开发等行业已经被很多人看好。并不是一定要从事这种新兴的行业，但在选择职业时，一定要分析社会需求，择世所需，否则很可能走到职业的死角，没有退路。

4. 择己所利

我们每个人都不得不承认，职业是我们谋生的手段，是换取个人幸福与快乐的重要途径。当我们在寻求个人的职业时，谋求个人幸福的生活成为我们的首要动机，这个动机支配着我们的职业选择。明智的人大都会权衡利弊，协调好各种利害关系，从社会角度和个人意向中取舍，在一个由收入、地位、名誉、权力等变量组成的函数中找到自己想要得到的最大值。这就是在选择职业时的收益最大化原则。

二、职业生涯规划管理原则

为了正确制定职业生涯规划，我们必须遵循一些原则和方法，选择恰当的策略。具体来说，如果想要制定一个成功的职业生涯规划，就应当遵循下列原则。

1. 长期性原则

在人的一生中，职业生涯是漫长的，要想走好职业生涯的每一步，就要在做职业生涯规划时从长远考虑，不能只顾眼前的利益。

2. 可行性原则

制定职业生涯规划时一定要考虑自己和外界的实际情况，这样制定出来的职业生涯规划才切实可行。职业生涯规划各阶段的路线划分、职业生涯目标和实现职业生涯目标的途径必须具体清晰，切实可行。这就要求做职业生涯规划时必须考虑自己的特质、社会环境、组织环境以及其他相关的因素。

3. 弹性原则

所谓弹性原则，是指制定的职业生涯规划要具有缓冲性，可以根据实际情况的变化相应地调整变动。这里可调整的内容包括职业生涯规划的具体事项以及目标、完成的时间等方面。

4. 清晰性原则

无论是自己的职业生涯目标选定、职业生涯路线的选择，还是实现职业生涯目标的各种措施，都要清晰，这样的职业生涯规划才切实有用，成功的可能性才会大大增加。

5. 可评量性原则

对职业生涯规划的设计应有明确的时间限制或标准，以便于及时进行评量、检查，使自己可以随时掌握执行状况，为职业生涯规划的修正提供依据。

除了上述五个原则，还有挑战性原则和一致性原则。挑战性原则即制定的目标或措施要具有挑战性，能够激发自己的潜能。一致性原则即总的大目标和小的分目标要一致、采取的措施和职业生涯的目标相一致、制定的目标与自己的实际情况相一致等。对自己所制定的职业生涯目标不能过高或过低，过高，就会好高骛远，可能跌得很惨；过低，则会埋没自己的潜能和才干。

第三节　职业生涯规划管理的流程

根据职业生涯规划管理的内容与特征，职业生涯规划管理的流程可用图 3-1 表示。

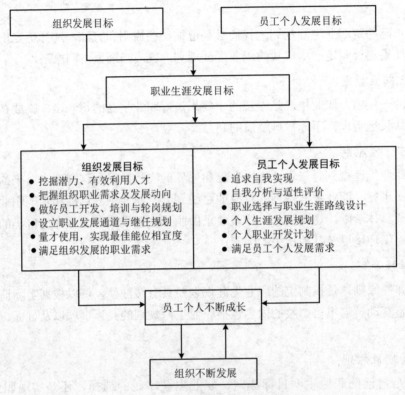

图 3-1　职业生涯规划管理的流程

 本章小结

职业生涯规划管理是组织与雇员双方的责任，是一种动态性管理，它将贯穿于雇员职业生涯发展的全过程和组织发展的全过程，具有客观性和不可逆转性。

职业生涯规划管理的过程包括职业选择的过程。职业选择的原则可以概括为十六个字：择己所爱，择己所长，择世所需，择己所利。

为了正确制定职业生涯规划，我们必须遵循一些原则和方法，选择恰当的策略，如长期性原则、可行性原则、弹性原则、清晰性原则、可评量性原则以及挑战性原则和一致性原则等。

思考问题

1. 职业生涯规划管理具有哪些特征？
2. 在进行职业选择时要遵循哪些原则？
3. 在进行职业生涯规划管理时要遵循哪些原则？
4. 请梳理职业生涯规划管理的流程。

延伸阅读

企业实施员工职业生涯管理流程的八个步骤

第四章　职业生涯规划管理中的角色与任务

第一节　职业生涯规划管理中的角色及其作用

一、职业生涯规划管理中的角色

在职业生涯规划管理中，组织、个人以及其他一些相关人员都扮演着重要的角色，承担着不同的任务，并对个人的职业生涯发展产生重要影响。

（一）个人

个人既是职业生涯规划的主体，也是职业生涯规划的制定者、实施者，还是职业生涯规划管理和服务的对象。无论是个人还是组织开展的职业生涯规划活动，都是以个人的情况为基础，在细致地自我分析的基础上制定的，其落实也要靠个人的努力与配合。因此，个人既是职业生涯规划的主体，也是职业生涯实施的对象。个人的状况、价值观和对职业生涯规划的态度对职业生涯规划有着至关重要的影响。

（二）组织内部的角色

组织内部承担组织成员职业生涯规划任务的角色有多个。首先是组织最高领导者，他们是职业生涯管理的组织者和领导者，他们组织人力资源部门和职业生涯委员会制订战略规划和实施计划，而后将实施计划交由职业生涯指导顾问和各级管理者具体落实。在实际工作中，组织内的直接上级、直接下级、平级也起到不同的角色作用，具体如图4-1所示。

1. 组织最高领导者

组织最高领导者是组织成员职业生涯规划管理的重要人物。组织发展战略是由最高领导者确定并指挥实施的，因此组织最高领导者应对组织发展前景和人员需要发展的能力做出有效的判断。组织最高领导者还参与组织各项管理制度和人事制度的制定，如提出组织未来管理人员的国际化原则等内容。

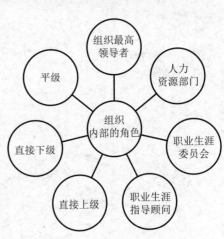

图 4-1　组织内部的角色

需要指出的是，组织最高领导者或多或少地会对组织高级管理人员进行直接的管理，他们可能参与职业生涯委员会，处理高潜能人员的有关问题等，并决定一部分管理人员的职务分配，因此也是组织最高领导者决定如何从整体上表述职业生涯规划管理的内在功能。

美国学者施尔曼教授指出，职业生涯开发和管理的成功与组织高层领导者的全力支持密不可分。理想的方式应该是，高层经理与人力资源部门经理、职业生涯委员会一起设计并实施职业生涯的开发体系和制度。此体系应该反映组织的目标和文化，并使人力资源的哲学宗旨贯穿始终。

2. 人力资源部门

人力资源部门负责整个组织各类职业人员的开发与管理，职业生涯规划是其工作内容的重要组成部分。针对组织内部不同的人员，分析其工作的特殊性，制定相应的政策和手段，并根据工作发展的需要设立特殊的岗位，进行特殊的培训，设定不同的职业发展通道，以培养能够担任特定职业的开发和管理工作的专家。

3. 职业生涯委员会

职业生涯委员会是组织为职业生涯规划管理战略的制定和实施设立的机构，职业生涯委员会一般由企业最高领导者、人力资源部门的负责人、职业生涯指导顾问、部分高级管理人员以及组织外部专家组成。职业生涯委员会是对与组织人员发展相关的决定进行讨论的专门机构，其主要职责是制定每年的职业生涯年度会谈策略，对有潜力的雇员进行定位，并对其发展道路进行观察监督。职业生涯委员会的会议具有很强的影响力，有关职务分派的一些决定也在职业生涯委员会进行讨论。职业生涯委员会需要连续不断地搜集和整理个人、企业和社会发展的信息，以便进行正确决策。

4. 职业生涯指导顾问

职业生涯指导顾问是设立于人力资源管理部门或职业生涯委员会中的特殊职务，既可以由具有丰富的人力资源管理知识和经验的专业人员担任，也可以由德高望重、已在职业生涯发展中取得显著成功的资深管理人员担任。

职业生涯指导顾问可以在两个层次参与工作。从组织的角度出发，他们负责研究有关管理人员的聘用和管理问题，贯彻职业生涯委员会的决策。其实际参与的程度取决于组织结构和组织的发展战略。从雇员的角度出发，职业生涯指导顾问是其职业生涯的顾问，也是其直接上级开展职业生涯规划管理工作的顾问。

职业生涯指导顾问的任务主要表现在如下四个方面。

（1）直接为雇员的职业生涯发展提供咨询。

（2）帮助各级管理人员做好职业生涯管理工作。

（3）协助组织做好雇员的晋升工作，通过一系列方法明确可以提供的工作岗位、雇员发展的愿望、实现地理位置上的人事变动的条件等。

（4）协助组织做好各部门管理人员间的薪酬平衡，使之不要因为所处岗位级别及部门情况的不同而差距过大，避免因薪酬政策间的差距阻碍组织内部的人事变动。

5. 直接上级

雇员直接上级的角色作用因组织的人事政策不同而有所不同，因为各类组织对雇员的管理（如聘用、薪酬、人事调动）的集权程度不同。但无论如何，直接上级是雇员职业生涯规划管理中不可或缺的角色。其作用主要体现在以下几个方面。

（1）日常工作中一般是由直接上级对雇员进行评估，因此，直接上级对雇员潜能的定位起重要作用。

（2）直接上级可以通过不同工作任务的分派使雇员发展自己的能力，展现自己的潜能。

（3）直接上级还可以充当顾问的角色，即根据对一个雇员的印象参与对其职业生涯的指导，或将自己对其发展前景的看法告诉雇员。

（4）直接上级可以利用他们的"关系网"为雇员在组织内的职业生涯发展产生积极的作用，促进雇员的晋升。

组织中各个层次的直接上级都在自觉或不自觉地做着人力资源开发工作，因为组织的人力资源开发政策正是通过各层管理人员落实到其直接下级的。每一个雇员都会通过直接上级对其工作的安排和评价感受企业人事政策的宗旨。因此，可以说，每一个直接上级都在或理性或感性地影响着其下级在职业生涯上的发展，因此，直接上级参与雇员职业生涯发展的可能领域非常广泛。组织只有明确地建立直接上级参与雇员职业生涯开发与管理工作的体系，才能更好地促进组织与雇员的发展。

6. 直接下级

直接下级的作用除根据切身体会对上级雇员做出评价以外，有时其发展状况也会直接影响上级的发展前途。组织雇员职业生涯发展的一个重要标志是能培养出一个优秀的直接下级。直接下级的成长也为上级雇员在职业生涯发展中抓住机会提供了保证。如果一名管理人员由于工作成绩突出而获得了晋升的机会，但由于未能培养出一名优秀的下级来接替自己的工作，那么只好先让其保持原职，待其职位"后继有人"再晋升。在这种情况下，这名管理人员只能延迟或错过职业生涯发展中的一次职务晋升与发展机会。

7. 平级

组织内平级的雇员因为没有上下级关系，可以无拘无束、畅所欲言地提供最为平等的评价和建议，由于所处的角度不同，往往对问题有新的看法和建议，这对同级雇员的发展往往很有帮助，但由于组织管理体制的影响，其角色和作用往往容易被忽视。

（三）组织外部专家

职业生涯规划管理中的组织外部专家可由大学的人力资源教授、人力资源管理咨询专家、职业指导专家、职业咨询专家或退休的高级管理人员等担任。组织外部专家的意见不受某一公司内部具体情况的局限，可以使管理人员开阔视野，对雇员的职业生涯发展往往会产生重要的指导作用。

（四）家庭主要成员

家庭主要成员对雇员个人的职业生涯发展往往会有重要的影响，如家庭成员的职业价值观、地域偏好、需求等都会对雇员的职业生涯选择与发展产生明显影响。但家庭成员意见的重要程度取决于雇员对家庭生活与职业的价值判断。

在上述职业生涯规划管理的诸多角色中，谁是最关键的角色？无疑是其个人。同时在职业生涯规划管理中，雇员的主管和人力资源部门的角色具有特殊的重要性，特列表对其进行比较说明，如表 4-1 所示。

表 4-1　职业生涯规划管理重要角色一览表

角色项目	目的	个人的角色	主管的角色	人力资源开发部门的角色
职业生涯目标	确定职业生涯努力方向，实现个人的理想	1. 剖析自己 2. 分析有关因素 3. 规划自我发展目标	1. 为雇员提供有关信息 2. 协助雇员剖析自己 3. 帮助雇员确定目标	1. 职业生涯规划指导 2. 分析雇员职业生涯目标的可行性
配合与选用	配合组织发展目标与发展方向，晋升优秀雇员	1. 提供自己的真实资料 2. 争取获得晋升	1. 界定某一工作所需的技能、知识和其他特殊条件 2. 甄选雇员，确定目标，提出建议	1. 协调过程 2. 指导与分析 3. 对主管和雇员提出忠告 4. 确定甄选升迁标准 5. 对候选人进行考核、面试
绩效评估	指导和教导雇员达到最好的绩效，提高工作满意度	1. 自我评估 2. 请求和接受回馈	1. 提供回馈和教导 2. 以正式或非正式的方式进行评估	1. 监督和评价各种评估量表，使其达到一致性和公平 2. 训练主管人员和评估雇员
个人职业生涯发展	创造良好的环境，沟通职业生涯目标	1. 负起自我职业生涯发展的责任 2. 寻找和获得有关自我和职业生涯趋向的真实信息 3. 界定和沟通 4. 完成发展性的计划	1. 组织并指导有关职业生涯发展问题的讨论 2. 提供真实的反馈信息 3. 提供有关职业生涯发展方向的参阅资料 4. 鼓励和支持雇员的职业生涯发展	1. 提供有关职业生涯发展方面的参阅资料及信息 2. 训练主管人员如何带领雇员讨论 3. 为雇员职业生涯发展提供训练、教育的机会 4. 及时通报职位空缺情况 5. 制订并公布有关职位的标准及要求

角色项目	目 的	个人的角色	主管的角色	人力资源开发部门的角色
职业生涯发展评估	每年对雇员的工作能力及其潜能进行评估，使其与公司的发展需求相结合，并确保组织能持续增长	1. 进行自我认识和自我评估 2. 研究分析自我发展存在的问题	1. 根据当前的绩效、潜能和兴趣评价雇员 2. 与其他主管沟通信息、确认机会和问题 3. 推动雇员职业生涯规划的实施	训练主管人员如何对雇员进行职业生涯发展评估
职业生涯调适	使工作、生活、职业生涯目标能密切地融合	1. 接受评估意见 2. 必要时调整工作与职业生涯目标	根据评估结果，提出调整意见并实施	1. 对调整方案进行备案 2. 协助主管完成雇员的工作或职业生涯目标的调适

由以上的分析可以看出，职业生涯规划管理的角色有多种，不同角色居于不同的地位，发挥着不同的作用，这些角色相互作用、相互影响和相互联系，共同构成了个人职业生涯规划的角色体系。

二、职业生涯规划管理中主要角色的作用

（一）组织在职业生涯发展中的任务

1. 确定不同职业生涯期雇员的职业管理任务

雇员职业生涯分为不同时期或阶段，在各个时期或阶段，雇员的工作任务、任职状态、职业行为等有所不同，呈现出不同特征。组织可以根据不同职业生涯期的个人职业行为与特征，确定每个阶段具体职业管理任务与职业发展内容。

（1）职业选择与职业准备阶段。组织的主要任务是：做好招聘、挑选和配置工作，组织上岗培训，考察评定新雇员，达成一种可行的心理契约，接纳和进一步整合新雇员。

（2）职业生涯早期阶段。这是新雇员和组织之间相互发现的时期，组织通过试用和新工作的挑战，发现雇员的才能，帮助雇员确立长期贡献区，或者说帮助雇员建立和发展职业锚。

（3）职业生涯中期阶段。个人事业发展基本定型或趋向定型，个人特征表现明显，人生情感复杂化，引发职业生涯中期的危机。面对这一复杂的人生阶段，组织要特别加强职业生涯管理。一方面，通过各种方式、方法帮助雇员解决诸多实际问题，激励他们继续奋进，将危机变为成长的机会，顺利渡过职业生涯中期阶段的危险期。另一方面，针对不同人的不同情况，分类指导，为其指示和开通职业生涯发展的通道。

（4）职业生涯后期阶段。雇员因年老即将结束职业生涯，此时此刻，组织的任务依然是很重的。一方面，要鼓励、帮助雇员继续发挥自己的才能和智慧，传授自己的经验；另一方面，帮助雇员做好退休的心理准备和退休后的生活安排。此外，还要适时做好人

员更替计划和人事调整计划。

2．进行有效的职业指导

职业指导是指组织协助个人选择职业、准备就业、安置就业并在职业上获得成功的过程。企业组织的职业指导发生于以下两个环节或场合。

（1）就业前的职业指导。面对就业前的诸多求职者，组织的职业指导主要有如下几个方面的工作。

①　广泛宣传本企业的职业需求，向广大求职者提供有关本企业的职业机会、职业特点和职业要求等信息。

②　了解求职者的个人特质、职业意愿和要求，对本企业职业工作的意向。

③　根据本企业的职业需求计划，帮助求职者分析是否适宜在本企业工作，寻觅合适人选，按一定的程序、要求、规范、原则选聘相应的适宜雇员。

④　吸收合适人选进入组织，就职于职业岗位。

（2）进入组织后的职业指导。面对进入组织内的员工，组织的职业指导的重要任务在于以下几个方面。

①　发布企业职业岗位需求信息。

②　了解雇员的愿望、要求和想法。

③　帮助雇员认识与评估个人特质、能力、兴趣爱好，帮助雇员分析和选择自己的适宜职业岗位。

④　职能匹配定位。

3．为雇员职业发展开辟通路

（1）组织要帮助雇员制定和执行职业生涯规划。组织要帮助雇员依据组织需要和个人情况制定发展目标，并找出达到目标的手段和措施。重点是协助雇员在个人目标与组织内实际存在的机会之间达到更好的结合，而且应强调提供心理上的成功，具体应帮助雇员制定、执行和修订职业生涯规划。

（2）组织要为雇员设置职业通道。职业通道是雇员实现职业理想和获得满意工作或者达到职业生涯目标的路径。组织中的成员，其职业目标能否实现，其个人特质、能力至关重要，但是离开了组织的需要和际遇，个人职业生涯发展也是不可能的。可以说，组织设置职业通道是决定性因素。组织设置雇员职业生涯发展通道，首先应当建设主干道，其次应当不拘泥于单一道路，可设置多条临干道之路，使其达到职业发展目标的辅助职业通道，通过不同的道路共同实现职业发展的目标。

（3）组织要为雇员疏通职业通道。在雇员职业发展通道中可能会遇到路障，扫除通道上的障碍，是组织的重要工作任务。雇员职业发展的障碍既可能来自雇员职业工作自身，又可能来自家庭，还可能来自个人的生物社会生命周期，因此，组织必须从雇员总体生命空间中去发现问题、解决问题。

（二）职业生涯发展中个人的权利与义务

随着组织对雇员职业生涯开发与管理工作的重视，雇员自身在其职业生涯发展中的作用也越来越重要。在个人职业生涯发展中，相对组织而言，个人既拥有一定的权利，也负有一定的义务。

1. 职业生涯发展中个人的权利

（1）要求获得信息的权利。组织往往向雇员灌输有关企业发展的信息，却很少提供个人发展的相关信息，两者形成很大差异。为解决这一问题，组织应向同一系统的雇员提供一个清单，包括人员变动及近期有可能空缺的职位、各种不同岗位的报酬情况、企业的建议，特别是职业生涯发展的建议途径或必要途径。

（2）要求公平的权利。为使雇员获得公平的权利，组织应开展以下几个方面的工作：让更大范围的企业雇员了解自己的职业生涯规划；由人力资源部门负责雇员的职业生涯管理，以确保良好的监控和严肃性；一名雇员的晋升不应由一个人决定，而是由集体决定；雇员有拒绝某一职务变动建议的权利；对被拒绝的候选人解释原因；等等。

2. 职业生涯发展中个人的义务

（1）提高个人的透明度。组织与个人间的透明度不应只是单向的，雇员也应向企业清晰地表达他的个人职业生涯规划和职业发展愿望。

（2）责任感和团结意识。一名将自己的利益置于集体利益之上，把个人职业生涯的发展看得比做好本职工作还重要的职员，只能被认为是一个被雇佣者。永远都不要忘记职业生涯的发展是从本职工作的发展开始的，绝不能将职业生涯规划理解为先去换个职位。

（3）有效地管理自己的职业生涯。批评管理中的"家长制"及不能对管理人员提出任何明确职业生涯规划建议的上级是很容易的，但雇员个人必须承担起管理自己职业生涯责任并具有相应的能力，这是一项非常有激励性的工作。

第二节　职业生涯规划管理中的任务

职业生涯规划是研究组织职业需求与雇员职业发展之间的关系及其相互作用和适应规律的科学。其研究对象是职业生涯规划的主体，即个人的职业目标与组织的职业需求之间的相互影响关系、相互作用机制及其规律。

受个人因素、组织因素及环境因素等多方面的影响，职业生涯规划是一个涉及内容非常广泛的系统工程。因此，要进行有效的职业生涯规划，就必须在管理过程中对上述各有关因素加以系统的分析和研究，并据此构建组织职业生涯发展体系。具体而言，职业生涯规划管理的任务主要包括以下六项。

（1）帮助雇员开展职业生涯规划与开发工作。组织为雇员提供工作分析资料、工作描述，宣导经营理念、人力资源开发的策略，等等，雇员据此设定自我发展目标与开发计划，使个人的目标与组织目标相配合。

（2）确定组织发展目标与组织职业需求规划。根据组织的现状、发展趋势与发展规划明确组织的发展目标，并据此确定不同时期组织的职业发展规划与职位需求。

（3）开展与职业生涯规划相结合的绩效评估工作。包括工作业绩与表现的评估、工作士气的调查，并提供相关回馈资料给组织或雇员。配合组织发展目标与方向，晋升优秀雇员，提供职业生涯发展路径，及早确认有潜力者，确定甄选升迁标准，使雇员公平竞争。

（4）职业生涯发展评估。组织应协助雇员发展职业生涯目标并进行科学的评估。找出雇员的优缺点及组织的优劣势，分析雇员职业生涯发展的可行性。

（5）工作与职业生涯的调整。根据绩效、职业生涯发展的评估结果，对雇员的工作或职业生涯目标做适当的调整，使雇员的工作、生活与目标密切融合。

（6）职业生涯发展。包括各种教育与训练、工作的扩大与丰富化、责任的加重、激励措施等。

以上六项彼此之间相互联系密切，互相影响。在实际操作中，应彼此兼顾，才能获得最佳效果，在促进雇员的自我发展的同时，确保组织的持续发展。

由此可见，职业生涯规划涉及的内容非常广泛，主要包括以下几个方面。

（1）职业生涯规划理论研究，如职业选择理论、职业发展理论、职业锚理论等。

（2）个人职业生涯规划与开发理论和方法研究，如自我分析的方法、目标设定的技巧、自我开发的措施、职业生涯周期的管理等。

（3）组织职业生涯开发与管理研究，如组织职业生涯规划的方法、职业发展通道的设置、继任规划、顾问计划、工作与家庭平衡计划等。

（4）组织职业发展目标与雇员个人职业发展目标整合方法研究，如组织发展变化趋势及其对职业生涯管理的影响、组织目标与个人目标整合技术等。

 本章小结

在职业生涯规划管理中，组织、个人以及其他一些相关人员都扮演着重要的角色，承担着不同的任务，并对个人的职业生涯发展产生重要影响。

个人既是职业生涯规划的主体，也是职业生涯规划的制定者、实施者，还是职业生涯规划管理和服务的对象。无论是个人还是组织开展的职业生涯规划活动，都是以个人的情况为基础，在细致的自我分析的基础上制定的。

组织内部承担组织成员职业生涯规划任务的角色有多个，包括组织最高领导者、人力资源部门、职业生涯委员会、职业生涯指导顾问、直接上级、直接下级、平级等。

职业生涯规划是一个涉及内容非常广泛的系统工程，要进行有效的职业生涯规划，就必须在管理过程中对各有关因素加以系统的分析和研究，并据此构建组织职业生涯发展体系。

 思考问题

1．职业生涯规划管理中的角色有哪些？他们在职业生涯规划过程中发挥什么作用？
2．谈一谈个人在职业生涯发展中的权利与义务。
3．组织和个人在职业生涯规划管理中分别具有哪些任务？

 延伸阅读

组织在个人职业生涯发展中的任务

─── 本 篇 案 例 分 析 ───

案例分析一　唐骏职业生涯：因"打工"而功成名就

讨论题：

1. 唐骏获得职业成功的秘密是什么？（提示：有清晰的个人职业生涯规划）

2. 唐骏的职业生涯对我们有什么借鉴和启示？（提示：职业生涯规划管理的内容、原则、流程）

案例分析二　周杰伦：创业路上没有偶然

讨论题：

1. 周杰伦获得职业成功的秘密是什么？（提示：树立自己的职业生涯目标）

2. 在人生中，我们经常会面临"鱼与熊掌不可兼得"的选择，每种选择都会有所得，也会有所失，那么以什么样的标准来判断这种得失呢？（提示：听从内心，选择自己最看重的）

第二篇

职业生涯规划管理的测量工具

【关键词】

能力；气质；职业能力倾向；胜任力；职业适应性

【学习目标】

➢ 了解各种智力构成理论
➢ 熟悉四种职业能力素质的测量方法
➢ 了解四种气质类型的特点
➢ 熟悉各种人格测量方法
➢ 掌握霍兰德职业性向测验

【开篇案例】

两个硕士同学的快慢职业生涯[①]

陈雪和方磊是硕士阶段的同学，两人毕业后到了南方的同一所高校任职，并且还在同一个系里。在迎接新教师的座谈会上，院长殷切地希望年轻人树立人生目标，并为之奋斗。会后，两人开玩笑，说目标就是当院长，看谁先当上。

表面是句玩笑，两人心中却已当真。陈雪认真、冷静、做事有计划，方磊灵活、圆

---

① 本案例源于网络，并经作者加工整理。

滑、办事有冲劲，两人性格迥异，决定了不同的人生。

三年后，方磊当上了副主任，陈雪仍是一名普遍老师；十五年后，陈雪当上了院长，方磊仍是一名副主任。原先职位在上的方磊现在成了下属，他承认自己输了，但不明白自己错在哪里。

自从立下目标后，陈雪制定了自己的人生规划。头三年，她练习普通话、学习讲课技巧、琢磨学生心理、研究教材，三年后，她讲课在学校已小有名气。第四年到第七年，陈雪考上了另一所高校读博，在此期间专心学习研究方法。第八年到第十二年，陈雪潜心做研究，在国际期刊上发表文章、承担国家级课题，渐渐成为该领域的知名学者。从第十三年起，陈雪不仅以科研为主、重视教学，还开始加强各方人际关系。第十五年，老院长退休时，人们不约而同地想到让陈雪接班，学术、教学、人际关系样样不错，不选她选谁？

方磊则不同，一开始就关注仕途，以经营上下级关系为主，三年便当上了副主任。可是一上任就感到各方压力，上课水平一般，科研没有成果，处理问题难以服众。当了两年主任很不顺，看到一些老同学当老板，心中羡慕，也悄悄在外合伙开了间餐厅。不到一年，餐厅倒闭了，又相继开了面粉厂、美容院、服装店，可是干一样亏一样。瞎忙了四年才发现，自己不适合经商，还是在高校好。回头再往上走，发现过去的同事都有了大进步，自己必须跟上。一会儿忙教学，一会儿搞科研，生活、工作忙得像锅粥，但什么都干不好。到了第十五年，方磊勉强还是个副主任，但再不有所改观，恐怕也快"下课"了。

第五章　职业能力倾向及测量

第一节　能力与能力倾向

一、能力

能力是指人们成功地完成某种活动所必须具备的个性心理特征。能力和活动密切联系着。一方面，人的能力是在活动中形成、发展和表现出来的，否则能力就是潜在的、未表现出来的；另一方面，从事某种活动又必须以一定的能力为前提。

能力的个别差异表现在质和量两个方面。质的差异除了表现为各人有不同的特殊能力，还表现为能力的类型差异；量的差异表现在能力发展的水平和年龄差异上。

二、能力倾向

能力倾向是一个人的学习能力，指的是潜能，区别于你已经发展起来的技能和技术知识。例如，也许你具有写作、音乐和安装机械的"能力倾向"，但是没有经过大量的发掘、培训、学习、练习和操作，你可能还没有培养起完成这些活动的"技能"。

第二节　能力的分类及测量

一、能力的分类

能力可分为一般能力和特殊能力。

（一）一般能力

一般能力又称为"普通能力"，是指多数活动所共同需要的能力，也是人所共有的最基本能力。观察能力、注意能力、记忆能力、思维能力、想象能力、操作能力都是一般能力。

智力是指人们认识、理解客观事物并运用知识、经验等解决问题的一般能力。智力主要包括感知记忆能力、抽象概括能力（包括想象能力和逻辑思维能力，是智力的核心成分）和创造力。智力不是一种单一的能力，而是一种综合的整体结构。分析智力的结构对于了解智力本质，合理设计智力测验，拟定发展智力的原则都是必要的。在智力结构的理论中，曾有许多不同的学说，重要的有下列几种。

1. 斯皮尔曼的双因素论

斯皮尔曼（Spearman）的双因素论认为，智力是由普遍因素和特殊因素构成的，普遍因素又叫作 G 因素，特殊因素又叫作 S 因素，完成任何一个作业都是由 G 和 S 两种因素决定的。在智力结构中，普遍因素是智力结构的基础和关键，各种智力测验就是通过广泛取样而求出普遍因素。

2. 瑟斯顿的群因素论

美国心理学家瑟斯顿（Thurstone）是群因素论的主要创导者。他认为智力是由许多彼此无关的原始能力或因素所组成的。他对被试者进行大量的测验，得出智力中的七种主要因素，即语词理解（V）、语词流畅（W）、推理能力（R）、计数能力（N）、机械记忆能力（M）、空间能力（S）和知觉速度（P）。

3. 吉尔福特的智力三维结构模型

美国心理学家吉尔福特（Guilford）于 1967 年提出了智力三维结构模型，他否认有普遍因素 G 的存在。他认为，智力结构应从操作、产物和内容三个维度考虑。操作有 5 种，产物有 6 种，内容有 4 种，共计 120 种智力。

智力不同，首先表现在智力操作上。智力操作有以下几项。

（1）评价（即能不能评价事物）。

（2）集中思维（强调抽象概括，形成概念）。

（3）分散思维（过去强调集中思维，当前还必须重视创造性思维的培养，而创造性思维要求分散思维和集中思维相结合）。

（4）记忆。

（5）认知。

智力活动的产物就是智力操作的结果。智力活动的产物有以下几种。

（1）单元（如一个词、一句话）。

（2）类别（比单元范围宽一点儿）。

（3）认识一个关系。

（4）认识一个系统的关系。

（5）转换（即从一个事物的认识转换到另一个事物上去）。

（6）蕴涵（如能了解隐喻）。从单元到蕴涵是从最简单的结果到最复杂的结果。

智力活动的内容有以下几个方面。

（1）图形的（形象的东西）。

（2）符号的（比较抽象的东西）。

（3）语义的（语言意义的东西）。

（4）行为的（就是动作的）。

4. 阜南的智力层次结构模型

1960 年英国心理学家阜南（Vernon）提出智力层次结构模型，以后英国心理学家史密斯（Smith，1964）和洛弗尔（Lovell，1965）等支持阜南的观点，并发展了这种模式。

阜南认为智力因素的结构不是立体的模型，而是按层次排列的结构。他把斯皮尔曼的智力普遍因素 G 作为第一层次；第二层次分为两个大因素群，即言语和教育方面的因素以及机械和操作方面的因素；第三层次分为几个小因素群；第四层次包括各种特殊因素，即斯皮尔曼的 S。由此可见，阜南的智力层次结构理论是斯皮尔曼的双因素论的深化，在 G 和 S 之间增加了两个层次。

（二）特殊能力

特殊能力只在特殊活动领域内发生作用，是完成相关活动必不可少的能力。一般认为，数学能力、音乐能力、绘画能力、写作能力、动作协调能力、空间判断能力等都是特殊能力。要顺利完成某项工作，除了要具有一定的一般能力，还要具有该项工作所要求的特殊能力。例如，从事数学研究要求具有计算能力、空间想象能力和逻辑思维能力；做画家需要具有较强的颜色辨识能力；等等。每个人只有根据自己的能力所及确定自己的职业方向和领域，才可能胜任工作，也才可能取得职业成功。表 5-1 是加拿大《职业分类词典》列举的某些职业对特殊能力的要求。

表 5-1　某些职业对特殊能力的要求

能 力 类 型	概 念 与 特 点	相 应 职 业
语言表达能力	对词的理解和使用能力，对句子段落、篇章的理解能力，以及善于清楚而正确地表达自己的观点和向别人介绍信息的能力，它包括语言文字的理解能力和口头表达能力	教师、营业员、服务员、护士等
算术能力	迅速而准确地运算的能力	会计、出纳、统计、建筑师、工业药剂师等
空间判断能力	能看懂几何图形、识别物体在空间运动中的联系、解决几何问题的能力	与图纸、工程、建筑等打交道的工作，牙科医生、内外科医生等职业，裁缝、电工、木工、无线电修理工、机床工等
形态知觉能力	对物体或图像的有关细节的知觉能力，如对于图形的阴暗、线的宽度和长度做出视觉的区别和比较，能看出其细微的差异	生物学家、建筑师、测量员、制图员、农业技术员、动植物技术员、医生、兽医、药剂师、画家、无线电修理工等
事务能力	对文字或表格式材料细节的知觉能力，具有发现错字或正确地校对数字的能力	设计、经济、记账、出纳、办公室、打字员

表 5-2 是国外一些学校在对学生进行职业指导时常采用的职业能力倾向的成套测验中的一部分。此表虽不一定完全符合中国国情，却可以由此大致了解有关职业的能力倾向要求。

表 5-2　部分职业与其所需职业能力的标准

职　　业	一般学习能力	语言能力	算术能力	空间谈判能力	形态知觉	书写能力	运动协调	手指灵活	手的灵巧
建筑师	强	强	强	强	较弱	一般	一般	一般	一般
律师	强	强	一般	较弱	较弱	一般	较弱	较弱	较弱
医生	强	强	较强	强	较强	一般	较强	较强	较强
护士	较强	较强	一般	一般	一般	一般	一般	一般	一般
演员	较强	较强	较弱	一般	较弱	较弱	较弱	较弱	较弱
秘书	一般	一般	一般	较弱	一般	较强	一般	一般	一般
统计员	一般	一般	较弱	较弱	一般	较强	一般	一般	较弱
服务员	一般	一般	较弱	较弱	较弱	较弱	一般	较弱	一般
驾驶员	一般	一般	较弱	一般	一般	弱	一般	一般	一般
纺织工	较弱	较弱	较弱	较弱	一般	弱	一般	一般	一般
机床工	一般	较弱	较弱	较弱	一般	较弱	较弱	一般	一般
裁缝	一般	一般	较弱	一般	一般	较弱	一般	较强	一般

二、能力的测量

能力的测量有很多用途。例如，能力的测量用于测定儿童的智力，可做到因材施教；能力的测量运用于对各种专业人员的选拔，以做到人尽其才；能力的测量还能对某些心理疾病做出早期诊断；能力的测量也可用于检验某些理论，如智力是什么、智力由哪些因素组成等。

（一）智力测验

智力测验可以追溯到我国古代。孟子说过："权，然后知轻重；度，然后知长短。物皆然，心为甚。"孟子认为心与物皆具有一种可测量的特性。三国时代刘劭在《人物志》一书中提出，"观其感变，以审常度"，意思是根据一个人的行为变化可以推测他的心理特点。他提出以回答法为手段观察人的智力。这是一部论述能力问题的古代专著。我国自古以来流传的七巧板、九连环等都是智力测验的工具。

1905 年，法国心理学家比奈（Binet）和西蒙（Simon）为了鉴定低能儿童编制了一套智力测验，包含 30 个题目，称为"比奈-西蒙量表"。1916 年，美国斯坦福大学心理学家推孟（Terman）加以修订，使这个测验进一步标准化后，称为"斯坦福-比奈量表"。这个测验曾于 1937 年、1960 年和 1972 年做过三次修订。

目前，针对成人的智力测量有韦克斯勒成人智力量表和瑞文标准推理测验。

1. 韦克斯勒成人智力量表（Wechsler adult intelligence scale，WAIS）

韦克斯勒成人智力量表主要用于测量 16~64 岁的成人智力。该测试量表由言语和操作两部分组成，分别给予计分。言语部分包括常识、理解、算术、类同、背数、词汇六个测验；操作部分包括数字符号、图形拼凑、填图、图片排列、积木图案五个测验，如表 5-3 所示。

表 5-3　韦克斯勒成人智力量表

测验的内容		测验的名称
言语量表	常识	知识的广度，一般学习能力及对日常事务的认识能力
	背数	注意力和短时记忆力
	词汇	言语理解能力
	算术	数字推理能力、计算和解决问题的能力
	理解	判断能力和理解能力
	类同	逻辑思维和抽象概括能力
操作量表	填图	视觉记忆能力、视觉辨认能力、视觉理解能力
	图片排列	知觉组织能力和对社会情境的理解能力
	积木图案	分析综合能力、知觉组织能力及视觉—运动综合协调能力
	图形拼凑	概括思维能力与知觉组织能力
	数字符号	知觉判别速度下的组织能力

2. 瑞文标准推理测验（Ravens standard progressive matrices，SPM）

瑞文标准推理主要测量人的推理能力、清晰知觉和思维以及发现和利用自己所需信息等能力。它是由英国心理学家瑞文（Raven）设计的一种典型的非文字智力测试，测试对象不受文化、种族和语言的限制，既适用于个别实施，也适用于团体实施，实施时间短，解释结果直观简单，具有较高的信度和效度。因此，瑞文标准推理测试是人才选拔和招聘人员时使用最多的能力测试工具之一。

该测试共有 60 道题目，依次为 A、B、C、D、E 五组，每组 12 题。从 A 组到 E 组，难度逐步增加，同时每组内的题目也是由易到难排列。每组题目所用的解题思路基本一致，但各组之间有差异。其中，从整体上来分，可以分为以下几项。

（1）A 组主要测试视觉辨别、图形比较、图形想象等能力。

（2）B 组主要测试类同、比较、图形组合等能力。

（3）C 组主要测试比推、图形组合等能力。

（4）D 组主要测试系列关系、图形套合等能力。

（5）E 组主要测试抽象推理能力。

由于多数量表都是直接从国外引进的，因此在具体操作时还应考虑国内人群的实际情况。再加上还存在可以通过训练使测量的数值发生特异变化的情况，因此并不能完全依据某一量表判断一个人的智商。

3．智商的计算方法

在心理学中用智商衡量人的智力高低。智商（IQ）是一个相对数，它表示智力年龄与实足年龄之间的关系。智商就是智龄（MA）与实足年龄（CA）之比，为了避免计算中的小数，将商数乘以 100，其计算公式为

$$智商（IQ）=(MA/CA)×100$$

在测验时，一个实足年龄为 10 岁的儿童，如果他的智龄是 11 岁，其智商=(11／10)×100=110；如果他的智龄是 9 岁，其智商=(9／10)×100=90；实足年龄和智龄相等，则其智商为 100，表示这个儿童的智力水平与他的实足年龄相当，他的智力是中等的。智商大于 100，表示此儿童智力高于同龄的一般儿童；如果智商小于 100，则表示此儿童的智力低于同龄的一般儿童。

通常，人们把智力分为几个层次，如表 5-4 所示。

表 5-4　智力分类

智　　商	类　　别
140 以上	天才（genius）
120～140	上智（very superior）
110～120	聪颖（superior）
90～110	中才（average intelligence）
80～90	迟钝（dull）
70～80	近愚（borderline case）
50～70	低能（moron）
25～50	无能（imbecile）
25 以下	白痴（idiot）

（二）特殊能力测验

为了测定从事某种专业活动的能力，就要对这种活动进行分析研究，找出它所要求的心理特征，列为测验项目，设计测验，以便进行特殊能力的测定。

目前已经形成并且在实践中广泛应用的特殊能力测验主要有文字能力测验、心理运动能力测验、机械能力测验等。文字能力测验主要测验处理办公室日常例行工作的能力，如打字、记录、整理、保管和通知联络等。但由于工作的层次和单位规模不同，具体的工作内容也会有很大的差别。心理运动能力测验主要用于测验一个人运动反应的速度、灵活性、协调性和其他特征。创造力测验是指独立自主地创造出前所未有的新事物的能力。

（三）创造力测验

吉尔福特等人把创造力看作发散思维的能力。发散思维在行为上的表现主要有思维的流畅性、变通性和独特性三个方面，目前国外的创造力测验主要从以下三个方面对人

的创造性进行评定。

1. 南加利福尼亚大学测验

吉尔福特及其南加利福尼亚大学的同事为测定发散思维而编制的测验主要有以下一些项目。

（1）用词流畅。迅速写出包含一个指定字母的词，如包含"O"的词：box、over、mother 等。

（2）联想流畅。迅速列举某个词的近义词，如"快乐"的近义词：高兴、愉快、愉悦等。

（3）表达流畅。写出以指定字母开头的四个词句，如"K-U-Y-I"，则 keep up your interest、kill useless yellow insects 等。

（4）效用。尽可能多地列举出每一件东西的用途。

（5）故事命题。为短故事情节命题。

（6）非常用途。列举一个物体的各种非寻常的用途，如报纸可以用来点火、填塞空间和遮阳光等。

（7）推断结果。列举一个假设时间的不同结果，如"假如人不再需要睡眠，会出现什么情况？"回答如"干更多的工作"。

（8）解释比喻。以几种不同的方式完成包括比喻的句子。

（9）组成对象。给定一组图形，如圆、三角形、梯形、正方形等，让人们运用这些材料组成各种有意义的图形，类似于搭积木。

（10）略图。把一个简单图形复杂化，组成尽可能多的可辨认的物体略图。

（11）火柴问题。移动指定数量的火柴棒，保持一定数目的图形。

2. 托兰斯创造性思维测验

美国明尼苏达大学的托兰斯（Torrance）编制了另一个著名的创造力测验，适用于从幼儿园儿童到研究生，适用的范围比南加利福尼亚大学测验广。为了减少被试者的心理压力，托兰斯用"活动"一词代替"测验"一词。

托兰斯创造性思维测验包括十二个分测验，全部测验分成以下三套。

第一套是言语的创造性思维测验，包括七项活动：前三项活动是问与猜（ask and guess），呈现一张图片，要被试者猜出画中的情境和以后可能发生的事件；第四项是成品改进测验；第五项是非常用途测验；第六项是提出不寻常题；第七项是推断测验。这一套测验从流畅性、变通性和独特性三个方面记分。

第二套是图画的创造性思维测验，包括三项活动：第一项活动是被试者把一个有鲜艳颜色的图形贴在一张白纸的任何位置上，然后以此为出发点，画出一幅不平常的并能说明一段有趣故事的图画；第二项活动是完成图画，给被试者以极少的线条，并以此为开端，完成一张图；第三项活动要求被试者用成对的短的平行线或圆，尽可能多地画出不同的图。这套测验从流畅性、变通性、独特性和精致性四个方面记分。

第三套是声音和词的创造性思维测验，包括两项活动：第一项活动为音响想象；第二项活动为象声词想象，要求被试者根据听到的声音和词想象。这套测验只根据反应的独特性记分。

3. 芝加哥大学创造力测验

1962 年，美国芝加哥大学盖茨尔斯（Getzels）和杰克逊（Jackson）根据吉尔福特的思想设计了一套创造力测验，包括以下五个分测验。

（1）词汇联想测验。要求被试者对"螺钉""口袋"之类的普通词语说出尽可能多和尽可能新颖的定义。根据定义的数目、类别和新颖性评分。

（2）物体用途测验。要求被试者对"砖"之类的普通物品说出尽可能多的用途。根据用途的种类和独创性评分。

（3）隐蔽图形测验。要求被试者在一张印有各种隐蔽图形的卡片上找出隐蔽图形。根据找出的图形的复杂性和隐蔽性进行评分。

（4）寓言解释测验。给被试者几个没有结尾的寓言，要求他对每个寓言都做出三种不同的结尾："道德的""诙谐的""悲伤的"。根据结尾的数目、恰当性和独创性进行评分。

（5）组成问题测验。给被试者几节短文，要求他用这些材料组成多种数学问题。根据问题的数目、恰当性、复杂性和独创性评分。

一般认为智力与创造力之间有高相关性，但吉尔福特（1967 年）的研究表明，创造力与智力的关系并不单纯，IQ 低的人很少有高的创造力；IQ 高的人可能有高的创造力，也可能有低的创造力。IQ 是创造力的必要条件，但不是充分条件。IQ 高的人不一定有创造力，但 IQ 低却阻碍着创造力。一般认为，创造力要求智商最低限度是在 120。

第三节　职业胜任力

一、胜任力的概念

胜任力（competence）的概念最先是由美国心理学家戴维·麦克利兰（David McClelland，1973）提出的。他在发表于《美国心理学家》杂志上的论文《测试胜任力而非智力》中提出，单凭学术能力倾向测验和以知识为内容的测验并不能预测工作中的高绩效以及能否在生活中取得成功。他提出了胜任力的概念，认为通过某些个人特征和胜任力可以将高绩效者鉴别出来。在这里，麦克利兰将胜任力定义为一系列广泛的特性，所有与成功有关的心理或行为特征都可以看作胜任力。

他把胜任力划分为以下六个层次。

（1）知识，是指对某一职业领域有用信息的组织和利用。

（2）技能，是指通过重复而习得的从事某一活动的熟练程度。

（3）社会角色，是指一个人在他人面前想表现出的形象。

（4）自我概念，是指对自己身份的认识或知觉。

（5）人格特质，是指一个人的身体特征及典型的行为方式。

（6）动机与需要，是指决定一个人外显行为的内部动力。

这些胜任特征通常用漂浮在水面上的一座冰山描述，如图5-1所示。

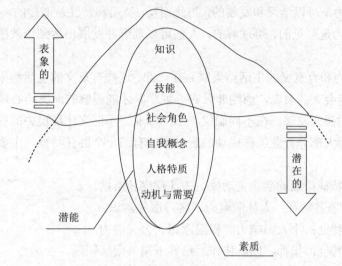

图 5-1 胜任力的冰山模型

知识、技能属于表层的胜任特征，漂浮在水面上，很容易被发现；社会角色、自我概念、人格特质和动机与需要属于深层次的胜任特征，隐藏在水面下，且越往水下，越难发现。深层特征是决定人们的行为及表现的关键因素。

随着许多学者介入胜任力研究，胜任力的内涵也发生了许多变化。麦克利兰的同事波雅提兹（Boyatizis，1982）将胜任力定义为"个体的潜在特征，可能是动机、特质、技能、自我形象或社会角色的方面，或者他所运用的知识体"。Mirable（1997）把胜任力定义为：能区分高绩效和一般绩效的知识、技能、能力，或者其他的一些特性。罗茨（Losey，1999）则提出了一个胜任力方程式，即

$$胜任力=智力+教育+经历+道德规范+/-兴趣$$

二、胜任力的特点

总的来讲，胜任力的特点有以下几个。

（1）胜任力中的社会角色、自我概念、人格特质、动机与需要是隐藏在表象背后的深层次特征，是难以衡量的。

（2）胜任力是真正区别生活成就或工作业绩方面优劣的个人特征。岗位胜任力不是从事某岗位的任职资格和必要条件，而是在该岗位表现优秀的充分条件。

（3）胜任力是刚性不变的，岗位胜任力表现在每位绩优者身上都是一样的。

麦克利兰（1973）总结了以下五个胜任力特点。

（1）了解绩效的最好途径是观察人们实际上做了什么而取得成功，而不是依靠基于智力之类的潜在特质和特性的假定。

（2）测量和预测绩效最好的办法是让人们表现出你想要测量的胜任力的关键方面，而不是实施一个测验来评估潜在的特质和特性。

（3）胜任力是可以学习和发展的，与此相反，特质和特性是遗传的，并且很难改变。

（4）胜任力是可见的、可理解的，人们可以理解并发展出达到绩效所必需的胜任力水平。

（5）胜任力和有意义的生活结果联系在一起，这些有意义的生活结果描述了人们在现实世界里一定会有的表现，而绝非只有心理学家才能理解的深奥的心理特质或构造。

已有的应用研究发现，在不同职位、不同行业、不同文化环境中的胜任特征模型是不同的。能预测大部分行业工作成功的最常用的有二十个胜任特征，主要分为以下六大类型。

（1）成就特征：成就欲、主动性、关注秩序和质量。

（2）助人/服务特征：人际洞察力、客户服务意识。

（3）影响特征：个人影响力、权限意识、公关能力。

（4）管理特征：指挥、团队协作、培养下属、团队领导。

（5）认知特征：技术专长、综合分析能力、判断推理能力、信息寻求。

（6）个人特征：自信、自我控制、灵活性、组织承诺。

三、胜任特征评价的步骤

（1）定义绩效标准。就是要制定一些客观明确的标准与规则，用来确定什么样的绩效是优秀的，什么样的绩效是差的，从而为该职位所需能力的研究提供基础。一般采用工作分析和专家小组讨论的办法来确定。

（2）确定效标样本。确定效标样本，采用已确定的绩效标准，就可以鉴别和选取达到绩效标准的优秀组和没有达到绩效标准的一般组。

（3）获取与效标样本有关的胜任特征的数据资料。获取样本数据的方法会因使用的胜任力模型不同而有所不同，获取与效标样本有关的胜任特征的数据资料有行为事件访谈法（BEI）、专家小组讨论法、问卷调查法、全方位评价法、专家系统数据库法和观察法。

（4）分析数据资料并建立胜任特征模型。将通过各种渠道获得的资料进行分析，确定绩优人员与一般人员的个性和能力，这个过程称为主题分析、概念形成。首先，由两位或两位以上经过训练的分析师将绩优人员与一般人员的资料列出来，寻找其中的差异，包括动机和技巧等。任何符合能力词典的动机、思想或行为都会编码。其次，分析师不断修正、提炼行为事件中的能力定义，一定要使每项能力在定义上都获得大家可以接受的"评分者间信度"。"评分者间信度"是指两个人或更多人阅读同一个故事时，能够彼此同意该故事是否包含某一个能力。各个事件由分析师不断评分，直到它们的评分者间信度达到期望的标准。最后，编制成胜任能力词典，建立胜任特征模型。

（5）应用于实践。将编制的胜任特征模型应用于人力资源管理的各环节，如培训开发、考核和薪酬激励。

第四节　职业能力倾向的测量

能力倾向意味着学习的能力，为了探索某个特定的职业领域就个人的能力而言是否是合适的选择，可以做一些能力倾向测验。目前有一系列的能力测验，包括"一般能力倾向测验"（general aptitude test battery，GATB）、"军队职业能力倾向测验"（armed services vocational aptitude battery，ASVAB）、"差别能力倾向测验"（differential aptitude tests，DAT）和"职业能力安置调查"（career ability placement survey，CAPS）。

能力倾向测验测量的是个人在某些能力领域（通常是8～9个）的学习能力，而智力测验则往往只给出一个一般学习能力或学习潜能的分数。

表 5-5 列出了以上四类广为人知的能力倾向测验所测量的能力倾向。表 5-6～表 5-8 列出了一般能力倾向测验的内容。

表 5-5 四类能力倾向测验

	一般能力倾向测验 （GATB）	军队职业能力倾向 测验（ASVAB）	差别能力倾向测验 （DAT）	职业能力安置调查 （CAPS）
能力 倾向	一般学习能力 语言能力 数学能力 空间能力 形状知觉 文书知觉 运动协调 手指的灵活性 手的灵活性 眼、手、足的协调 颜色辨识	一般科学 数学推理 词汇知识 段落理解 数学知识 电子信息 汽车和车间信息 机械理解	词汇推理（VR） 数字能力（DA） 抽象推理 知觉速度和精确性 机械推理 空间关系 拼写 语言运用	机械推理 空间关系 词汇推理 数字能力 语言运用 词汇知识 知觉速度和精确性 手的速度与灵活性

表 5-6　GATB 测验评估能力水平（一）

能 力 倾 向	一般学习能力（G）	语言能力（V）	数学能力（N）
对此能力倾向的定义	与在学校取得优异成绩相关的能力，推理能力	理解词义、使用文字清晰地表达思想	迅速、准确地使用数学
水平 1：最高的 10%（很高）	在英语、数学、科学、社会科学和语言课程中大部分得 A。能够解决有难度的问题，在一些学术科目上获奖	在英语、外语和社会科学等科目中大部分得A。在辩论、写作、出版、公开演讲、学期论文和一些论文中赢得关注和认可	在数学和科学中大部分得A。可以解决高等数学（代数和微积分）难题
水平 2：除去最高 10% 的 1/3（高于中等）	在上述科目中大部分得 A 和 B。能够自觉、有规律地进行阅读。在成绩报告中得到较高的等级	在上述科目中大部分得 A 和 B。在这些科目中能轻松地理解课本，很少犯语法错误	在上述科目中大部分得 A 和 B。可以利用公式解决问题，也可以轻松地使用小数和分数
水平 3：中间的 30%（中等）	在上述科目中大部分得 B 和 C。可以解决像保存材料、装备设备和保存记录之类的问题	在上述科目中大部分得 B 和 C。能注意并纠正在拼写、语法和标点方面的错误	在上述科目中大部分得 B 和 C。可以在中等速度下准确地进行加减乘除运算
水平 4：除去最低 10% 的 1/3（低于中等）	在上述科目中大部分得 C 和 D。能够执行清楚明确的指示	在上述科目中大部分得 C 和 D。在撰写论文和报告及看懂书面指示上存在困难	在上述科目中大部分得 C 和 D。可以测量物体的高度、宽度和深度
水平 5：最低 10%	需要在指导下才能完成装配和其他制造工作	在要求读和写的科目上有许多困难。（如果你能做这个练习，你能达到水平 5 以上）	在任何数学问题上都有麻烦。买东西时，在计量物体和数钱时有困难
我的最高水平			

表 5-7　GATB 测验评估能力水平（二）

能 力 倾 向	空间能力（S）	形状知觉（P）	文书知觉（Q）	运动协调（K）
对此能力倾向的定义	在头脑中形成三维形象	观察物体和图画的细节	注意词汇、数字和符号的细节	迅速移动手、眼和手指去完成任务的能力
水平 1：最高的 10%（很高）	在艺术、地理、机械绘图上大部分得 A。能在绘图、雕塑和服装设计方面获奖	在艺术、科学、速记和绘画等科目中大部分得 A。能够轻易地看出相似物体的大小、形状上的差异	在打字、高等数学和英语等科目中大部分得 A。能快速准确地使用数字；在亲人细节性的指导下做得很出色	在打字、速记、体育、工业艺术和家政等科目中大部分得 A。在运动、舞蹈、演奏乐器方面优秀

续表

能 力 倾 向	空间能力（S）	形状知觉（P）	文书知觉（Q）	运动协调（K）
水平2：除去最高10%的1/3（高于中等）	在上述科目中大部分得A和B。在做衣服和绘画方面比一般人好，能看懂电路	在上述科目中大部分得A和B。擅长印刷、解字谜、读乐谱、设计和摄影	在上述科目中大部分得A和B。可以迅速、准确地抄写记录，做秘书和出纳员表现很优秀	在上述科目中大部分得A和B。擅长体育，能够绘画、装配模型、缝纫、制作精美的金属制品和木制品
水平3：中间的30%（中等）	在上述科目中大部分得B和C。可根据式样缝制服装，具有中等绘画水平，经常阅读装配图	在上述科目中大部分得B和C。能注意到物体和绘画的轻微失真，也能拍摄有吸引力的照片	在上述科目中大部分得B和C。可根据体系对事物进行归档。能遵从大部分的装配指导	在上述科目中大部分得B和C。在运动中很活跃，属于中等水乎，能令人满意地完成像送报纸和割草这样的任务
水平4：除去最低10%的1/3（低于中等）	在上述科目中大部分得C和D。绘画和缝纫做得不太好。能够整理好购物袋中的各种杂货	在上述科目中大部分得C和D。很少做字谜，可以区分螺母、螺栓和螺钉，能够修理和粘贴物体	可以根据菜谱烹饪和烘烤。在遵从指令上有困难。在拼写和数学上犯粗心大意的错误	在上述科目中大部分得C和D。能洗车，做清洁工作和体力劳动
水平5：最低10%	在识别图画和图表的形状及大小上有困难，视觉能力差，无法估计速度和距离	在识别形状和大小的相似及差异上有困难；视觉能力差	在要求计算和注重细节的科目上有困难，很难发现拼写错误	不能完成需要迅速准确使用眼、手和手指的任务。在快速运动中存在身体障碍
我的最高水平				

表 5-8　GATB 测验评估能力水平（三）

能 力 倾 向	手指的灵活性（F）	手的灵活性（M）	眼、手、足的协调（E）	颜色辨识（C）
对此能力倾向的定义	手指迅速移动处理细小物体的能力	在放置和翻转运动中能很容易地移动手	根据观察移动手脚	能看出颜色和阴影的相似与不同
水平1：最高的10%（很高）	在打印、速记、工业艺术和家政等科目中大部分得A。能在乐器方面获奖。可以熟练地构造模型、装配物体，也可以娴熟地制作木雕	在体育、工业艺术、家政和乐器方面得A。擅长体育、木雕、雕塑和手工	在体育科目中大部分得A。擅长舞蹈和芭蕾，在体操中获奖。手风琴弹得好，能在驾驶培训中得A	在艺术科目中大部分得A。在绘画上获得奖励与认可，出售自己的工艺品，设计自己的服装。可以轻松地区分相似色泽和色度之间的不同

续表

能 力 倾 向	手指的灵活性（F）	手的灵活性（M）	眼、手、足的协调（E）	颜色辨识（C）
水平 2：除去最高 10% 的 1/3（高于中等）	在上述科目中大部分得 A 和 B。能在乐队和管弦乐队中演奏。能很好地建造模型和装配物体	在上述科目中大部分得 A 和 B。可以很好地使用工具。擅长做衣服、体育运动、魔术和木偶表演	在体育上大部分得 A 和 B。擅长运动，会骑自行车、滑冰、跳舞、开车、做体操	在上述科目中大部分得 A 和 B。会设计自己的衣服，做海报，选择颜色装饰房间，识别颜色的细微差别
水平 3：中间的 30%（中等）	在上述科目中大部分得 B 和 C。可以协调做一些衣服，能很好地制作东西并对其进行维修	在上述科目中大部分得 B 和 C。会做各种零工，会修剪灌木、种植、使用电器。属于普通水平的运动	在体育上大部分得 B 和 C。能在军乐队中演奏，运动水平一般，会驾驶汽车，可操作割草机	在上述科目中大部分得 B 和 C。摄影较好，不能敏锐清晰地分辨颜色，为表演设计布景
水平 4：除去最低 10% 的 1/3（低于中等）	在上述科目中大部分得 C 和 D。会修补衣服、准备食物和饭菜、修理家具	在上述科目中大部分得 C 和 D。会使用锤子和钳子做简单的修理工作。运动水平属于中下	在体育上大部分得 C 和 D。边演奏乐器边行进会有困难	在上述科目中大部分得 C 和 D。在衣服颜色的搭配上需要别人帮忙。不能清楚地区分颜色
水平 5：最低 10%	不能完成要求用手指完成细微动作的任务	不能完成需要快速、准确使用手的工作	在需要跑、跳、投和抛球的运动上存在很大的困难	不能选出人们认为协调搭配的颜色，是个色盲
我的最高水平				

本章小结

　　能力是指人们成功地完成某种活动所必须具备的个性心理特征。能力和活动密切联系着。能力可分为一般能力和特殊能力。一般能力又称为"普通能力"，是指多数活动所共同需要的能力，也是人所共有的最基本能力，包括观察能力、注意能力、记忆能力、思维能力、想象能力、操作能力。特殊能力只在特殊活动领域内发生作用，是完成相关活动必不可少的能力，如数学能力、音乐能力、绘画能力、写作能力、动作协调能力、空间判断能力等。能力倾向意味着学习的能力，为了探索某个特定的职业领域就个人的能力而言是否是合适的选择，可以做一些能力倾向测验。职业胜任力可以将高绩效者和一般绩效者鉴别出来。

思考问题

1. 你认为可以从哪些因素进行自我认知？
2. 能力可以通过哪些方式测量出来？
3. 什么是职业胜任力？胜任力包含哪些层次？
4. 简述需要培养和发展哪些技能才能胜任自己心仪的工作。

延伸阅读

可迁移技能

第六章　气质与人格

第一节　气质的概念、类型与测量

一、气质的概念

气质是指个人心理活动的稳定的动力特征。心理活动的动力特征主要指心理活动的强度（如情绪体验的强度、意志努力的程度）、心理活动的速度和稳定性（如知觉的速度、思维的灵活程度、注意力集中时间的长短）以及心理活动的指向性（如有的人倾向于外部事物，有的人则倾向于内心世界）等方面的特点。

心理学认为气质是指人的高级神经活动类型特点在行为方式上的稳定表现。它和人的认识、情感、动机、意志不同，气质是与生俱来的，和神经活动的强度、速度、灵活性、均衡性的特点相联系，是一种稳定的心理特征，不会因为活动的内容、个人的动机和目的的转移而改变。在不同的实践活动中，气质都会在个体身上以相同的形式表现出来。

气质是职业选择的依据之一，某些气质特征为一个人从事某项工作提供了有利条件。例如，黏液质和抑郁质的人较适合从事持久、细致的工作，而多血质和胆汁质的人适合从事反应灵活的工作。

二、气质的类型与测量

每个人的神经系统、运动器官、感觉器官等，特别是大脑，都有着自身的先天遗传和后天习得的特点。气质在人的生理素质的基础上，通过生活实践，在后天条件影响下形成，并受到人的世界观和性格等的控制。它的特点一般是通过人们处理问题、人与人之间的相互交往显示出来的，并表现出个人典型的、稳定的心理特点。

1. 中国古代学者有关气质的研究

我国古代的学者就已看到了人与人之间这种气质上的差异。例如，孔子在《论语·子路》中把人分成"狂""狷""中行"三类。他认为，"狂者进取"，这类人对现实的态度是积极的、进取的，他们"志大言大"，言行比较强烈而现于外；"狷者有所不为"，这类人性格比较拘谨；中行者介于"狂"和"狷"之间，"依平庸而行"。《周易》和《尚书》中也曾用阴阳五行解释人的气质类型，把人分为太阳、少阳、太阴、少阴、阴阳平衡五种。其中，"阳"是指性格活跃、兴奋；"阴"是指性格冷静和抑制。根据阴阳在个体身上的比例，又可细分为二十四种气质类型。

2. 希波克拉底的体液说

公元前 5 世纪，古希腊名医希波克拉底认为人体内有四种体液，某种体液占主导，其行为方式、反应和情绪表现就带有这一类型的特点，这就是他的气质类型的体液说。

希波克拉底把人的气质分为多血质、胆汁质、黏液质、抑郁质四种。血液占优势的人为多血质，这类人活泼好动、善于交际、反应迅速；黄胆汁占优势的人为胆汁质，这类人热情直率、容易冲动、精力旺盛；黏液占优势的人多为黏液质，他们情绪稳定、沉默寡言；黑胆汁占优势的人多为抑郁质，他们孤僻、多愁善感、动作迟缓。但他还不能对气质做科学的解释。四种传统气质类型的特征如表 6-1 所示。

表 6-1　四种传统气质类型的特征

气质类型	特征
胆汁质	精力充沛，情绪发生快而强，言语、动作急速，难于自制，内心外露，率直，热情，易怒，急躁，果断
多血质	活泼爱动，富于生气，情绪发生快而多变，表情丰富，思维、言语、动作敏捷，乐观，亲切，浮躁，轻率
黏液质	沉着冷静，情绪发生慢而弱，思维、言语、动作迟缓，内心少外露，坚忍，执拗，淡漠
抑郁质	柔弱易倦，情绪发生慢而强，易感而富于自我体验，言语、动作细小无力，胆小忸怩，孤僻

3. 巴甫洛夫的高级神经活动类型学说

20 世纪 30 年代，俄国著名的生理学家巴甫洛夫经过五十多年对人的高级神经活动的研究，把四种神经类型科学地解释为气质的生理基础。

巴甫洛夫发现高级神经活动有两个基本过程：兴奋和抑制。高级神经活动过程有三个基本特性：强度、灵活性和平衡性。强度是指神经细胞及整个神经系统工作的耐力，表现为能否接受强烈的刺激或承受持久的工作，有强弱之分；灵活性是指兴奋和抑制更迭的效率，有灵活与不灵活之分；平衡性是指兴奋和抑制两种神经活动过程的相对关系和力量对比的均衡性，有均衡和不均衡的差异。

巴甫洛夫根据三个基本特性的不同组合，把高等动物的高级神经活动划分为许多类型。其中基本的类型有以下几种。

（1）强、不平衡型。这种类型的特点是：兴奋过程强于抑制过程，是一种易兴奋、奔放不羁的类型，也称为"不可遏止型"。

（2）强、平衡、灵活型。这种类型的特点是：反应灵敏、好动活泼，能较快适应变化了的外部环境，也称为"活泼型"。

（3）强、平衡、不灵活型。这种类型的特点是：较容易形成条件反射，但不容易改造，是一种坚毅而行动迟缓的类型，也称为"安静型"。

（4）弱型。这种类型的特点是：兴奋和抑制过程都很弱，表现为胆小怕事，在艰难工作任务面前，正常的高级神经活动易受破坏而产生神经症。

巴甫洛夫认为，上述四种类型是动物与人共有的，因此称为一般类型。神经类型的一般类型即为气质的生理基础。这四种类型相当于希波克拉底对气质的分类，其关系如表 6-2 所示。

表 6-2　高级神经活动类型和气质类型

高级神经活动类型		神经过程的特征			气质类型
		强　度	平　衡　性	灵　活　性	
强型	兴奋型（不可遏止型）	强	不平衡	灵活	胆汁质
	活泼型		平衡	灵活	多血质
	安静型		平衡	不灵活	黏液质
弱型	抑制型	弱	不平衡	不灵活	抑郁质

巴甫洛夫对四种气质做了如下解释。

（1）胆汁质相当于神经活动的强而不平衡型。这种气质的人兴奋性很高，脾气暴躁，性情直率，精力旺盛，能以很高的热情埋头事业，兴奋时，决心克服一切困难，精力耗尽时，情绪又一落千丈。

（2）多血质相当于神经活动的强而平衡的活泼型。这种气质的人热情，有能力，适应性强，喜欢交际，精神愉快，机智灵活，注意力易转移，情绪易改变，但是办事重兴趣，富于幻想，不愿做耐心细致的工作。

（3）黏液质相当于神经活动的强而平衡的安静型。这种气质的人平静，善于克制忍让，生活有规律，不为无关事情分心，埋头苦干，有耐久性，态度持重，不卑不亢，不爱空谈，严肃认真；但不够灵活，因循守旧。

（4）抑郁质相当于神经活动的弱型，兴奋和抑制过程都弱。这种气质的人沉静，易相处，人缘好，办事稳妥可靠，做事坚定，能克服困难；但比较敏感，易受挫折，孤僻、寡断，疲劳不易恢复，反应缓慢，不图进取。

4. 克列奇默尔的气质分类

克列奇默尔（Kretschmer）是德国精神病学家，他在对精神病患者与正常人的性格研究中发现，他们的性格并不存在任何差别，而患者得病前与得病后的情况有很大联系，这种气质倾向在正常时就已经存在了。

克列奇默尔将气质分为五类：分裂性气质（S 型）、躁郁性气质（Z 型）、癫痫性气质（E 型）、癔症性气质（H 型）和神经质性气质（N 型）。克列奇默尔的气质分类及其特征如表 6-3 所示。

表 6-3 克列奇默尔的气质分类及其特征

气 质 类 型	特 征
分裂性气质 （S 型）	安静、谨慎、一本正经、不善交际、不懂幽默；胆怯、腼腆、敏感、易兴奋、神经质；顺从、温和、老实、沉着、迟钝。敏感和迟钝相对特点同时存在为其基本特征
躁郁性气质 （Z 型）	善良、敦厚、友爱、好心肠、善交际；开朗、活泼、风趣、易激动；安静、寡言、抑郁、脆弱。"躁"与忧郁消沉的"郁"交替出现为其基本特征
癫痫性气质 （E 型）	专心致志、一丝不苟、重秩序、有条理、固执；迟缓、啰唆、脑子不灵活；震怒、情绪不佳。专心致志，不屈不挠，对人殷勤有礼，拘泥于小事，黏液质与胆汁质特点为其基本特征
癔症性气质 （H 型）	虚荣心强，好显示自己，什么事都想"以我为中心"；自律神经不稳定，易疲倦，容易受暗示，意志薄弱；有空想症，对上殷勤，对下压制，态度傲慢，名誉欲强烈，不善团结人，难与人相处
神经质性气质 （N 型）	感官和精神易受刺激而激动，但又很易疲劳；敏捷灵活，但因易疲劳工作很难坚持到底；工作易受外界干扰而做出反应，容易放弃原有的想法与计划，致使工作半途而废；以我为主，厌弃他人，情绪不稳，想象力丰富，意志薄弱，有时无缘无故丧失信心，缺少主动性

第二节 人格的性质、结构与测量

一、人格的性质

人格是构成一个人思想、情感及行为的特有模式，这个独特模式包含了一个人区别于他人的稳定而统一的心理品质。这一简单的人格定义包含了许多的内涵，反映了人格的多种本质特征。

（1）独特性。"人心不同，各如其面"，这句俗语为人格的独特性做了最好的诠释。一个人的人格是在遗传、成熟、环境、教育等先天与后天因素的交互作用下形成的。不同的遗传环境、生存及教育环境，形成了各自独特的心理特点。

（2）稳定性。俗话说："江山易改，禀性难移。"一个人的某种人格特点一旦形成，就相对稳定下来了，要想改变它，是较为困难的事情。这种稳定性还表现在：人格特征在不同时空下表现出一致性的特点。

（3）统合性。人格是由多种成分构成的一个有机整体，并具有内在的一致性，受自我意识的调控。当一个人的人格结构各方面彼此和谐一致时，就会呈现出健康的人格特征；否则就会使人发生心理冲突，产生各种生活适应困难，甚至出现"分裂人格"。

（4）复杂性。人格表现绝非死水一潭，各种人格结构的组合千变万化，而使人格的表现千姿百态。每个人的人格世界并不是由各种特征简单堆积起来的，而是如同宇宙世界一样，依照一定的内容、秩序、规则有机结合起来的一个运动系统。

（5）功能性。人格是一个人生活成败、喜怒哀乐的根源。人格决定一个人的生活方式，甚至有时会决定一个人的命运。当人格具有功能性时，表现为健康而有力，支配着一个人的生活与成败；而当人格功能失调时，就会表现得软弱、无力、失控，甚至变态。

二、人格的结构

人格是一个复杂的结构系统，它包括知—情—意系统、心理状态系统、人格动力系统、心理特征系统和自我调控系统五种人格系统。这五种人格系统成分的独特结合构成了每个人的独特人格。这五种人格系统之间并非完全独立，相互之间会有重合，这种重合性使各成分之间具有相互影响、相互制约的关系，也使人格构成一个整体。

（1）知—情—意系统。心理过程包括知、情、意三大方面，认知过程、情绪情感过程和意志过程是人们都具有的共同心理现象，但是每个人在这三大过程中却表现得千差万别，这种个体差异现象是人格结构的成分。如在认知过程中，表现出分析型与综合型的差异；在记忆过程中，有人识记速度快，但保持性差，有人记忆的提取功能强，有人的遗忘率低；在思维过程中，有人表现出优秀的直观形象思维能力，有人则表现出杰出的语词逻辑思维能力。这些差异反映了人的认知风格的差别。在情绪情感过程中，有的人情感细腻、丰富，体验深刻，有的人情绪爆发力强但不持久；受社会因素的影响，人们在道德感、美感上也存在着高尚与低劣之分。在意志过程中，差异主要体现在意志品质方面，有人果断，有人武断，有人坚强，有人懦弱。在知、情、意三大方面所表现出来的心理差异，都属于人格结构的成分。

（2）心理状态系统。心理状态是指某一时刻或某段时间内相对稳定的心理活动背景，包括意识状态、注意状态、情绪状态、疲劳状态等。如有些人易疲劳，表现出较大的心理惰性。人在应激状态下，有的表现得焦虑不安，不知所措；有的表现得泰然自若，灵活多变。当产生动机冲突时，有的优柔寡断，有的当机立断。在学习工作时，有的注意力集中，有的注意力分散。这些心理状态直接影响心理活动的差异性。

（3）人格动力系统。人格动力系统决定并制约人的心理活动的进行、方向、强度和稳定水平的结构，包括需要、动机、兴趣、价值观和世界观等。如不同的价值观决定了人们选择不同的生活目标和人生发展方向与看世界的方式。价值观一旦形成，具有相当的稳定性，并对人格起控制作用。

（4）心理特征系统。这一系统包括能力、气质、性格三种成分。在能力方面，自然科学家表现出较强的认知能力，而社会活动家则表现出较强的人际交往能力。在气质方面，有的人暴躁，有的人温和。在性格方面，有的人正直，有的人阴险。

（5）自我调控系统。这是以自我意识为核心的人格调控系统，包括自我认识、自我体验、自我控制三个子系统。自我调控系统的主要作用是对人格的各个成分进行调控，保证人格的完整统一和谐，它属于人格中的内控系统或自控系统。自我认识是对自己的洞察和理解，包括自我观察和自我评价，其中自我评价是自我调节的重要条件。自我体验是自我意识在情感上的表现，是伴随自我认识而产生的内心体验。如当一个人对自己做正向的评价时，就会产生自尊感；做负向评价时，就会产生自卑感。自我控制是自我意识在行为上的表现，是实现自我意识调节的最终环节。当个体认识到某种社会要求后，会力求使自己的行为符合社会准则，从而激发自我控制的动机，并付诸行动。

三、人格的测量

常用的人格测量方法有艾克森情绪稳定性测评、卡特尔人格测试、迈尔斯—布里格斯类型指标、大五人格测试等。

1. 艾克森情绪稳定性测评

艾克森是英国伦敦大学的心理学教授，是当代最著名的心理学家之一，编制过多种心理测评。情绪稳定性测评可以被用于诊断是否存在自卑、抑郁、焦虑、强迫症、依赖性、疑心病和负罪感。该测验一共给出 210 道题，包含 7 个分量表，每 30 道题一个量表，分别从自卑感、抑郁性、焦虑、强迫状态、自主性、疑心病观念和负罪感七个方面评价一个人的心理健康状态。

2. 卡特尔人格测试

詹姆斯·麦基恩·卡特尔（1860—1944）出生在美国宾夕法尼亚的伊斯顿城，在拉斐特学院接受教育，1883 年去莱比锡，跟随冯特学习到 1886 年。1889 年，卡特尔刚 28 岁时就成为宾夕法尼亚大学的心理学教授。《卡特尔 16 种人格因素测验》建立在卡特尔的人格特质理论之上。卡特尔认为，人的行为之所以具有一致性和规律性，就是因为每一个人都具有根源特质，这些根源特质是人格的内在因素，是一个人行为的最终根源。卡特尔用因素分析法得到了乐群性、聪慧性、稳定性、恃强性、兴奋性、有恒性、敢为性、敏感性、怀疑性、幻想性、世故性、忧虑性、实验性、独立性、自律性、紧张性十六种根源特质。测验由 187 道题目组成，不仅能够对受测者在这十六种人格因素上的主要特征进行分析性描述，而且能够根据实验统计结果所得的四个公式对他在次级人格因素上的特征（分别用于诊断受测者的适应性、外向性、情绪性和果断性）进行综合描述。同时可以利用另外四个公式预测受测者在某些特殊情境中的行为特征（即心理健康水平、专业成就的可能性、创造潜力、对新环境的适应能力）。

3. 迈尔斯—布里格斯类型指标（MBTI）

迈尔斯—布里格斯类型指标（MBTI）是基于瑞士心理学家卡尔·荣格（Carl Jung）有关人格中知觉、判断和态度的观点提出的，它有四个维度：外倾（extroversion）和内倾（introversion）、感觉（sensing）和直觉（intuition）、思维（thinking）和情感（feeling）、判断（judging）和知觉（perceiving），并以之测量我们对人、职业和生活的态度与取向。这些维度特征是一个人人格意识层面的重要组成部分。如果说职业量表的主要目的是提供具体的可供探索的职业，那么 MBTI 的优点之一在于：它可以揭示为何我们对某些特定职业的兴趣比对其他职业的兴趣强（Myers and McCaulley，1985）。另外，根据 MBTI 量表，如果一个人了解自己在所处环境中获取信息、做决定及态度等方面的偏好，那他处理职业选择的问题就会容易得多。MBTI 通过上述八种态度和功能形成了四个维度，具体表述如下。

（1）外倾—内倾维度（extroversion-introversion，EI）。外倾是指将自己的注意力和能量主要指向外部的人和事，而内倾则是将自己的注意力和能量集中于内部世界，按照荣格的观点，这种态度的差异形成了一种人格能量的张力。外倾者习惯于外界活动，愿意与人打交道，而内倾者则多表现为安静、缄默，喜欢独处或者习惯一对一的人际交往。如果一个外倾者和一个内倾者共处，那么他们在相互理解上可能存在困难（Baron，1998）。

（2）感觉—直觉维度（sensing-intuition，SN）。感觉和直觉是我们感知世界、获取信息的两种方式，感觉型的人倾向于通过自己的五官获取有关环境的事实和现实，他们是实际的，需要获取精确的信息，着眼于现在；直觉型的人则习惯于通过想象、无意识等超越感官知识的方式获取信息，他们更重视事情的含义、象征意义和潜在意识。直觉型的人对于洞察力、抽象的事物和未来等有明显的偏好。

（3）思维—情感维度（thinking-feeling，TF）。思维和情感是关于我们如何对获取的信息做决定并得到结果的两种方式。思维型的人习惯于通过分析数据、权衡事实做出符合逻辑的、客观的结论和选择；而情感型的人则习惯于通过自己的价值判断做决定，他们通常会对信息做出个人的、主观的评价。此处的"情感"并不等于"情绪"（emotion），它是做判断过程中的一种逻辑方式。思维型的人通常是直接的、分析性的，他们用大脑做决定；而情感型的人更坚信自己的价值观，并习惯于用心灵做决定。

（4）判断—知觉维度（judging-perceiving，JP）。判断和知觉是关于我们如何对待所做出的决策以及面对外部环境时如何行动的两种态度。判断型的人或者说判断型的态度意味着会通过思维和情感组织、计划和调控自己的生活；而知觉型的人或者说知觉型的态度则意味着这样的人倾向于用感觉和直觉的方式对事物做决定，他们的态度通常是灵活机动的、开放的。判断型的人喜欢将事情管理得井井有条，习惯过一种井然有序的生活，当他们做决定时，他们会对如何实施决定做出明确的计划，并考虑不同的观点；而知觉型的人喜欢自发、随意地处理问题，他们愿意保持开放性的选择。

以上所述的四个维度采用"迈尔斯—布里格斯类型指标"（MBTI）测量，通过 MBTI 的四个维度能够测查八种人格特征。一个人在 MBTI 上的得分高将说明这个人对某种态度或功能的偏好可能比该维度上另一种态度的偏好明显。高分——远高于同维度另一选择的分数——通常意味着你的偏好很明显，而低分或者说接近于同维度另一选择的分数，则说明你的偏好可能由于某种原因不明显。但是一个人在某维度上的得分高并不意味着这个人能很好地运用或发展某种偏好（Myers，1987）。

对这四个维度的回答将决定你的类型偏好。偏好（preference）"是一种天生的倾向性，一种特定的行为和思维方式"（Baron，1998），它并无好坏之分。偏好类型由 4 个字母组成，编码顺序为：E 或 I，S 或 N，T 或 F，J 或 P。例如，ESFP：这个代码表示的是这样一种人：外倾（E），习惯于通过感觉（S）获取信息，依据情感（F）做决定，主要通过知觉（P）的方式与外界发生联系。而一个 INTJ 的人则是一个内倾的（I）、习惯于通过直觉（N）获取信息、依据思维（T）做决定和通过判断（J）与外界发生联系的人（Myers，1987）。

MBTI 类型中的偏好有助于解释人们考虑问题时的差异，尤其是不同的收集信息的知觉方式，以及信息收集之后不同的决定方式。在 MBTI 中，4 个字母的代码代表了 16 种可能的偏好类型之一。表 6-4 列出的描述性词语用于解释每一种类型。当然，人类的偏好远不止这 16 种，MBTI 所提供的仅仅是对人类偏好类型的一部分描述（Myers and McCaulley，1985）。MBTI 绝对不会告诉你，你一定是什么样子，它仅仅提供你对该量表的回答所提示的可能选择。另外，4 个字母代码中的主导偏好并不意味着你就不具备那些不占主导地位的偏好，例如，一个外倾型的人有时也会愿意独处，而一个内倾型的人有时也是喜欢社交的。主导偏好只不过表明一个人最习惯的方式。

表 6-4　16 种 MBTI 类型描述表

ISTJ	ISFJ	INFJ	INTJ
可靠的	乐于助人的	有同情心的	爱分析的
恰好的	注意细节的	理性的	自主的
讲事实的	有奉献精神的	有创造力的	坚决的
逻辑的	忠诚的	深沉的	坚定的
有组织的	细心的	坚决的	全面的
实际的	有组织的	理想主义的	独立的
现实的	有耐心的	激烈的	有组织的
可靠的	实际的	亲密的	有创新性的
缄默的	呵护备至的	忠诚的	爱独处的
明智的	安静的	有条不紊的	系统化的
坚定的	负责的	爱思考的	注重伦理的
详尽的	传统的	敏感的	有远见的

ISTP	ISFP	INFP	INTP
适应能力强的	适应能力强的	适应能力强的	自主的
勇敢的	关心他人的	投入的	认知性的
实用主义的	合作的	好奇的	漠不关心的
权宜的	温和的	深沉的	独立的
实事求是的	和谐的	具有奉献精神的	逻辑的
独立的	忠诚的	富有同情心的	有创新性的
逻辑的	谦虚的	温和的	精确的
实际的	善于观察的	理想主义的	自主的
现实的	敏感的	富于想象力的	多疑的
足智多谋的	自发的	亲密的	爱思索的
自主的	信任的	忠诚的	自发的
自发的	善解人意的	沉默寡言的	注重理论的

ESTP	ESFP	ENFP	ENTP
爱参与活动的	适应能力强的	有创造力的	适应能力强的
适应能力强的	随便的	好奇的	爱分析的
富有冒险精神的	合作的	精力充沛的	具有挑战精神的
警觉的	逍遥自在的	热心的	聪明的
逍遥自在的	热心的	善于表达的	有事业心的
精力充沛的	友好的	友好的	独立的
好交际的	友善的	富于想象力的	有创新性的
友善的	顽皮的	独立的	直言不讳的
实用主义的	实际的	创新性的	爱探寻的
迅速的	善交际的	不安定的	机智的
自发的	健谈的	自发的	足智多谋的
多才多艺的	宽容的	多才多艺的	注重理论的
ESTJ	**ESFJ**	**ENFJ**	**ENTJ**
果断的	谨慎的	欣赏的	具有挑战精神的
直接的	合作的	和谐的	自控的
高效率的	和谐的	老练的	精力充沛的
喜欢社交的	忠诚的	精力充沛的	逻辑的
逻辑的	优雅的	热心的	有条不紊的
明确的	有计划的	善于表达的	客观的
有组织的	负责的	理想主义的	坚持己见的
实际的	反应快的	忠诚的	有计划的
负责的	易于相处的	有组织的	直率的
结构化的	具有同情心的	优雅的	讲策略的
系统化的	细心的	反应敏捷的	坚韧不拔的
任务取向的	传统的	支持的	

知觉功能和判断功能的组合，也即 MBTI 的 4 个字母代码中的第 2 个字母和第 3 个字母，是考虑职业选择时最重要的一组指标。任一知觉方式（感觉或直觉）都可以与任一判断方式（思维或情感）组成 4 种可能的组合：① ST（感觉加思维）型的人一般都属于那种比较实际、注重事实的类型，他们获取成就或令他们感到满意的职业通常是那些需要不带个人主观色彩的、对正确的事实进行分析的职业，如经济、法律、外科、商业、会计、生产、处理机械和材料等。② SF（感觉加情感）型的人通常都是富有同情心、友好的类型，他们倾向于选择那些能发挥他们爱心的工作，如销售商品、教育孩子和健康服务等行业。③ NF（直觉加情感）型的人也同样具有满足他人需要的爱心、热情和洞察力等特点，他们更可能会被中学、大学、销售服务、咨询、写作和研究等职业吸引。④ NT（直觉加思维）型的人在其感兴趣的特定领域里会以符合逻辑的、创新的方式处理问题。他们在如下一些职业里会表现出色：科研、电子计算、数学、金融、技术革新或管理等（Myers & McCaulley，1985）。

主导功能和辅助功能（或过程）通常由 4 个字母代码中中间的两个字母来说明，即 S 或 N 和 T 或 F。主导功能在此处的意思是个人的最偏好过程，辅助功能则表明一个人位居次级的偏好。也就是说，主导功能起领导作用，而辅助功能起辅助作用。其他的功能虽然没有出现在 4 个字母的代码当中，但也会使用到，只是不像主导功能和辅助功能那么常用罢了。

如果你是一个外倾的人，你的判断—知觉（JP）维度就表明了主导过程和辅助功能，因为 JP 反映的仅仅是用于处理外界事物的过程。就一个外倾者而言，如果他的类型代码结束于 J，则其主导过程为判断型——T 或 F。如果说一个外倾者的类型代码结束于 P，其主导过程就是知觉型——S 或 N。而对于一个内倾者而言却正好相反，因为他的心理能量是指向内部世界而不是外部世界，字母 J 或 P 在其类型代码中反映的是辅助过程而非主动过程。如果一个内倾者的类型代码结束于 J，他的主导过程就应该是知觉型——S 或 N；而如果其类型代码结束于 P，则其主导过程就应该是判断型——T 或 F。主导过程对于外倾者而言较为明显，但对于内倾者而言却较为隐蔽，因为内倾者主要将主导过程作用于内部世界，而常常将辅助功能作用于外部世界。因为这种趋势，内倾者的能量和态度通常较难辨认。

下面举个例子来看看 ESFJ 型的人。这种人属于"外倾的情感加感觉型"（extrovert feeling with sensing），其主导功能——情感主要用于处理外部事件，因为这种外倾者通常采用以人为中心的价值判断而将能量用于判断外界事物。而他的辅助功能——感觉则主要集中于内部世界，为其提供一些事实以帮助自己做决定（Hirsh & Kummerow，1990）。如果换成另一种类型——ISFJ 型，则他的主导功能就变成感觉了，因为这种内倾者的能量主要是通过细心观察外部事物的细节而作用于外部世界的。

《迈尔斯—布里格斯类型指标报告单》（the Report Form the Myers-Briggers Type Indicator，MBTI）里提供了对 16 种类型的简要描述。有关 MBTI 类型更完整的描述和应用及对理论的解释可以参考《类型简介》（Myers，1993）和《天赋差别》（Myers，1980）。Baron（1998）的《我是什么类型的人？》一书则对 MBTI 中的 8 种偏好类型做了更清楚的描述，并将其中的 16 种人格特征所适合的每一种职业都列了出来。Hirsh & Kummerow（1990）和 Myers & McCaulley（1985）提供了 16 种 MBTI 类型的功能顺序、可能的职业兴趣范例，并用词或短语的形式描述了每一种偏好的工作环境，如表 6-5 所示。

表 6-5　16 种 MBTI 类型的功能顺序、可能的职业兴趣和工作环境偏好

类　型	可能的职业兴趣	工作环境偏好
ISTJ	会计/办公室管理人员	注重事实和结果
	工程师	提供安全、结构和顺序
	警察工作/法律工作	能保持稳定情绪
	生产、建筑、保健	努力、任务取向，为了工作不被中断而喜欢独处
ISTP	科研	注重迅速解决问题
	机械和修理	目标和行动取向

类　　型	可能的职业兴趣	工作环境偏好
ISTP	农业	不受规律限制
	工程师和科技人员	着眼于现在的经历
ESTP	市场销售	注重第一手的经验
	工程师和技术人员	灵活、注重结果
	信用调查	工作具有灵活性
	健康技术、建筑／生产、娱乐	及时满足需要、技术取向
ESTJ	商业管理	注重正确、高效地做事
	银行、金融	任务取向，注重组织、结构
	建筑／生产	提供稳定性和可预知性
	教育、技术、服务	实现可行的目标
ISFJ	保健专业	看重有条理的任务
	教学／图书馆工作	注重安全和隐私
	办公室管理	结构清晰、有效率，一致、平静、安静
	个人服务、文书管理	服务取向
ISFP	机械和维修	善于合作、喜爱自己的工作
	工厂操作	允许有自己的私人空间
	饮食服务	灵活、具有审美能力
	办公室工作、家务工作	谦恭有礼、以人为本
ESFP	保健服务	注重现实
	销售工作／设计	行动取向、活泼、精力充沛
	交通工作、管理工作	适应性强、和谐
	机械操作、办公室工作	以人为本、舒适的工作环境
ESFJ	保健服务	喜欢帮助他人
	接待员	目标明确的人和组织
	销售	有组织的，气氛好的
	看护孩子、家务工作	善于欣赏的，有良心的，喜欢按事实办事
INFJ	宗教工作	关注人类的思想和心理健康
	教学图书馆工作	具有创造性
	媒体专家	协调、安静、有组织的
	社会服务、研究和发明	具有情感，喜欢有反省时间和空间
INFP	咨询	关注他人的价值
	教学文学、艺术	合作的氛围
	戏剧、科学	允许有思考的时间和空间
	心理学、写作、新闻工作者	灵活、安静、不官僚
ENFJ	教学、咨询	关注人类的潜能
	宗教工作、	丰富多彩、积极参与的
	广告销售、艺术、戏剧	活泼的、不受限制的
	音乐	喜欢变化和挑战

续表

类 型	可能的职业兴趣	工作环境偏好
INTJ	销售	愿意为帮助他人而做出改变
	艺术家演艺人员	支持的，社会化的，和谐的
	宗教工作	以人为本，井井有条
	咨询、教学、保健	鼓励自我表达
INTP	科学	注意实现长远规划
	工程师	有效率的，以任务为重的
	社会服务	允许独自一人思考
	计算机程序、心理学、法律	支持创造性和独立，人员是有效率的，多产的
ENTP	摄影、艺术	喜欢解决复杂的问题
	市场营销	灵活的，喜欢挑战的，不官僚
	零售、促销	求新取向
	计算机分析、娱乐	喜欢冒险
ENTJ	管理	结果取向，独立的
	操作和系统分析	喜欢解决复杂问题的
	销售经理	目标取向，果断
	市场营销	有效率的系统和人
	人事关系	挑战性的，结构性的顽强的人员

4. 大五人格测试

20 世纪 80 年代末兴起的"大五人格理论"认为人格是一个由五个维度特征组成的抽象结构，这"五维"特征分别是外倾性（extroversion）、随和性（agreeableness）、情绪稳定性（emotional stability）、责任心（conscientiousness）以及经验的开放性（openness to experience），如图 6-1 所示。每个人都在这个"五维空间"中占据一个相对固定的点，其人格测量值即为该点向五个维度投影所得的坐标值。没有两个人在这个结构空间中是完全重合的，因此，可用测量值（或坐标值）的大小区分人格的个体差异。

（1）外倾性（extroversion，简称 E）：这一维度描述的是个体服从别人的倾向性。外倾者倾向于喜欢群居、善于社交和自我决断。内倾者倾向于封闭内向、胆小、害羞和安静少语。

（2）随和性（agreeableness，简称 A）：这一维度描述的是个体服从别人的倾向性。高随和性的人是合作的、热情的和依赖他人的；低随和性的人是冷淡的、敌对的和不受欢迎的。

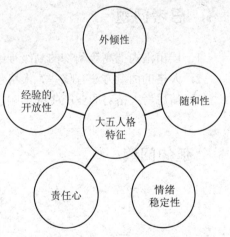

图 6-1 大五人格的五维特征

（3）责任心（conscientiousness，简称 C）：这一维度是对信誉的测量。有高度责任心的人是负责的、有条不紊的、值得信赖的、持之以恒的。在该维度上得分低的人很容易精力分散、缺乏规划性，且不可信赖。

（4）情绪稳定性（emotional stability，简称N）：这一维度刻画的是个体承受压力的能力。积极的情绪稳定性者倾向于平和的、自信的和安全的；消极的情绪稳定者倾向于紧张的、焦虑的、失望的和缺乏安全感的。

（5）经验的开放性（openness to experience，简称O）：这一维度针对个体在新奇方面的兴趣和热衷程度。开放性非常高的人富有创造性，凡事好奇，具有艺术的敏感性；处于经验的开放性维度另一个极端的人很保守，对熟悉的事物感到舒适和满足。

本章小结

气质是指个人心理活动的稳定的动力特征。气质是与生俱来的，和神经活动的强度、速度、灵活性、均衡性的特点相联系，是一种稳定的心理特征，不会因为活动的内容、个人的动机和目的的转移而改变。巴甫洛夫把高等动物的高级神经活动划分为四种类型：强、不平衡型，强、平衡、灵活型，强、平衡、不灵活型，弱型；并将这四种神经类型视为气质的生理基础。

人格是构成一个人思想、情感及行为的特有模式，这个独特模式包含了一个人区别于他人的稳定而统一的心理品质。人格是一个复杂的结构系统，它包括知—情—意系统、心理状态系统、人格动力系统、心理特征系统和自我调控系统五种人格系统。这五种人格系统成分的独特结合构成了每个人的独特人格。常用的人格测量的方法有艾克森情绪稳定性测评、卡特尔人格测试、迈尔斯—布里格斯类型指标、大五人格测试等。

思考问题

1. 巴甫洛夫把高等动物的高级神经系统分为哪几种类型？各有什么特点？
2. 人格的测量方法有哪些？人格包括哪几种系统？
3. 请思考人格对职业产生的影响。

延伸阅读

职业价值观

第七章　职业适应性测量

第一节　生活特性问卷

一、生活特性问卷的目的和功能

生活特性问卷是为评定个体的动机水平而编制的，测验从风险动机、权力动机、亲和动机、成就动机四个方面描述应试者的动机模式和强弱程度。

1. 风险动机

风险动机是指决策时敢于冒险，敢于使用新思路、新方法，不惧怕失败的动机。高风险动机的人可能过于莽撞，对可能的危险和损害估计不足，缺乏足够的大局意识和责任感，缺乏对失败的应变策略；低风险动机的人则过于保守、审慎，优柔寡断，谨小慎微，缺乏决断。

2. 权力动机

权力动机是指人们力图获得、巩固和运用权力的一种内在需要，是一种试图控制、指挥、利用他人行为，想成为组织领导的动机。高权力动机的人往往有许多积极有利的特征，如进取意识比较强、有开拓精神、善于左右大局、果断自信、试图说服人、比较健谈；但权力动机过高的人会成为组织中的危险人物，他们只顾及个人的权力和利益，在极端情况下会不择手段，不顾组织的利益，甚至危害组织。总的来说，权力动机是有价值的，一定水平的权力动机是企业管理者实现统率力的行为根源，但在组织中要控制权力动机的无限扩张。

3. 亲和动机

亲和动机是指人对于建立、维护、发展或恢复与他人或群体的积极情感关系的愿望。其结果是引导人们相互关心，形成良好的人际氛围。亲和动机强的人能很容易与他人沟通、交流，促进团队中积极的社会交往。他们富有同情心，容易接纳他人，减少冲突，避免竞争，有利于合作气氛。亲和型的领导受下属的拥护，团队合作密切。但亲和动机过于强烈可能有副作用，如回避矛盾，害怕被拒绝，过于求同，忽视个性，甚至息事宁人，放弃原则。

4. 成就动机

成就动机是指人们发挥能力获取成功的内在需要，一种克服障碍、完成艰巨任务、达到较高目标的需要。它是对成功的渴望，意味着人们希望从事有意义的活动，并在活动中获得圆满的结果。由于成就动机具有行为驱动作用，在智力水平和其他条件相当的情况下，高成就动机的人获得的成功更大，绩效更突出。但成就动机过高也有逆反现象：人们对目标的设置降低难度，倾向于回避失败，结果是动机的行为驱动力减退，工作任务未必尽善尽美，而且害怕失败就意味着害怕尝试多种可能性，在无形中放弃、丧失很多机会。

二、测验的特点

本测验从近代激励理论中关于员工行为动机的基本概念出发，以权力动机、亲和动机和成就动机为维度构建而成。这些维度与人们的工作绩效以及参与管理活动中的效能是有必然联系的。其中，成就动机和工作绩效之间有高相关，高成就动机有利于实现高度的个人绩效，但不一定是出色的经理人；而亲和动机和权力动机与管理绩效有密切的关系，高权力动机是管理效能的一项必要条件，同时要求亲和动机较低。测验在设计构成上有高度的目标指向性，通过揭示个体的动机水平和需求模式有效预测其未来的工作表现和绩效，以及个体自身的工作满意度。本测验是评定应聘人员与应聘职位匹配度、揭示职员动机模式、实行有效激励政策的必备适用工具。

三、适用对象

本测验广泛适用于各行业、各层次人员，特别是面临择业、改行或求职的应聘者，用于评估其动机与职业的匹配程度。

四、测验的构成

本问卷测试的是四种动机，每种动机选定 11～15 道题目加以测试。每道题目陈述一个观点，应试者根据他对此观点的同意程度进行七分制评分，如"完全同意"评"7"分，"完全不同意"评"1"分。将题目随机排列编成生活特性问卷，问卷由 51 道题目组成。

五、测验的时间

测验不限定时间，要求应试者凭直觉做答，不用过多考虑。测验所需时间大约为 20 分钟。

第二节　个体需求测验

一、测验的目的与功能

需求测验是测查应试者对生理需求、安全需求、社交需求、尊重需求和自我实现需求等各大类生活需求的程度，可全面列出个体的需求状况和需求的主次形态，并可定性、定量分析员工总体结构、需求分布模式以及各种需求的强弱程度。

（1）生理需求，是指各种用于满足生存的基本物质需求，如伙食、睡眠、营养，有稳定的工作，等等。

（2）安全需求，是指对安全、稳定、依赖的需求，希望免受恐吓、焦躁和混乱的折磨，有稳定的工作，等等。

（3）社交需求，是指对爱、情感、友谊、归属和社会交往的需求，希望拥有朋友、爱人和亲人。如果得不到满足，个体会感到孤独。

（4）尊重需求，是指对于自己稳定的、牢固不变的、较高的评价的需求或欲望，对于自尊和来自他人尊重的需求或欲望。

（5）自我实现需求，是指个体充分发挥自己的潜能，实现人生价值的需求，也就是说，一个人生下来具有什么样的潜能，他就希望成为什么样的人。

需求是动机的基本来源，动机产生的原因就是需求的满足。需求是决定行为目标的根本原因。在团体层次上，通过对组织全体员工实施需求测试，可揭示各层次员工的需求结构，根据这个结构可了解团体中需求的分布、形态，这是安排组织权力、调动员工士气的基本环节。需求测试和价值取向评估相互对照使用，可为组织人事工作、动机激励、企业文化建设提供依据。

二、测验的特点

本测验的设计和建构参照了马斯洛的需求层次理论所提出的五种层次的需求形式，以生理需求、安全需求、社交需求、尊重需求、自我实现需求为维度建构而成。其中，生理需求、安全需求、社交需求为较低层次的需求，主要靠外在的事物来满足。通过本测验可把握应试者的主要需求方向，帮助他们全面了解自我的状态，做出良好的职业设计和规划，同时可相应地安排不同的激励政策，引导提高各级员工的动机水平，提高工作满意度，增强忠诚度和稳定性。

三、适用对象

本测验广泛适用于任何希望了解自我状态的个体和各行业、各层次人员。同时，适用于组织全体在职人员集体测验，可了解各级员工的需求构成，为实施有效激励措施提供建议和依据。但是，它只适用于企业的激励设计、员工民意调查，而不太适合于选拔。

四、测验的构成

测验根据马斯洛的需求层次理论编制，以该理论体系中的五种基本需求——生理需求、安全需求、社交需求、尊重需求、自我实现需求为测验维度。每种需求选定10～16道题目加以测试。每道题目陈述一个观点，应试者根据他对此观点的同意程度进行评分，如"完全同意"评"7"分，"完全不同意"评"1"分。将题目随机排列编成需求测试问卷，测验由67道题目组成。

第三节　职业兴趣测验

一、测验的目的与功能

职业兴趣是职业素质的一个方面，在人的职业活动中起着重要的作用，要做到个人的职业兴趣特点与职业环境所要求的职业兴趣类型相匹配，就需要进行职业兴趣测验。

职业兴趣测验的功能表现在以下几个方面。

（1）从个人择业方面来说，职业兴趣测验可以帮助人们明确自己的主观性向，从而使测验者得到最适宜的活动情境，并给予最大的能力投入。它通过直接或间接地了解人们对不同职业或不同操作对象（如人或事物或观念）的偏好，甄别人们究竟更倾向于和更适合于何种职业，使人各适其位，各尽其职，发挥特长，取得对工作最佳、对个人最满意的效果。

（2）职业兴趣测验不但对就业人员的择业有指导意义，而且对管理人员的选拔和安置也起着举足轻重的作用。检测不同类型的管理活动与不同人的兴趣倾向之间是否存在恰当而合理的匹配关系，能为成功的管理工作提供基础保证。企业管理人员兴趣测验不但有利于发挥管理人员自身的才干，而且能为整个团队创造健康有益的氛围，从而保证整个工作的效益和提高全体成员的工作满意度。

（3）职业兴趣测验还可以在能力鉴定的基础上甄别可能取得最大效益和成功的活动（职业）。也就是说，只有考虑到了兴趣，才能说明能力与成功的关系。能力是取得成功的必要条件，但它还不是充分条件。并不是每一个有能力的人都能够成为成功者。绝大部分成功者都是那些既具备一定能力，又对所从事的工作真正感兴趣的人。满足感本身就是激励人们去努力工作的一种动力。因此，"兴趣加能力"是确保取得成功的重要条件。

二、测验的特点

社会中的不同职业形成一定的群类，它们对人具有一定的相对固定的要求。同样，社会中的人也有各种各样的兴趣，它们也形成一定的群类。当人的兴趣和社会中的职业相吻合时，也就是人们选择了恰当的职业道路时，便为开辟事业、取得成就确立了正确的方向。

三、适用对象

职业兴趣测验适用范围很广，具体如下。

1. 大、中学生

大、中学生往往面临升学、就业的选择，大多数学生在高中甚至大学阶段并不大肯定自己的人生抉择，不能正确地判断和了解自己。他们可能受一些外界的、偶然的、性格的因素影响而做出盲目且不适合自己发展的选择，而家长们望子成龙，往往忽视孩子的兴趣。职业兴趣测验为孩子报考或选择学科提供可靠的测评数据，有助于他们恰当地选择职业。

2. 社会上的一般人员

对于那些正处于最初择业阶段的人，即使是成年人，也不一定能全面了解各种职业的情况，往往只是从日常接触到的有限的知识和经验出发来判断他们的兴趣。因此，科学制定的职业兴趣测验对人们的职业选择有十分重要的应用价值。

3. 管理人员

从企业用人角度来说，对管理人员进行兴趣方面的检测，目的就在于确定不同类型的管理活动与不同人的兴趣倾向之间是否存在恰当而合适的匹配关系，从而为成功的管理工作提供基础保证。众所周知，生产管理、技术管理、经营管理、行政管理等各种不同类型的管理具有不同的活动特征，对人格特征的要求不尽相同。因此，检测这两者之间的匹配性对选拔、安置管理人员不可或缺。

四、霍兰德职业兴趣量表的编制及其内容

约翰·霍兰德（John Holland）以职业人格理论为依据，先后编制了职业偏好量表（vocational preference inventory，VPI）和自我导向探索量表（self-directed search，SDS）

两种职业兴趣量表，并修订过多次。

VPI 有七个部分：第一部分是你心目中的理想职业；第二部分是你感兴趣的活动；第三部分是你所擅长或能胜任的活动；第四部分是你所喜欢的职业（第二部分至第四部分，每一部分都划分为六种职业类型，每种职业类型 1 道题）；第五部分是你的能力类型简评；第六部分是统计和确定你的职业倾向；第七部分是职业价值观。

SDS 是在 VPI 基础上发展而成的量表，整个量表有四个部分：第一部分是列出自己理想的职业；第二部分是测查部分，分别测活动、能力、爱好的职业及自我能力评定四个方面，每个方面有六种类型，每种类型有 38 道题；第三部分按六种类型的四个方面测得结果的得分高低，从大到小取三种类型构成三个字母的职业码；第四部分为职业寻找表，包括 5 个职业。

霍兰德假设人的职业选择是其人格的反映。"职业选择反映了人的动机、知识、人格和能力。职业代表一种生活方式、生活环境，而不仅仅是一些工作职能和技巧。做一个木匠不只意味着要使用工具，也意味着特定的地位、社会角色和生活模式。"他认为个人职业兴趣与职业环境特点一致，会导致令人满意的职业决策、职业投入和职业成就，人们终身职业稳定；反之，会导致无法决策、不满意的决策和缺乏成就感，人们现在职业的变动。这说明职业兴趣和职业之间有一种内在的联系。霍兰德的基本思想是先测量个人的职业兴趣，然后根据自己的职业兴趣特点查找适合自己的职业。

霍兰德职业人格理论的基础主要由以下四个基本假设组成。

（1）大多数人的人格特质可以归纳为六种类型，即现实型、研究型、艺术型、社会型、管理型和常规型。

（2）工作环境也有六种类型，其名称及性质与人格类型的分类一致。

（3）人们都尽量寻找那些能运用自己的技能、体现自己的价值和能在其中扮演令自己愉快的角色的职业。

（4）一个人的行为表现是职业环境类型和人格类型相互作用的结果。如果知道自己的人格类型和职业类型，我们就可以预测自己的职业选择、工作变换、职业成就、个人竞争和教育及社会行为。

霍兰德的理论体系认为，某一类型的职业通常会吸引具有相同人格特质的人，而具有相同人格特质的人对许多生活事件的反应模式也是相似的。他们创造了具有某一特色的生活环境，也包括工作环境。霍兰德认为，在同等条件下，人和环境的适配性或一致性将增加个体的工作满意度、职业稳定性和职业成就感。

1. 霍兰德职业性向测验的人格特质类型

人格一般是指一个人的价值取向、态度和行为表现等特有的思想和行为模式。人格类型是指人格特征相似的一群人所具有的共同特质。具有共同特质的人就算是某一种人格类型的人。霍兰德假定大多数人可以归为六种人格类型：现实型、研究型、艺术型、社会型、管理型和常规型。每一种类型都有其相应的特质。

（1）现实型（R）。在现实型上得分高的人喜欢用手或工具制造或修理一些东西，与从事思想或人的工作相比较而言，他们更愿意从事实物性的工作。他们喜欢从事户外工作或操作机器，而不喜欢在办公室工作。这种人通常具有较强的实践性，身体强壮、粗犷、稳健，擅长机械和体力劳动，他们会倾向于选择如下一些职业：制造、渔业、野生动物管理、技术贸易、机械、农业、技术、林业、特种工程师和军事工作等。有时，现实型的人在用言语表达自己的情感时可能存在困难。

（2）研究型（I）。研究型的人喜欢那些与思想有关的研究活动，如数学、物理、生物和社会科学等，他们喜欢研究那些需要分析、思考的抽象问题。研究型的人通常具有如下特征：聪明、好奇、有学问、具有创造性和批判性、具有数学和科学天赋等。这一类型的人虽然常常隶属于某一研究团体，但他们喜欢独立工作。以下人员就属于研究型的人：实验室工作人员、生物学家、化学家、社会学家、工程设计师、物理学家和程序设计员等。

（3）艺术型（A）。在艺术型量表中得分高的人喜欢自我表达，喜欢在写作、音乐、艺术和戏剧等方面进行艺术创作。他们通常会尽力避免那些过度模式化的环境。他们喜欢将自己完全投注在自己所制定的项目中。这样的人通常善于表达，有直觉力，具有想象力和创造力，具有表演、写作、音乐创作和演讲等天赋和天生的审美能力。他们从事的职业主要有作家、艺术家、音乐家、诗人、漫画家、演员、戏剧导演、作曲家、乐队指挥和室内装潢等。

（4）社会型（S）。社会型的人典型的表现是喜欢与人合作，关心他人，喜欢给人做培训或给大家传达信息，愿意帮助别人解决困难。他们喜欢那些需要与人建立关系、与群体合作、与人相处以及通过谈话来解决问题和困难的工作环境。社会型的人通常易合作、友好、仁慈、随和、机智、善解人意。他们偏好的职业有数学、社会工作、宗教、心理咨询和娱乐等。

（5）管理型（E）。在管理型量表中得分高的人喜欢领导和控制别人，或为了达到个人或组织的目的而去说服别人。他们追求高出平均水平的收入。他们喜欢利用权力，关心地位，希望成就一番事业。这样的人多从商或从政。管理型的人通常精力充沛、自负、热情、自信、具有冒险精神、能控制形势、擅长表达和领导。他们大多会在政治或经济领域取得成就。适合这一类人的代表性职业主要有商业管理、律师、政治运动领袖、推销商、市场经理或销售经理、体育运动策划者、采购员、投资商、电视制片人和保险代理等。

（6）常规型（C）。常规型得分高的人喜欢规范化的工作或活动，他们希望确切地知道别人希望他们怎么样和让他们干什么，他们喜欢整洁有序。若把常规型的人放在领导者的位置，会让他们感到不适应，他们更愿意在一个大的机构中处于从属地位，跟随大流。常规型的人大多具有细心、顺从、依赖、有序、有条理、有毅力、效率高等特征。他们多擅长文书或数据类工作，通常会在商业事务性的工作中取得成就。适合这一类人的典型职业有会计、银行出纳、图书管理员、簿记员、秘书、档案文书、税务专家和计算机操作员等。

将你的个人特质与六种类型特点比较，就可以看出你与哪一种最像。霍兰德建议你将与每一种类型相似的程度排出先后顺序。例如，你可能最像现实型，其次是研究型，之后是其他，一直排列到你最不相似的类型。霍兰德把这个排序称为你的人格模式。这六种类型有 720 种可能的排序方式，也就是说，有 720 种人格模式，其中会有一种能最好地吻合于你。霍兰德设计了一个名为"自我定向"（self-directed search）的问卷，用来测量个人与每种人格模式的相似度。

2. 霍兰德职业性向测验中的职业环境

霍兰德同时提出了六种职业环境模型，并给其与六种人格类型相同的命名。霍兰德认为，一种职业环境就是一种职业氛围，而这种职业氛围又是由具有类似人格特质的人所创造出来的特定环境，它具有特定的价值观念、态度倾向和行为模式。也就是说，每种工作环境都由相应人格类型的人主导。例如，在现实型环境中，大部分人会是现实型人格。如果人格类型与职业环境适配（如一个社会型人格特质的人在社会型的职业环境中工作），就有可能取得令人满意的结果，如增加职业满意度、带来职业成就感和提高职业稳定性等。以下六种职业环境类型的解释来自霍兰德的描述（Holland，1997）。

（1）现实型的职业通常是指那些对物体、工具、机器、动物等进行操作的工作。

（2）研究型的工作通常是指那些对物理学、生物学或文化知识进行研究和探索的职业。

（3）艺术型的工作通常是指那些进行艺术、文学、音乐和戏剧创作的职业。

（4）社会型的工作主要是指那些与人打交道的工作，如教导、培训、发展、治疗或启发人的心智等。

（5）管理型的工作主要是指那些通过控制、管理他人而达到个人或组织目的的职业。

（6）常规型的工作通常是指那些对数据进行细致有序的系统处理的工作，如录入、档案管理、信息组织和工作机器操作等。

这六种职业环境类型在不同的职业和环境中都或多或少地存在着，只是其中的两三种会占据主导地位。一个特定的职业场所的工作氛围可以通过对其工作人员的工作、教育背景或职业偏好进行分类而获得。例如，一所学校的人员组成可能遵循如下结构：40%的社会型人员、25%的研究型人员、15%的艺术型人员、10%的常规型人员、6%的现实型人员和4%的管理型人员。这种职业环境类型可用代码 SIACRE 来表示。

3. 霍兰德职业性向测验中六种类型间的关系

霍兰德提出了六角形模型来解释六种职业环境之间的关系（见图 7-1），其主要的观点如下：在六角形模型上，任何两种职业类型之间的距离越近，其职业环境及人格特质的相似程度越高（Holland，1997）。例如，社会型和管理型在六角形模型上的距离最近，它们的相似性最高。例如，社会型和管理型的人都较其他类型的人更喜欢与人打交道；而研究型和管理型

图 7-1　职业性向及职业类型分类

在模型上正好处于相对的位置，这就意味着它们的相似性最低；现实型和管理型则具有中等程度的相似性。

六角形模型也表明了六种人格特质类型之间的一致性。相邻的类型，即那些在六角形上相近的类型组成了最一致的模型。从六角形模型上看，最一致的模型有现实型—研究型—常规型、社会型—管理型—艺术型、管理型—常规型—社会型等。而人格特质类型相反的模型（如现实型—社会型、管理型—研究型等）一致性最低，如常规型的人多墨守成规，而艺术型的人则富有创新精神；常规型的人擅长自控，而艺术型的人则擅长表达。

六角形模型可以帮助我们对人格特质类型与职业环境之间的适配性进行评估。例如，一个社会型人格特质占主导地位的人在一个社会型职业环境中工作会感到更舒畅，但是如果让他在一个现实型的工作环境中工作，他可能就会感到不舒服、不满意，因为社会型和现实型具有不同的特点。霍兰德提出这一"适配性"概念也支持了他有关人格特质模型中占主导地位的特质类型可以为个人选择职业和工作环境提供方向的理论。

霍兰德同时指出：应该注意人格特质模型之间的区分性。霍兰德 SDS 是用于测试六种人格特质类型的量表。现在来看一个测试结果中三个字母代码的得分情况：假设一个代码的前三个字母的得分分别是 30 分、20 分和 10 分，这和前三个字母得分分别是 21 分、20 分和 18 分的同样三个字母代码的类型是很不同的，前一种分数组合（30-20-10）代表的是区分性或者稳定性高的模型，而后一种分数组合（21-20-18）的区分性则不够。像这种分数接近的类型，我们既要对其前三个字母的组合进行研究，也要对其他六个可能的组合进行研究，因为这种模型的区分度太低。当前两个字母得分接近而它们与第三个字母的得分相差很远（如 27-25-7）时，需要对所有由前两个字母形成的代码组合进行研究，其中包括这两个字母分别在三个字母的代码中出现在第一位和第三位或第二位和第三位的代码组合。

要想做出正确决策，选好自己的职业，迈好事业发展的第一步，需要做好两个方面的工作：一要了解职业世界，对职业进行研究；二要了解自己，要做好自我分析。

合理择业的前提之一——找出一种发展潜力大的职业。职业生涯选择的成功不能靠运气，而要靠对未来发展趋势的清醒认识。

合理择业的前提之二——认识和把握自己。职业选择中的许多重要决策必须由自己做出，而进行这些决策又要求自己制定大量的个人生涯规划并付出大量的努力。进行职业选择的关键是进行自我剖析，具体如下。

（1）透视个人希望从职业中获得什么。

（2）透视个人的性格、兴趣、气质、才能与不足。

（3）透视自己的价值观以及它们是否与自己当前正在考虑的这种职业相匹配。

霍兰德职业兴趣类型和坎贝尔职业兴趣和职业生涯发展问卷（CISS）的对照表如表 7-1 所示。

表 7-1　霍兰德职业兴趣类型与坎贝尔职业兴趣和职业生涯发展问卷（CISS）的对照表

霍兰德职业兴趣类型	坎贝尔职业兴趣和职业生涯发展问卷（CISS）
现实型（R）	生产、冒险
研究型（I）	分析
艺术型（A）	创造
社会型（S）	帮助
管理型（E）	影响
常规型（C）	组织

 本章小结

职业适应性测量主要从个体的动机、需求、兴趣等方面考察人与工作之间的匹配关系。这一类测验可以了解个体的生活目的、追求或愿望，反映个体对工作的期望，因此对于选拔人员、激励设计等方面很有参考价值。常用的职业适应性测量有生活特性问卷、个体需求测验和职业兴趣测验。

 思考问题

1. 常用的职业适应性测量方法有哪些？
2. 请对自己的价值观进行澄清，并列举自己最重要的工作价值观。
3. 思考如何将个人兴趣与职业相匹配。如果你的兴趣过少或过多，你将怎么做？

 延伸阅读

霍兰德职业兴趣测试

本篇案例分析

案例分析一　"杂交水稻之父"袁隆平

讨论题：

1.袁隆平院士的性格都有哪些特点？你怎么理解他的性格对他的职业生涯产生的影响？（提示：气质、人格与职业生涯规划）

2．结合袁隆平院士的职业生涯，谈谈你对职业生涯适应性的认识。（提示：职业适应性及其测量）

案例分析二　"将军农民"甘祖昌

讨论题：

1．你如何评价甘祖昌将军的职业生涯？（提示：气质、人格与职业生涯规划）

2．你认为应如何处理个人理想和职业忠诚之间的矛盾？（提示：职业适应性及其测量）

第三篇
个人职业生涯规划管理

【关键词】

自我分析；机会评估；目标设定；职业生涯路线；职业生涯设计

【学习目标】

◆ 了解自我分析的内容与方法
◆ 掌握个人职业生涯目标的设定方法
◆ 掌握个人职业生涯路线的设定方法
◆ 熟悉职业生涯成功的含义、标准、类型及其个人因素
◆ 掌握如何开发个人职业生涯

【开篇案例】

张一鸣：创业 5 次，连续失败 4 次，为什么他能做成 TikTok[①]

在如今移动软件众多的网络时代，像 TikTok 那样引起历久弥新的全民热潮的软件少之又少。这样的成功离不开创始人独特且新颖的创业理念，作为创始人的张一鸣正是这样一位敢闯敢做的创新者。偏爱新事物的他总是会及时将自己的想法应用到实际中，即使失败重重，工作与创业之路坎坷无数，他也能够将这些转变为财富，创立自己的软件世界。

---

① 本案例源于网络，并经作者加工整理。

家庭氛围潜影响

张一鸣出生于1983年，父母都是普通的事业单位工作者。与一般的父母对子女严加管束的风格不同，张一鸣的父母一直都是宽松式教育。也是在轻松无拘束的环境下，张一鸣能够亲身体验各种新事物，找到属于自己的人生奋斗之路。进入社会后的张一鸣也的确如此，亲身尝试多种职业，尽管有困难与失败，但这些独一无二的人生经历为张一鸣积累了宝贵的财富。

童年时期，父母在谈话中总是会提到朋友创业成功的事情。这些有意无意地谈话让小小的张一鸣产生了好奇心，在他心中埋下了一颗顽强的种子。张一鸣很早就意识到了自己想要做出有价值的东西，一些虚幻的梦想对他来说并不存在。在学校的学习中，他很清楚地发现了自己所喜爱和厌倦的东西。在化学实验课中，他发现自己更喜欢有创新性的事物，并十分注重新鲜事物的体验感，当初张一鸣心中那颗父母无意抛下的种子开始成长了。

张一鸣的人生之路一直都在自己选择。所以在进行大学专业选择时，张一鸣想快速见到变化的专业，就这样，他进入了微电子专业学习。在学习之中，深入的了解让他产生了其他一些想法，随后又转到了软件工程专业学习。张一鸣的父母对于他的选择参与并不多，但是家庭氛围潜移默化地影响着张一鸣的每一个选择。

三年换四份工作

2005年大学毕业后，一位师兄十分欣赏张一鸣的能力，邀请他一起参与创业。虽然当时师兄的想法还没有具体地落实，只有一些简单的概念，但正是这样简单的对话打动了他，他认为这是他想要去了解和学习的东西。就这样，他开始了职业生涯中的第一次工作，但是产品的市场定位失误导致公司没能继续发展下去。

2006年，张一鸣进入旅游搜索网站酷讯工作。在这家公司里，张一鸣是第一位工程师，全面负责酷讯的搜索研发，有想法的他总是能挖掘到一些常人容易忽视的点。仅仅一年的时间，他就成了技术总监。他不仅靠的是过硬的实力，更重要的是善于观察的他能够发现一些能够进行创新的东西。在酷讯的工作可以说是如鱼得水，成为高级经理的他需要管理几十个人。但是隔行如隔山，技术和管理两个专业并不完全相通。他发现自己想学习大型公司的管理方法，即使在酷讯有着不错的成就，他也毅然离开了。

2008年，他进入微软工作，但是这段工作经历十分短暂。他离开的原因很简单：觉得每天做的工作离用户十分遥远，没有清晰的目标与方向。2008年离开微软后，张一鸣加入了饭否创业，主要负责的方向和之前的工作也类似，如搜索、消息分发、热词挖掘等。但这个与老乡王兴共同创建的团队没过多久就被关闭。毕业后短短三年时间里，张一鸣就这样辗转换了四份工作。

连续创业，连续失败

热衷创新的张一鸣在进入社会后进行了多次创业，现在的他所获得的荣誉和成功其实都经历了无数的挫折和失败。2009年，张一鸣开始第一次独立创业，创办了垂直房产搜索引擎九九房。其间，张一鸣开始涉足新的领域，开始研究移动开发。在九九房关于移动开发的工作经历让张一鸣发现了许多契机。即使在公司已经成为 CEO，但在 2012 年，他依然选择辞去职务。直到这时，张一鸣的成绩并没有被大众看到，一次又一次的放弃和失败或许是他在为之后的成功做铺垫。之后，张一鸣开始筹备今日头条的创办，在发现移动互联网的飞速发展趋势后，成立了字节跳动公司。公司的发展方向很快得到市场的认可，张一鸣的成果也出现在人群中。

今日头条是张一鸣的第 5 次创业，从 2005 年开始，他前前后后经历了四次创业，但是都没有选择走到最后，可以说都失败了。有些是因为无法满足市场的需求，有些是因为没有得到自己想要的。但是连续的失败并没有打倒他，今日头条成为张一鸣展现自己的一张名片。

必然的成功

在尝试和挑战之后，终会迎来属于自己的一片天地，这正是张一鸣经历的写照。他创办的今日头条很快在软件市场中被广泛应用，注册用户在短时间内猛增。而字节跳动旗下的其他应用软件在软件市场中占据了大量份额。在人们的生活中，或多或少都有这些应用软件的出现。引起全民热潮的 TikTok 也是字节跳动旗下软件。

2012 年成立的字节跳动在 2018 年的估值就达到了 750 亿美元，之后入选"2019 福布斯中国最具创新力企业榜"。而它的市场并非仅限于国内，在 2020 年就在伦敦建立了 TikTok 欧洲业务中心。而后企业的市值不断增长，如今达到 5300 亿元。

企业的成功离不开创始人的优秀能力，张一鸣在 2013 年就入选了《福布斯》"中国 30 位 30 岁以下的创业者"，并被《财富》评为商业精英。可以说完美诠释了"青年才俊"这个词，卓越的成绩让他也成为国内互联网行业最受关注的青年领袖之一。他多次入选《福布斯》全球亿万富豪榜和胡润白手起家富豪榜。在 2020 年，以 950 亿元人民币的财富位列"胡润全球百强企业家"第 89 位。这些成功对于经历无数的冒险家张一鸣来说都在意料之中。

失败的人生经历不只会带来难过与气馁。每一段经历都是独一无二的，要从中发现自己想要的。这些才是人生之路中宝贵的财富。张一鸣就是这样，三年换四份工作，连续四次创业失败。每一次的放弃他都能够客观地分析原因。张一鸣抓住了机会，他的成功也是必然的。

这些经历是他的财富。对兴趣的追求和向往，让他最终获得了成功。

第八章　个人职业生涯机会评估

第一节　自我分析的内容与方法

认知自我是职业生涯规划的第一步，通过这种对自己人格、兴趣、价值观和技能的综合分析和鉴定，搞清楚自己喜欢什么、擅长什么、想要什么，个人能更好地选择适合自己的职业道路，确定他们的职业目标。自我分析就是对自己进行全面的分析，通过自我剖析认识自己、了解自己，以便准确地为自己定位。在进入职业生涯后，就可以把人生有限的精力、时间集中在一个特定的领域，最终可以少走弯路，减少挫折，形成相对优势，表现出较高的职业成就。自我分析的重点在于测评出管理能力、人际交往能力、知识水平、职业导向因素、价值观念和相对独立性等。自我分析还能鼓舞人们去挖掘自身的潜能，尝试新的工作任务，挑战更艰巨的工作，使人们无论是精神还是物质方面都拥有更多的收获。自我分析是个人职业生涯规划的基础，它将直接关系个人的职业成功与否。

一、自我分析的内容

自我分析应从个人、环境和关键问题三个方面进行。

（1）个人分析，不仅要分析个人的职业兴趣、性格、职业能力和职业性向，还要分析个人的健康情形、自我是否充实以及个人的休闲情况。事业分析，主要分析个人的财富情况、所属的社会阶层、自我实现情况。家庭分析，主要分析个人的生活品质、家庭关系和家人的健康。这方面的分析，可以通过提出一系列的问题进行，如表 8-1 所示。

表 8-1　自我分析的内容

1. 个人部分	健康情形	是否有不良的生活习惯？是否有影响健康的活动？生活是否正常？是否有养生之道
	自我充实	是否有专长？经常收集和阅读资料吗？是否正在培养其他技能
	休闲管理	是否有固定的休闲活动？有助于身心和工作吗？是否有休闲计划
2. 事业部分	财富所得	薪资多少？有储蓄吗？有动产、有价证券吗？有不动产吗？价值多少？有外快吗
	社会阶层	现在的职位是什么？还有升迁的机会吗？是否有升迁的准备？内外在的人际关系如何
	自我实现	喜欢现在的工作吗？理由是什么？有完成人生理想的准备吗

续表

3. 家庭部分	生活品质	居住环境如何？有没有计划换房子？家庭的布置和设备如何？有心灵或精神文化的生活吗？小孩、夫妻、父母有学习计划吗
	家庭关系	夫妻和谐吗？是否拥有共同的发展目标？是否有共同或个别的创业计划？与子女、父母、公婆、姑叔、岳父母家的关系如何
	家人健康	家里有小孩吗？小孩多大了？健康吗？需要托人照顾吗？配偶的健康如何？家里有老人吗？有需要你照顾的家人吗

（2）环境分析。在制定职业生涯规划时，要分析环境的特点、环境的发展变化情况、环境对个人提出的要求，以及环境中对自己有利与不利的因素等。通过对劳动力市场、社会环境、行业环境、组织环境，特别是劳动力的供需关系、行业的上升空间、组织的发展战略、个人在组织中的发展空间等问题的评估，找到自己在工作世界中的职业发展机会，以便更好地进行职业目标的规划与职业路线的选择。

环境分析涉及行业条件分析、企业条件分析、地区条件分析和社会条件分析。行业条件分析要注意社会当前及未来需要的行业。企业条件分析要分析公司是否有改革计划、公司需要什么人才等。地区条件分析要视行业和企业而定。社会条件分析要注意政治、法律、经济、社会与文化、教育等条件，该社会的特性及潜在的市场条件。

（3）关键问题分析。分析影响职业成功的关键问题，包括问题发生的领域、问题的难度、自己与组织的相互配合情况。

① 影响职业成功的问题有哪些：是家庭问题、自我问题还是工作问题，或是其中两者或三者的共同作用？

② 解决这些问题的难度有多大：是否需要学习新技能？是否需要全神贯注？是否需要个人改变态度与价值观？

③ 自己与组织的相互配合情况：自己是否做出贡献？是否学会在组织内部适合自己的职业领域中发挥专长？和其他组织成员的团结协作怎样？组织对自己的职业生涯设计和自己制订的职业生涯规划是否冲突？

二、自我分析的方法

自我分析的方法有很多，比较常用的主要有三种：橱窗分析法、自我测试法和计算机测试法。通过采用不同的方法测试，可以帮助我们全面地了解自己、认识自己，并以此为基础规划和设计自己。

（一）橱窗分析法

橱窗分析法是自我分析的重要方法之一。心理学家常把对个人的了解比作一个橱窗——为了便于理解，我们可以把橱窗放在一个直角坐标系中进行分析。坐标的横轴正向表示别人知道，负向表示别人不知道；纵轴正向表示自己知道，负向表示自己不知道。

这样我们就可将坐标橱窗表示成如图 8-1 所示的形式。

橱窗 1 是自己知道、别人知道的部分，称为"公开我"，属于个人展现在外、无所隐藏的部分。

橱窗 2 是自己知道、别人不知道的部分，称为"隐私我"，属于人内在的私有、秘密部分。

图 8-1　橱窗分析法坐标橱窗图

橱窗 3 是自己不知道、别人不知道的部分，称为"潜在我"，属于有待开发的部分。

橱窗 4 是自己不知道、别人知道的部分，称为"脊背我"，犹如一个人的背部，自己看不到，别人却看得很清楚。

在进行自我分析时，重点是要了解橱窗 3 "潜在我"和橱窗 4 "脊背我"两个部分。

"潜在我"是影响一个人未来发展的重要因素，因为每个人自身都蕴藏着巨大的潜能。许多研究都表明，人类平常只发挥了极小部分的大脑功能。如果一个人能够发挥出其一半的大脑功能，他将很轻易地就能学会 40 种语言，背诵整套百科全书。著名的美国心理学家奥托指出，一个人所发挥出来的能力，只占他全部能力的 4%。控制论的奠基人美国数学家 N.维纳也曾指出："可以有把握地说，每个人，即使是做出了辉煌成就的人，在他的一生中利用他自己的大脑潜能也还不到百亿分之一。"由此可见，认识与了解"潜在我"是自我分析的重要内容之一。

"脊背我"是准确地对自己进行评价的一个重要方面。如果你能诚恳地、真心实意地对待他人的意见和看法，你就不难了解"脊背我"。当然，这需要一个人具备开阔的胸怀、正确的态度和"有则改之，无则加勉"的精神，否则就很难听到别人对自己的真实评价。

（二）自我测试法

自我测试法是通过回答有关问题来认识自己、了解自己，这是一种比较简捷、经济的自我分析法。其测试题目大都是由心理学家经过精心研究设定的，只要如实回答，就能在一定程度上了解自己的有关情况。在自测回答问题时，切忌寻找标准答案，而应该是自己怎么想、怎么认识就怎么回答，这样得到的测试结果才有实际意义。

自我测试的内容和量表有很多，具体涉及各个方面，如性格测试、气质测试、情绪测试、智力测试、技能测试、记忆力测试、创造力测试、观察力测试、应变能力测试、想象力测试、管理能力测试、人际关系测试、行动能力测试等。

自我分析常用的六种测试工具包括自我访谈记录、斯特朗—坎贝尔个人兴趣调查问卷、奥尔波特—弗农—林赛价值观问卷、24 小时活动日记、"重要人物"访谈记录和生活方式描述，具体内容如表 8-2 所示。

表 8-2　自我分析常用的六种测试工具

自我访谈记录	给每位参加者发一份提纲，其中有 11 道问及他们自己情况的问题，要他们提供有关自己的生活（有关的人、地点、事件）、他们经历过的转折以及未来的设想，并让他们在小组中互相讨论。这篇自传摘要体裁的文件将成为随后的自我分析依据的主要材料
斯特朗—坎贝尔个人兴趣调查问卷	这份包含 325 项的问卷填答后，就能据此确定他们对职业、领域、交往的人物类型等的喜恶倾向，为每个人与不同职业中成功人物的兴趣进行比较提供依据
奥尔波特—费农—林赛价值观问卷	此问卷中列有多种相互矛盾的价值观，每人需对之做出 45 种选择，从而测定这些参加者对不同的关于理论、经济、美学、社会、政治及宗教价值观接受和同意的相对强度
24 小时活动日记	参与者要把一个工作日及一个非工作日全天的活动如实而无遗漏地记下来，用来对照其他来源所获同类信息是否一致或相反
"重要人物"访谈记录	每位参加者要对自己的配偶、朋友、亲戚、同事或其他重要人物中的两个人，就自己的情况提出一些问题，看看这些旁观者对自己的看法，这两次访谈过程需要录音
生活方式描述	每位参加者都要用文字、照片、图或自己选择任何其他手段，把自己的生活方式描述一番

（三）计算机测试法

计算机测试是一种现代测试手段。这种测试法与自我测试法相比，其科学性、准确性较高，是一种了解自己、认识自己的有效方法。目前，用于测试的软件多种多样，许多网站也都开设有网上测试（如 http://test.studyget.com 等网站）。目前国外最常用的四种计算机辅助指导系统为"发现""职业辅导信息系统""职业信息系统""互动式指导及信息系统"。如今，计算机技术作为获得职业信息的方法已经应用得越来越普遍了。

通过自我分析认识自身的条件和整体综合素质，可以对自己进行比较准确的综合评估，以便根据自身的特点设计自己的职业发展方向和目标。表 8-3 为自评估练习举例。

表 8-3　自评估练习举例

活　动	目　标
第 1 步：我现在处于什么位置 思考一下你的过去、现在和未来。画一张时间表，列出重大事件，了解目前职业现状	了解目前职业现状
第 2 步：我是谁 利用 3×5 卡片，在每张卡片上写下"我是谁"的答案，考察自己担当的不同角色	这有利于未来的目标设置
第 3 步：我喜欢去哪儿，我喜欢做什么 思考你目前和未来的生活。写一份自传回答三个问题：你觉得自己已经获得了哪些成就？你未来想得到什么？你希望人们对你有什么样的印象？这有利于未来的目标设置	明确所需要的资源

续表

活　动	目　标
第 4 步：未来理想的一年 考虑下一年的计划。如果你有无限的资源，你会做什么？理想的环境应是什么样的？理想的环境是否与第 3 步相吻合？明确所需要的资源	明确所需要的资源
第 5 步：一份理想的工作 现在思考一下通过可利用资源来获得一份理想的工作。考虑你的角色、资源、所需的培训或教育，明确所需要的资源	明确所需要的资源
第 6 步：通过自我总结规划职业发展 是什么让你每天感到心情愉悦？ 你擅长做什么，人们对你有什么样的印象？ 为了达到目标，你还需要什么？ 在向目标进军的过程中，你会遇上什么样的阻碍？ 目前该做什么才能迈向你的目标？ 你的长期职业生涯目标是什么	总结目前的状况

第二节　个人职业生涯机会评估策略

所谓职业生涯机会评估，就是对影响自己职业生涯发展的内外环境因素进行分析，从而找出适合自己的职业发展机会。除了要知道自己能做什么、想做什么，还要知道世界需要什么，根据工作世界的信息帮助自己选择职业生涯发展的方向。每个人都生活在一定的环境中，其成长与发展都与环境息息相关。所以，在制定个人的职业生涯规划时，也要分析环境的特点、环境的发展变化、自己与环境的关系、自己在特定环境中的地位、环境对自己提出的要求以及环境对自己有利与不利的条件等。只有对这些环境因素有一个充分的了解，很好地认知社会环境、行业环境和组织环境，在复杂的环境中做到趋利避害，才能使自己的职业生涯规划得以发展与实现。

一、对职业所处的社会环境进行分析

社会环境对每个人的职业生涯乃至发展都有重大的影响。它不但能够影响我们的职业，还能影响我们生活的方方面面。通过对社会环境进行分析，了解所在国家或地区的经济、法制建设的发展方向，可以帮助我们寻求各种发展机会。

1. 经济发展水平

在经济发展水平高的地区，由于企业相对比较集中，优秀企业较多，个人职业选择的机会也就比较多，因而比较有利于个人职业的发展；反之，在经济落后的地区，个人职业选择的机会就会相对较少，由此个人的职业生涯发展也会受到很大的限制。

2. 社会文化环境

社会文化是影响人们行为、欲望的基本因素。它主要包括教育水平、教育条件和社会文化设施等。在良好的社会文化环境中，个人往往能够得到良好的教育和熏陶，从而也就为其职业发展打下了良好的基础。

3. 价值观念

个人生活在社会环境中，必然会受到社会价值观念的影响。在现实生活中，大多数人的价值取向在很大程度上都是为社会主体价值取向所左右的。一个人的思想发展、成熟的过程，其实就是认可、接受社会主体价值观念的过程。而社会价值观念也正是通过影响个人价值观来影响个人的职业选择的。

4. 政治制度和氛围

政治和经济是相互影响的。政治不仅能影响国家的经济体制，还能影响企业的组织体制，从而直接影响个人的职业发展。另外，政治制度和氛围还会潜移默化地影响个人的追求，从而对个人的职业生涯产生影响。

5. 信息化与全球化的影响

信息技术的高度发展缩短了全球各个国家的距离，使经济资源在全球范围内进行重新组合和配置，包括国际化人才的竞争。随着越来越多的跨国企业进入中国，中国的企业也开始向国外发展，如联想、华为等，中国的建筑公司开始在国外兴建工程，中国的石油公司开始尝试在国外开采石油，中国也成为世界的代工中心。从世界工厂到中国制造，企业的国际化势必要求具有国际化视角与素质的员工。

二、对职业所处的行业环境进行分析

职业生涯是在特定的行业、具体的企业中进行的。组织的行业环境将会直接影响组织的发展状况，进而也就影响个人职业生涯的发展。尤其像财务管理、人力资源管理、行政事务管理类的非生产性岗位，选对了行业能够让你在职业生涯中走得更稳、更久。行业分析既包括对目前所在行业的环境分析，也包括对将来想从事的目标行业的环境分析。

（1）行业发展状况。首先应当了解自己现在从事的是什么行业，这个行业在我们国家的发展趋势如何，它是一个逐渐萎缩的行业，如资源消耗大、造成环境污染的小型采矿业、小型造纸厂，还是一个朝阳行业，如新能源、人工智能、大数据、医药行业。

（2）国内外重大事件对该行业的影响。行业的发展很容易受到国内外重大事件的影响，进而影响该行业能否提供较多的职业机会，如 2020 年新型冠状肺炎病毒感染给旅游业、航空业、餐饮业等行业带来了比较沉重的打击，与此同时，也给医疗、直播带货等行业带来了机会。

（3）目前的行业优势和问题。在这方面应特别关注的是行业目前存在的问题是可以改进或避免的，还是无法消除的，行业是否具有优势和竞争力，这种优势会持续多久。

（4）行业发展前景预测。对行业发展前景的预测可以从两个方面进行分析：一方面是行业自身的生命力，是否有技术、资金支持等；另一方面也要考虑和研究国家对相关行业的政策。政府往往会根据经济与社会发展状况对一些行业发布法规、政策，如对一些行业实施鼓励、扶持，对另一些行业则要限制发展。

一般来说，个人可以通过回答下列问题帮助自己更清楚地认识所处的社会环境对职业选择和职业发展的影响。

（1）你所在地区的经济发展形势怎样？是发展很好，还是一般或者较差？这个地区能给你提供怎样的发展机会？

（2）你所在的行业是处于发展上升时期，还是处于衰落时期？这个行业会为你提供哪些发展机会？机会有多大？

（3）社会上将会出现哪些新兴的行业？哪些新兴的行业比较适合你的发展？

（4）社会上还有哪些地方、哪些行业和哪些企业有更好的发展机会？

（5）还有哪些重要的社会因素会影响你的职业选择和职业发展？

三、对职业所处的组织环境进行分析

如果一个人已经在工作或者将要进入某一个组织工作，组织环境就会对这个人的职业发展产生重要的影响。通过对组织的内部环境进行分析，可以帮助个人了解企业在本行业和新的发展领域中的地位和发展前景，以及组织产品在市场上的发展前景。

1. 组织文化

组织文化决定了一个组织如何看待其员工，所以员工的职业生涯是为组织文化所左右的。一个主张员工参与管理的组织显然比一个独裁的组织能为员工提供更多的机会；而一个渴望发展、追求挑战的员工自然也很难在论资排辈的组织中受到重用。另外，个人的价值观与组织文化有冲突，难以适应组织文化，这也决定了他在组织中难以得到发展。因此，组织文化也是在制定个人职业生涯规划时应当加以考虑的一个重要因素。

2. 组织制度

组织员工的职业发展是要靠组织管理制度来保障的，包括合理的培训制度、晋升制度、绩效评估制度、奖惩制度、薪酬制度等。诸如组织的价值观、组织的经营哲学也只有渗透到制度中，才能使制度得到切实的贯彻执行。凡是没有制度或者制度制定得不合理、不到位的组织，其员工的职业发展就难以实现。

3. 领导人的素质和价值观

组织的文化和管理风格与其领导人的素质和价值观之间往往有着直接的关系，实际上组织的经营哲学往往就是组织家的价值观。组织主要领导人的抱负及能力是组织发展的重要因素。

4. 组织实力

组织在本行业中是具备了很强的竞争力，还是处于一个很快就会被吞并的地位？发展的前景是什么？在激烈的市场竞争中，不一定是最大、最强的组织就能生存，即不是强者生存，而是适者生存。只有适应这个环境、适应发展趋势的组织才能生存。

5. 工作内容和职责

要清楚组织对从事某项工作所要求的知识、技能、素质以及资历、资格是不是自己所具备的，或者能够通过学习获得的，还有工作的时间、地点和环境是不是符合自身的情况。

你对自己工作的组织环境了解吗？它会给你的职业发展带来怎样的发展机会？为了更清楚地了解你所处的组织环境，请先回答下列问题。

（1）你所在的是一个什么性质的单位？是组织、政府机构，还是事业单位？

（2）如果你工作的地方是企业，那么是什么性质的企业？是生产性企业还是商业企业？是处于发展中的组织还是处于衰落中的企业？

（3）你所在的组织的发展目标是什么？这样的发展目标为你的职业发展提供了什么样的机会？

（4）组织将最需要什么样的人才？组织将会出现哪些新增的岗位？你的上司有哪些人退休或转移到别的岗位？你现在或者通过发展能适应组织发展的要求吗？

（5）组织的文化、价值观和你的个人价值观相符吗？

（6）你有哪些竞争对手和潜在的竞争对手？他们有哪些特长？这些特长对你的工作会起到什么样的作用？

（7）还有哪些组织因素会影响你的职业选择和职业发展？

对组织的评估也有一个渐进的过程。在选择一个组织时，个人要尽可能地利用可以获得的信息，了解组织的基本情况。通过对组织进行分析得出结论，判断自己对组织发展战略、组织文化和管理制度的认同程度，了解组织结构发展的变化趋势及与自己有关的未来职务的发展预计。但是在进入组织后，随着对组织内部的进一步了解，还应对组织做出重新评估，以进一步明确自己的发展目标或做出重新择业的决策。

本章小结

有效的职业生涯规划应从自我认知开始，然后才能谈到建立可实现的目标，并确定怎样达到这些目标。自我分析就是对自己进行全面的分析，通过自我剖析认识自己、了解自己，以便准确地为自己定位。自我分析的重点在于测评管理能力、人际交往能力、知识水平、职业导向因素、价值观念和相对独立性等。橱窗分析法是自我分析的重要方法之一。

所谓职业生涯机会评估，就是对影响自己职业生涯发展的内外环境因素进行分析，从而找出适合自己职业发展的机会。内外部环境主要包括职业所处的社会环境、行业环境及组织环境等。

 思考问题

1. 自我分析的内容有哪些？
2. 自我分析的方法有哪些？
3. 职业生涯机会评估的内容有哪些？

 延伸阅读

机器崛起对我们职业规划的启示

第九章　个人职业生涯目标的设定

职业发展必须有明确的方向与目标，目标的选择是职业发展的关键，坚定的目标可以成为追求成功的驱动力。研究表明：一个人事业的成败在很大程度上取决于其有无适当的目标，凡是成功的人士都有明确的奋斗目标，那些没有奋斗目标的人则都没有获得成功。因此，一个未来的成功者必须是一个目标意识很强的人。

第一节　职业目标的设定原则

设定职业目标有以下八个指导原则。

（1）可行的，即就你自己的能力和特点而言，实现这个目标是现实的、可能的。

（2）可信的，就是自己真的相信能完成这个目标，对自己的能力非常有信心，相信自己能够在设定的时间之内完成。

（3）可控的，就是你对一些可能会最终影响你实现目标的因素的控制能力。

（4）可界定的，即你的目标必须是以普通人都能理解的口头语言或书面语言表达。对代表一个长期目标的用词必须仔细推敲，这样才有可能将它进一步分解为一系列的短期限目标。

（5）明确的，不要用含糊笼统的语言，例如，不要说"我的目标是更好地利用时间"，应该说"我一天只能花不超过一个小时的时间看电视"，或"我每周要花两个小时的时间上网查找有关服装设计师这一职业的资料"。即你只陈述某一特定的目标，并且在一段时间内只集中于这一个目标。

（6）自愿的，即你制定的目标应该是自己真正想做的事情，而不是别人强加给你的。

（7）促进成长的，是指实现这个目标能带给你成就感、愉快感；同时，你的目标应该是对自己和他人均无伤害性或破坏性的。

（8）可量化的，即你的目标应当尽量以一种能够用数字加以量化的方式表达，而尽量不要采用宽泛的、一般的、模糊的或抽象的形式。以一种可衡量的方式开始你的目标，使你可以在向目标迈进的过程中计算、控制或调整自己的进程，有一个可以衡量成功或者失败的标准，从而可以准确地评价你是否达到了自己的目标。

表 9-1 为设定可以测量的目标举例。

表 9-1　设定可以测量的目标举例

含糊的目标	较好的目标
更好地完成家庭作业	每天阅读历史书 12 页以上，在下周六晚 10 点之前至少读到 60 页
加强锻炼	在以后的两个星期内，每天都在 45min 内跑完 5000m
获得更多的杂志订单	在下星期这个时间之前获得 30 份杂志订单
在网球比赛中表现得更好	在下星期的网球训练期间练发球，每天至少有 40～50 个球落在发球区之内
减肥	在……之前减掉 2.5kg

第二节　职业目标的分解与组合

一、职业目标的分解

职业目标分解就是根据观念、知识、能力差距将职业生涯长期的远大目标分解为有时间规定的长、中、短期分目标，直至将目标分解为某一确定日可以采取的具体步骤。目标分解是一个将目标清晰化、具体化的过程，是一个目标化成可操作的实施方案的有效手段，是一个非常重要的实现目标的方法。

目标分解的主要目的就是分段、分步实现大目标、总目标。影响目标分解的因素主要有环境条件、自身条件、职业方向、职业生涯阶段和在一个组织内的工作阶段等。

分解目标的方法主要是按性质分解和按时间分解。按性质分解，可以将目标分解为外职业生涯目标和内职业生涯目标；按时间分解，可以将目标分解为人生目标、长期目标、中期目标和短期目标。

（一）按性质分解

美国著名职业指导专家沙因教授的职业学说有着重要的学术影响和实践价值，他把人的职业划分为十个阶段，把人的职业生涯含义分为"外职业生涯和内职业生涯"。根据他的这一划分，职业发展目标也可以相应地分为外职业生涯目标和内职业生涯目标两个层次。

外职业生涯是指从事一项职业时的工作单位、工作地点、工作内容、工作职务、工作环境、工资待遇等因素的组合及其变化过程；内职业生涯是指从事一项职业时所具备的知识、观念、心理素质、能力、内心感受等因素的组合及其变化过程。

1. 外职业生涯目标

该目标主要侧重于职业过程的外在标记，它主要包括职务目标和经济目标。

（1）职务目标。职务目标通常需要具体化，如总经理（即负责全面工作的管理人员）、生产部经理或营销经理等部门经理（即负责管理一个部门的管理人员）。

（2）经济目标。如明年的年薪为 10 万元，30 岁之前赚取 20 万元等。

通常，外职业生涯的这些因素多数都是别人给予我们的，尤其是在职业生涯初期。

2．内职业生涯目标

这一目标侧重于职业生涯过程中知识与经验的积累、观念与能力的提高和内心感受。这些因素不是靠别人赐给你的，而需要通过自身努力去获得和掌握。它主要包括以下几个目标。

（1）工作能力目标：如能够和上级领导无障碍沟通的能力、组织大型公共关系活动的能力、组织结构设计的能力等。

（2）提高心理素质目标：这个目标主要包括能经受挫折与成功，能做到临危不惧、宠辱不惊。心理素质可以通过情绪智力的培训加以提高。

（3）观念目标：观念主要是指对人与对事的态度和价值观。观念目标是指自己在工作、学习中逐步形成一种什么样的观念或态度。

（4）工作成果目标：这个目标是指发现和应用新的管理方法创造新的业绩等。工作成果本身属于外职业生涯目标，但在取得工作成果的过程中取得的知识、经验等则都属于内职业生涯目标，它重在强调取得工作成果时的内心收获或成就感。

内职业生涯的因素是你通过努力自己获得、自己掌握的，一旦获得后，别人是不可能从你的头脑中拿走的。

外职业生涯目标和内职业生涯目标有着密切的关系：内职业生涯目标的发展可以带动外职业生涯目标的发展，外职业生涯目标的实现可以促进内职业生涯目标的实现。

（二）按时间分解

按时间分解就是给按性质分解的目标做出明确的时间规定。个人的职业目标按时间划分，可以分为短期目标、中期目标、长期目标和人生目标。

1．短期目标

短期目标通常是指时间在一至两年内的目标。中长期目标通常会被分解成一个个具体的短期目标。短期目标是一种将长期目标具体化、现实化、可操作化的特殊工具，它是结果和行动之间的桥梁。其特点如下。

（1）目标必须清楚、明确、现实、可行。

（2）目标可能是自己选择的，也可能是组织或上级安排的、被动接受的。

（3）为每一个短期目标都设立输出目标和能力目标。输出目标是为达到长远目标而设定的具体实施目标，是能以标准衡量是否完成的目标。能力目标则是为达到输出目标所需要的相应能力。两者是携手并进、互相支持的。

（4）目标需要适应环境。

（5）短期目标要服从于中长期目标。

2．中期目标

中期目标一般为三到五年，它比长期目标具体，如参加一些旨在提高技术水平的培训并获得等级证书等。其特点如下。

（1）通常与长期目标保持一致。

（2）是结合自己的志愿和组织的环境及要求制定的目标。

（3）可以用明确的语言定量说明。

（4）对目标实现的可能性做出评估。

（5）有比较明确的时间，并且可做适当的调整。

（6）基本符合自己的价值观，充满信心，愿意公布于众。

3．长期目标

长期目标的期限不可太长，也不可过短。时间为五年以上的目标通常比较笼统、不具体，可能会随着企业内外部形势的变化而变化，在设计时以画轮廓为主。其特点如下。

（1）目标有可能实现，与社会发展需求相结合。

（2）眼光放得比较远，不囿于现实和近期，具有挑战性。

（3）非常符合自己的价值观，为自己的选择感到骄傲。

（4）能用语言进行定性说明。

（5）没有明确规定实现时间，在一定的范围内实现即可。

（6）立志改造环境。

4．人生目标

人生目标是指整个人生的发展目标，时间可以长至四十年左右。短期目标服从于中期目标，中期目标服从于长期目标，长期目标又服从于人生目标。在具体实施目标时，通常都从具体的、短期的目标开始。

个人职业目标体系如图 9-1 所示。

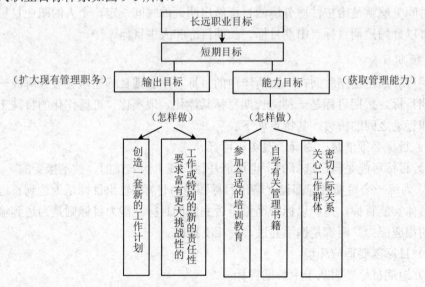

图 9-1 个人职业目标体系

个人职业生涯规划如表 9-2 所示。

表 9-2　个人职业生涯规划

姓　　名		性　　别	
年　　龄		学　　历	
所学专业		职业类型	
目前所在部门		目前任职岗位	

人 生 目 标

（1）岗位目标

（2）技术等级目标

（3）收入目标

（4）社会影响目标

（5）重大成果目标

（6）其他目标

人生观简要文字说明：

实现人生目标的战略要点：

长 期 目 标

（1）岗位目标

（2）技术等级目标

（3）收入目标

（4）社会影响目标

（5）重大成果目标

（6）其他目标

人生观简要文字说明：

实现人生目标的战略要点：

中 期 目 标

（1）岗位目标

（2）技术等级目标

（3）收入目标

实现中期目标的战略要点：

短 期 目 标

（1）岗位目标

（2）技术等级目标

（3）收入目标

续表

短期的计划细节：

（1）短期内完成的主要任务

（2）有利条件

（3）主要障碍及其对策

（4）可能出现的意外和应急措施

年度目标及年度计划的细节通常另行安排，以保持职业生涯规划的相对稳定性和保存性

职业生涯规划人（签字）：

制订个人的职业生涯规划日期：　　　年　　　月　　　日

二、职业目标的组合

目标组合是处理不同目标之间相互关系的一种有效措施。在对总目标进行分解后，为了更有效地处理不同子目标间的相互关系，还应对具有因果关系与互补性的目标积极地进行组合。对各种各样的目标可以从时间上、功能上和全方位等不同角度进行组合。其中，全方位组合已经超出了职业的范畴，它涵盖了人生的全部活动。

（一）进行时间上的组合

职业生涯目标在时间上的组合可以分为并进组合和连续组合两种情况。

（1）并进组合，是指同时着手实现两个现行的工作目标，或指建立和实现与目前内容不相关的预备职业生涯目标。建立和实现本职工作以外的目标是居安思危、具有长远眼光的表现，需要具备较强的时间管理能力和学习上的毅力。

例如，假定你做的是财务经理，那么它实际上就涵盖了两个职业：一个是财务专业人员职业；另一个是管理人员职业。你需要在这两个职业上同时学习，同时提高，既要做优秀的财务工作人员，又要做成功的管理人员——这两个职业目标并不矛盾，可以同时进行。

（2）连续组合，是指一个目标实现之后再去实现下一个目标，最终连续而有序地实现各个目标。职业生涯的阶段目标与职业生涯的最终目标是相关联的：如果将职业生涯的阶段目标连接起来，加上一个时间表，再加上一个衡量目标达成结果的评估方式，便转变成了最终的目标。

如果你想读完 MBA 后当两年财务经理，再去当人力资源部经理，这种目标组合方式就叫作连续，即实现了一个目标之后再实现另外一个目标。

（二）进行功能上的组合

职业生涯目标在功能上可以产生因果关系和互补关系。

（1）因果关系组合。通常情况下，内职业生涯是原因，外职业生涯是结果。如能力

目标的实现，将有利于职务目标的实现；而职务目标的实现，则会带来经济收入的实现。因此，要想实现因果组合，就需要我们不断更新知识，树立新观念，然后去实践。这样，我们的实践能力就提高了，随着职务提升，业绩突出，报酬也就会不断增加。

（2）互补作用组合，即把存在互补关系的目标进行组合。假如一名管理人员希望在成为一个优秀的部门经理的同时得到 MBA 证书，那么这两个目标之间就存在直接的互补作用：实际管理工作为 MBA 的学习提供了实践的经验和体会，而 MBA 的学习则为实际管理工作提供了理论和方法。

（三）进行全方位的组合

对目标进行全方位的组合是指个人事务、职业生涯和家庭均衡发展，相互促进。要实现这一目标，就要求我们在建立职业生涯目标时，应当通盘考虑自己在个人发展、家庭生活和职业生涯中的各种愿望。全方位组合已经超出了职业的范畴，它涵盖了人生的全部活动。完美的职业生涯规划并非要把生活中的其他内容排斥在外，而是要在生活中的不同目标间建立平衡的协调关系。

第三节　职业目标的选择

目标的定位是一个不容回避的问题。具体到每个人的人生要确立一个什么样的事业目标，需要根据主、客观条件和可能加以设计。高尔基说过："一个人确定的目标越高，他的才能发展得就越快，对社会就越有益，我坚信这是一个真理。这个真理是根据我的全部生活经验，即根据我观察、阅读、比较和深思熟虑过的一切而确定的。"这个带有普遍意义的经验要求人们依据自己的目标，最大限度地发挥自己的心智才能。目标既要求制订得高一些，更要注重实现的可能性。应该说，目标定位是一个综合效应的结果。

尽管每个人的具体条件各不相同，所以其目标也不可能完全相同，但其确定目标的方法都是相同的。选择职业目标时，应考虑以下几个基本要点。

（1）符合社会与组织需要。职业生涯目标如同一种"产品"，这种"产品"有市场，有"生产"的必要。因此在确定职业生涯目标时，要考虑内外环境的需要，特别是要考虑社会与组织的需要。有需要才有市场，才有位置。

（2）适合自身的特点。不同的人往往有着不同的特点，这种特点就是你的性格、兴趣、特长等。而这些特点往往也就是你的优势，因此若能将目标建立在个人优势的基础上，就能左右逢源，处于主动、有利的地位。

（3）高低恰到好处。职业生涯目标是高一些好，还是低一些好？总的来看，还是高一些好，因为一个人追求的目标越高，其才能就发展得越快，对社会也就越有益。有了远大的目标，能起到激励作用，能促进学习，改进工作方法，为达到目标而发奋工作。

所定目标如果仅限于自己能力范围，只求工作轻松省力，回避新的激励，结果就会使人陷于畏缩不前、消极保守的状态。

（4）幅度不宜过宽。专业面越窄，所需的力量相对越少。也就是说，用相同的力量应对不同的工作对象，专业面越窄，其作用越大，其成功的机会越多。所以，职业生涯目标的专业面不要过宽，最好选一个窄一点的题目，把全部身心投放进去，较易取得成功。

（5）注意长期目标与短期目标相结合。长期目标指明了发展方向，可以鼓舞斗志；而短期目标则是实现长期目标的保证。在职业生涯发展过程中，通过短期目标的达成能够体验到达到目标的成就感和乐趣，鼓舞自己为了取得更大的成就而向更高的目标迈进。但是光有短期目标，看不到远大的理想，也会影响奋斗的激励作用，还会使事业发展摇摆不定，甚至偏离发展方向。因此，长短结合更有利于职业生涯目标的实现。

（6）要明确具体。目标就像射击的靶子一样，清清楚楚地摆在那里。干什么，干到什么程度，要有明确具体的要求。例如，从事某一专业，到哪年，学习哪些知识，达到什么程度，都要确定下来。同一时期的目标不要太多，目标越简明、具体，越容易实现，越能促进个人的发展。要实现人生目标，成就一番事业，必须把目标集中到一个焦点上。但这也并不是说就不能设立多个目标，而是可以将其分开设置，即一个时期设一个目标，实现一个目标后，再实现另一个目标，拉开时间差距。

（7）注意职业目标与家庭目标以及个人生活与健康目标的协调与结合。要想在事业上取得成功，家庭与健康是基础和保证。

需要注意的是，在职业目标确定之后，并非就此一成不变——实际上对其进行多次调整才能明确方向。在现实生活中，目标与志向的调整是一种动态的调整，是随机变化的。如果你发现已经确定的目标与自己的素质及外在条件不相适应，那就应当另做打算。

 ## 本章小结

职业发展必须有明确的方向与目标，目标的选择是职业发展的关键，坚定的目标可以成为追求成功的驱动力。

职业目标按性质可以分解成外职业生涯目标和内职业生涯目标。外职业生涯目标和内职业生涯目标有着密切的关系：内职业生涯目标的发展可以带动外职业生涯目标的发展，外职业生涯目标的实现可以促进内职业生涯目标的实现。职业目标按时间可以分为短期目标、中期目标、长期目标和人生目标。

目标既要制定得高一些，更要注重实现的可能性。

思考问题

1．你的职业生涯目标是什么？
2．职业目标的设定原则有哪些？
3．职业目标的划分有哪些？
4．如何做好职业目标的选择？

延伸阅读

确定职业目标的要求

第十章 个人职业生涯路线的设定

确定职业和职业发展目标，就要面临职业生涯路线的选择。所谓职业生涯路线，是指当一个人选定职业后从什么方向上实现自己的职业目标。例如，是向专业技术方向发展，还是向行政管理方向发展？可以说，职业生涯路线是整个人生规划的展开。

由于发展路线不同，对其要求也就不同，而且在现实生活中，即便是同一职业，也有不同的岗位。因此，在职业生涯规划中必须做出抉择，以便使学习、工作以及各种行为沿着你的职业生涯路线和预定的方向前进。职业生涯路线选择是职业发展能够成功的重要步骤之一。

第一节 个人职业生涯路线的选择

通常来说，基本的职业发展路线有以下几种。

1. 专业技术型发展路线

即指工程、生产、财会、法律等职能性专业方向，需要有一定的专门技术性知识和能力。其相应的职业成就包括技术职称的晋升、技术性成果的认可，以及业内知名度的提高等。

2. 行政管理型发展路线

把管理这个职业本身视为自己的目标，需要有良好的个人综合素质、人际关系技巧和领导才能，其相应的职业成就包括行政职位的晋升、管理权限的扩大等。

3. 市场销售型发展路线

将营销物质产品或精神产品作为自己的职业，需要有敏锐的市场嗅觉和反应能力、出众的表达能力。其相应的职业成就包括销售业绩的不断提高，以及随之而来的财富增长。

4. 自我创业型发展路线

以开创完全属于自己的事业为目标，需要有充足的资本及条件、敏锐的市场大局观、过硬的心理素质和综合能力。其相应的职业成就包括打造自己的品牌并成功地立足于市场，在经济收入上有丰厚的回报。

在选择职业生涯路线时，首先要对职业生涯各要素进行系统分析。具体来说，可以从以下四个方面对其进行考虑。

（1）我想往哪一路线发展？在这方面主要应当考虑自己的价值、理想、成就动机等主观因素，以便确定自己的目标取向。

（2）我适合往哪一路线发展？在这方面主要应当考虑自己的性格、特长、经历、学历、家庭影响等一些客观条件对职业路线选择的影响，以确定自己的能力取向。

（3）我可以往哪一路线发展？在这方面主要考虑自身所处的社会环境、政治与经济环境、组织环境等，以确定自己的机会取向。

（4）哪条路线可以取得发展？一旦选定自己希望和适合的发展道路，还应进一步综合分析各方面的因素，判断自己的这条职业目标的实现路线是否可以取得发展。

第二节　挑选最佳个人职业生涯路线

职业生涯路线选择的重点是通过对自身因素和环境因素进行系统分析，权衡利弊，做出路线选择，挑出能够实现自身目标的最佳路线。

典型的职业生涯路线图是一个 V 形图。假定 21 岁大学毕业参加工作，即 V 形图的起点是 21 岁。从起点向上发展，V 形图的左侧是行政管理路线，右侧是专业技术路线。将路线分成若干等份，每等份表示一个年龄段，并将专业技术的等级、行政职务的等级分别标在路线图上，作为自己的职业生涯目标，如图 10-1 所示。当然，职业生涯路线也可能出现交叉与转换，具体可以根据自身的情况与处境决定。

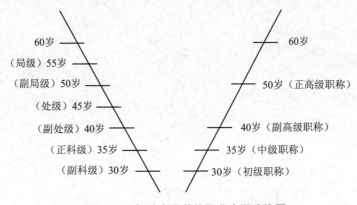

图 10-1　行政事业单位职业生涯路线图

 本章小结

职业生涯路线是指当一个人选定职业后从什么方向上实现自己的职业目标。例如，是向专业技术方向发展，还是向行政管理方向发展？由于发展路线不同，对其要求也就不同。

　　职业生涯路线选择的重点是通过对自身因素和环境因素进行系统分析，权衡利弊，做出路线选择，挑出能够实现自身目标的最佳路线。

 思考问题

1．职业生涯路线有哪些？
2．如何选择职业生涯路线？
3．如何选择最佳职业生涯路线？

 延伸阅读

毛毛虫的"职业"路径

第十一章　个人职业生涯规划的反馈与修正

第一节　个人职业生涯规划反馈与修正的意义

职业生涯的发展不可能是一帆风顺的，规划也不可能是万能的，在实践过程中，必然存在各种问题或不适应，这就需要我们定期反思和总结。职业生涯规划的反馈与修正是指在实现职业生涯目标的过程中，根据实际情况自觉地总结经验和教训，修正对自我的认知和对最终职业目标的界定。

任何事物都始终处于运动变化中，由于自身及外部环境的变化，职业生涯规划也要随着时间的推移而变化。它既是个人对自己的不断认识过程，也是个人对社会的不断认识过程。它是使职业生涯规划更加有效的一个手段。在制定职业生涯规划时，由于对自身及外界环境不是十分了解，最初确定的职业生涯目标往往是比较模糊或抽象的，有时甚至是错误的。经过一段时间的工作以后，有意识地回顾自己在工作中的言行得失，可以检验自己的职业定位与职业方向是否合适。在实施职业生涯规划的过程中，自觉地总结经验和教训，评估职业生涯规划，可以修正个人对自己的认知，并可通过反馈与修正，纠正最终职业目标与分阶段职业目标的偏差，保证职业生涯规划的行之有效。同时，通过评估与修正还可以极大地增强个人实现职业目标的信心。

当你已找到职业生涯方向，并且按你的通道建设方案实施一段时间后，你需要考虑以下问题。

（1）这套方案执行得顺利吗？如果不顺利，主要问题在哪里？要如何调整？

（2）按这套方案能有效达成你的人生目标吗？

（3）当初做出这套方案时的条件和环境有没有发生重大变化？

以上三个问题有任何一项有变数，都需要对你的方案进行相应调整。

第二节　个人职业生涯规划的修正内容及修正原则

一、个人职业生涯规划的修正内容

职业生涯规划的修正内容主要包括调整职业选择、改变职业环境、调整职业规划、提高职业素养等。

1. 调整职业选择

根据个体的本质特征、需求和兴趣，评估职业选择是否正确。如发现职业选择不正确，需要及时调整职业选择，以便更好地满足个人的职业发展需求。

2. 改变职业环境

根据职业环境的评估结果，判断职业环境是否适合个体的职业发展，如发现职业环境不适合，需要及时改变职业环境，以便更好地满足个人的职业发展需求。

3. 调整职业规划

根据就业和职业机会、社会文化和经济状况的评估结果，判断职业规划是否符合个体的职业发展需求，如发现职业规划不符合个人的职业发展需求，需要及时调整职业规划，以便更好地实现职业生涯规划的目标。

4. 提高职业素养

根据评估结果，发现自身的不足之处，需要及时采取相应的改进措施，提高职业素养，以便更好地适应职业发展的需求。

二、个人职业生涯规划的修正原则

职业生涯规划的修正应遵循以下原则。

1. 清晰性原则

考虑目标措施是否清晰明确，实现目标的步骤是否直截了当。

2. 变动性原则

目标或措施是否有弹性或缓冲性，是否能依据环境的变化而调整。

3. 一致性原则

主要目标与分目标是否一致，目标与措施是否一致，个人目标与组织发展目标是否一致。

4. 挑战性原则

目标与措施是否具有挑战性，还是仅保持其原来状况而已。

5. 激励性原则

目标是否符合自己的性格、兴趣和特长，是否对自己产生内在激励作用。

 ## 本章小结

职业生涯规划的反馈与修正是指在实现职业生涯目标的过程中，根据实际情况自觉地总结经验和教训，修正对自我的认知和对最终职业目标的界定。职业生涯规划的修正内容主要包括调整职业选择、改变职业环境、调整职业规划、提高职业素养等。

　　职业生涯规划的修正应遵循清晰性原则、变动性原则、一致性原则、挑战性原则及激励性原则。

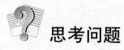 **思考问题**

　　1. 职业生涯规划一旦确定就不会更改吗？
　　2. 职业生涯规划的修正内容有哪些？
　　3. 职业生涯规划的修正应遵循的原则有哪些？

 延伸阅读

个人职业生涯规划设计书

第十二章 个人职业生涯的成功与实现策略

第一节 个人职业生涯的成功标准

职业生涯成功就是个人职业生涯目标的实现。职业生涯规划标准则是规划者个人对自己职业生涯目标实现程度的认可描述，它反映了规划者本人的价值观。每个人都希望自己的职业生涯目标能够实现，拥有成功的职业生涯，但衡量职业生涯成功的标准是什么？由于个人价值观的差异，答案一定是多元化的。职业生涯成功能使人产生自我实现感，从而促进个人素质的提高和潜能的发挥。职业生涯成功与否，在个人、家庭、企业、社会判定的标准上都具有明显的多样性。

传统的职业生涯成功的标准是沿着金字塔式的组织结构向上爬，这种职业生涯目标不仅受员工自身努力的影响，还受企业组织结构的影响。然而时代在变，价值观在变，新的职业生涯的目标更强调成就感。与传统职业生涯目标相比，成就感在更大程度上取决于个人的自我主观感觉，而不仅仅指组织对员工的认可，如晋升、加薪等。每个人都想成功，但是成功对于不同的人来说意义不同，而且成功的意义会随着时间和环境的改变而改变。卡尔·马克思认为个人活动的社会环境决定了他们的生活感知和思想，这就是为什么每个人定义的职业成功都各不相同。

德尔（Derr，1988）提出了职业成功的五项度量标准，与职业成功的传统度量标准（正式的教育、获得工作保障的终身雇佣和等级晋升）形成对比。德尔的五项度量标准内容说明如下。

（1）进步：动机来自对提高的需求，包括专业水平和组织层级阶梯。

（2）安全：在组织中有稳定的地位。

（3）激励：受到工作性质和内容的激励。

（4）自由：获得自主权的需要并受到建立自己的工作环境的激励。

（5）平衡：获取非工作利益的平等和高价值。

德尔还假设这些职业生涯观念来自个人的思维习惯、动机和决策类型，总结出公司员工有以下五种不同的职业生涯成功方向，并成为指导人们职业生涯选择的根据。

（1）进取型：使其达到集团和系统的最高地位。

（2）安全型：追求认可、工作安全、尊敬和成为"圈内人"。

（3）自由型：在工作过程中得到最大的控制，而不是被控制。

（4）攀登型：得到刺激、挑战、冒险和"擦边"的机会。

（5）平衡型：在工作、家庭关系和自我发展之间取得均衡、协调发展，以使工作不至于变得太耗精力或太乏味。

迈克尔·德赖弗（Michael Driver，1979，1980，1982）在对多种公司的经理和人事专家进行调查后，根据他们的自我意识，系统地阐述了以下四种职业生涯成功的标准。

（1）一些人将成功定义为一种螺旋形的东西，不断上升和自我完善（攀登型）。

（2）一些做事扎实的人需要长期的稳定和相应不变的工作认可（安全型）。

（3）一些人认为成功只是暂时的——他们视成功为经历的多样性（自由型）。

（4）直线形的人视成功为升入企业或职业较高阶层（进取型）。

德赖弗假定这些职业生涯观念来自个人的思维习惯、动机和决策类型，并成为指导人们长期职业生涯选择的根据。

尽管由于人们价值观念的不同而导致对成功标准的定义各有不同，但总的来说，个人职业成功可以分为以下几种。

（1）个人的价值取向、能力、特质与其所选的职业正好合适，且在这一职业岗位上的工作得心应手、顺心、顺利。

（2）个人有自我职业目标，无论是初就业便一直待在某种职业岗位上，还是经历了多次职业变动，最终个人既定的职业目标得以实现，就是一种职业成功。这种职业目标因人的能力、个性、职业经历的不同而有所不同，有人以成为领袖、教授、专家为荣，也有人以做好本职工作为荣。

（3）在所从事的职业工作岗位上尽职尽责，做出突出成绩，本人有一种自我满足感、成就感；或者得到组织、同事的认同，也是一种职业的成功。

（4）通过创新、另辟蹊径，从而在新的领域，或以新的方法有所建树，也是个人职业成功的实现方式。

第二节　职业成功的个人因素

个人能否获得成功，除了受组织外部因素、组织内部因素等多方面的因素影响，还要受个人因素的影响。个人因素是影响职业成功与否的一个根本的决定性因素。

有学者从 20 世纪美国最成功的几百位名人的终身经验中提炼出十七条职业成功条件：积极的心态；确定的目的；多走些路；正确的思考；自我控制；集体心理；应用信心；令人愉快的个性；个人的首创精神；热情；集中注意力；协作精神；总结经验教训；创造性的见识；预算时间和金钱；保持身心健康；应用普遍规律的力量。

基于前人对已有的实践经验的高度概括和总结，想要获得职业成功，个人必须具备的决定性和基本要素或条件是信心、目标、行动。

（1）信心。要想做一个成功者，首先就要一心想成为一个成功者。一定要有"我将是成功者"的坚定意识和信念，这是成功的先决条件。

（2）目标。先确定总目标，再确定为达到总目标的步步为营的具体目标。人生的意义就在于追求一个目标。人生就是不断打破现状，追求超越。人生目标是一个人终生所追求的固定的目标，生活中的一切事情都围绕着它而存在。终极目标能激发人们的热情和活力，会给人们带来长久的幸福、安宁和富裕，它是一项人们注定会去做的事情。

（3）行动。这是获取职业成功的关键所在。如果不付诸行动，所谓信心、目标全是空谈。以下是取得职业成功的必要行动。

① 积极主动，坚持不懈，保持旺盛的激情。

② 适应形势与环境、不断有所创新。

③ 把握机遇，有助于职业成长。

④ 有超前眼光。

⑤ 善于利用时间。

职业生涯成功与家庭生活之间也有着非常密切的关系。个人与家庭发展遵循着并行发展的逻辑关系，职业生涯的每个阶段都与家庭因素息息相关，或协调或冲突。在职业生涯与家庭责任之间保持平衡，对于年轻人来说尤为重要。

要对职业生涯成功进行全面的评价，必须综合考虑个人、家庭、企业、社会等各方面的因素。有人认为职业生涯成功意味着个人才能的发挥以及为人类社会做出贡献，并认为职业生涯成功的标准可以分为"自我认为""社会承认""历史判定"。对于企业管理人员来说，按照其人际关系范围，可以将其职业生涯成功标准分为自我评价、家庭评价、组织评价和社会评价四类评价体系，具体内容如表12-1所示。

表 12-1　职业生涯成功的评价体系

评价方式	评价者	评价内容	评价标准
自我评价	本人	● 自己的才能是否得到充分施展 ● 对自己在企业发展、社会进步中所做的贡献是否满意 ● 对自己在职称、职务、工资待遇等方面的变化是否满意 ● 对处理职业生涯发展与其他人生活关系的结果是否满意	根据个人的价值观念及个人的知识水平、能力
家庭评价	父母、配偶、子女等家庭成员	● 是否能够理解和肯定 ● 是否能够给予支持和帮助	根据家庭文化
组织评价	上级、平级、下级	● 是否有下级、平级同事的赞赏 ● 是否有上级的肯定和表彰 ● 是否有职称、职务的晋升或相同责任权力范围的扩大 ● 是否有工资待遇的提高	根据企业文化及总体经营结果

续表

评价方式	评　价　者	评 价 内 容	评价标准
社会评价	社会舆论 社会组织	● 　是否有社会舆论的支持和好评 ● 　是否有社会组织的承认和奖励	根据社会文明程度、社会历史进程

第三节　个人职业生涯目标的实现策略

在确定了职业生涯目标后，要想实现自己的职业生涯目标，还必须有相应的职业生涯策略做保证。职业生涯策略是指为争取职业生涯目标的实现所采取的各种行动和措施。

（1）增加个人对组织的价值，保住现有工作，为个人职业目标的实现奠定基础。一个人只有对组织有用，才能长期留在组织中，因此如果决心在本组织内发展，首要的一步就是要保住现有工作。因此，在个人职业计划中要明确预期自己在哪里、哪个岗位或哪项工作上能为组织持续地提供增值服务。

（2）请求担当责任更大、更繁重的工作，并切实完成好工作任务。这样做一方面可以增加自己对组织的价值贡献；另一方面也可以展示和证明自己的实际能力，为实现个人职业目标、获得职业成功创造条件。

（3）预计成功实现未来目标将需要何种知识、技能，并事先设计好以何种方式去获得这些知识和技能。这是个人职业计划成功的核心内容。职业成功与否固然有机遇因素，但是起决定作用的根基还在于个人的知识和解决问题的能力。在这一过程中，个人的职业期望必须与培训开发活动相结合，通过不断调整知识结构、提高运用能力来拓展职业成功的要素。例如，为了达到工作目标，你计划采取哪些措施提高效率？在业务素质方面，你计划采取哪些措施提高业务能力？在潜力开发方面，你计划采取哪些措施？对诸如此类的问题都要有具体的计划与措施。

（4）培养、提高人际交往能力，搞好组织内工作场所的人际关系。工作场所的人际关系包括与上级的关系、与同级同事的关系以及与下属的关系。人际关系反映了员工的一种工作环境，如果处理不好，就会成为个人职业成功的障碍。人际关系的好坏不仅反映了员工人际交往能力，也反映了员工适应环境、能动地改造环境的能力，同时还能折射出员工的思想意识和个人特质（如性格）。因此，职业成功要求个人在处理人际关系时应当努力加强人际交往，建立良好的人际关系，为个人职业目标的实现寻求支持与帮助，以便促进职业目标的顺利实现。

总之，像参加公司的教育、培训与轮岗，构建人际关系网，参加业余时间的课程学习，掌握额外的技能与知识等，都是实现职业目标的具体策略，另外也包括为平衡职业目标与其他目标（如生活目标、家庭目标等）而做出的种种努力。通过上述种种努力，可以促使个人在工作中取得良好的业绩。需要注意的一点是，职业生涯策略一定要具体、明确，以便于定期检查落实。

 ## 本章小结

　　职业生涯成功就是个人职业生涯追求目标的实现。职业生涯规划标准则是规划者个人对自己职业生涯目标实现程度的认可描述，它反映了规划者本人的价值观。个人能否获得成功，除了受组织外部因素、组织内部因素等多方面的因素影响，还要受个人因素的影响。个人因素是影响职业成功与否的一个根本的决定性因素。在确定了职业生涯目标后，要想实现自己的职业生涯目标，还必须有相应的职业生涯策略做保证。职业生涯策略是指为争取职业生涯目标的实现所采取的各种行动和措施。

 ## 思考问题

　　1. 职业生涯的成功标准有哪些？
　　2. 德尔提出的企业员工职业生涯成功方向有哪些？
　　3. 职业成功的个人因素有哪些？
　　4. 职业生涯目标的实现策略有哪些？

 ## 延伸阅读

美国小伙立志从商

第十三章　个人职业生涯开发

第一节　个人职业生涯要素开发

个人职业生涯开发是指为了获得或改进个人与工作有关的知识、技能、动机、态度、行为等因素，以利于提高其工作绩效、实现其职业生涯目标的各种有目标、有计划、有系统的努力。个人职业生涯开发的内容和形式多种多样，一般应从自我要素的开发和社会资本的开发两个方面加以开展，并要注意采用有效的开发方法。

一、自我要素的开发

（一）能力的开发

能力是一个人可否进入职业的先决条件，是能否胜任职业工作的主观条件。无论从事什么职业，总要有一定能力作保证。没有任何能力，根本谈不上进入职业工作，对个人来讲，也就无所谓职业生涯而言。职业工作能力包含两大方面的能力，即体能和智能，具体化为五大能力要素：体力、心理、智力、知识、技能和人际交往，如图 13-1 所示。

个人职业能力的开发策略有以下几项。

1. 增强实力

（1）尽可能提高自己的学历。进入组织之后，千万不要停止对学历的追求，低等或较低文化水平者更是如此。学历标志着一个人的知识水平，追求学历，是扩大知识面、增加新知识，甚至是学习和掌握专业知识的过程，这是任何一项职业工作都需要的。进入组织内的员工要根据个人情况，制订可行的上学计划，一步一层楼脚踏实地地向上走。

（2）采取多种形式，不断加强专业知识和职业技能的学习。在信息时代，停止学习意味着原有专业知识和职业技能的丧失。必须积极、主动、自觉地参加各种形式的职业教育、职业技能培训。

（3）丰富工作经验。不要拒绝一切提高自己，丰富并发展自己实力的机会，特别是不要拒绝一些复杂的工作任务或被委以的重任。

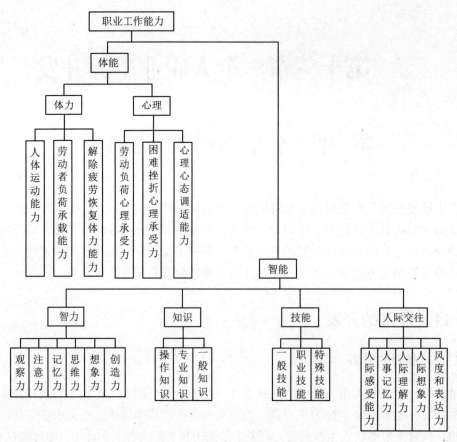

图 13-1　职业工作能力结构图

2. 获取新能力

（1）抓住关键性的事业变动转折点，获得新能力。人在职业生涯中有以下主要的转折点：中学至大学（教育程度）；大学至工作（投入的领域）；工作至精通专业（专门化过程）；精通专业至权力（高位）；权力至最高限度（停止增长）；最高限度至退休（生活形态的选择及衰退）。每一个转折点都代表个人发展的一次挑战，不可忽视或回避。抓住机遇，扩展新能力，迎接挑战，才有前途。

（2）变更职业岗位，获得新能力。人们长期或较长期位于一个职业岗位，往往会受限制。在目前的职务以外获得新能力，并非易事。变换工作岗位，会因能获取新能力而令人惊喜。

3. 适应职业需要发展个人能力，做表现杰出的突出人物

（1）必须清楚和找准现职业自己所必需的能力，并且力争表现自己非凡的能力。个人能力的开发，无论是深化原有能力，还是获得新能力，都不是盲目的，必须适应职业需要，有意识、有目的地进行能力开发。没有一种能力可以适用于各种职业，也并非所有的能力都同样有助于优异表现。

（2）根据变更了的职业所需要的能力，有针对性、有选择性地学习和发展自己的能力。每个人的职业生涯都会有事业转折点和发生职业的变更。凡至此时，获取新能力当为必要。学习或获取新能力应当根据自己所追求或者以变更的职业需要而定。在现实中，不同的职业有不同的职业能力需要，就是同一领域或系统的工作，职位不同，所需要的能力也不同。

（二）态度的开发

良好的思维方式可以让你拥有正确的处事态度，而这种态度是个人职业生涯成功的关键。态度其实是一切，它是你每天对生活所做的回应，良好的态度是一种责任的体现。每个人都会经历各种艰难，然而乐观的态度让他们重新崛起。

下面介绍几种培养正确态度的方法。

（1）选择自己的态度。你应该确定什么态度是你所希望拥有的。尽管态度决定着一个人发挥其潜能的程度，但只有将态度付诸行动以后才会实现。选择了一种特定的态度，也就建立了你自己未来的位置。因此，你必须知道自己现在的位置，明确自己有哪些思想及情感上的问题。然后，选定合适的目标改变自己的态度。

（2）做记录。可以每天将日记写在笔记本上或计算机上。每天增加你如何表现新态度的具体例子。如果在转变过程中犯了一些错误，也一样记录下来。将这些错误列出来，然后把注意力集中在如何成功转变态度上。

（三）职业资本的开发

职业资本是一个人选择职业、发展自我、运作金钱和创造财富等能力的总和，它是在与生俱来的先天基础上，通过后天的社会生活和教育改造而逐步形成的。一个人只有自身拥有雄厚的职业资本，才能获得更大的择业自由，获得更多的就业机会，获得更多的职业生涯发展与成功机会。

能力的开发、职业资本的保值增值是没有终结的人生课题。提高能力和职业资本的附加值，可以从以下几个方面做起。

（1）努力汲取知识营养。这不仅是指接受系统的学校教育，更是指在离开学校后的自我修炼。知识是知识经济社会最重要的生产要素，不掌握最新的职业知识，就无法为企业、社会和国家做出更多的贡献。没有一个老板喜欢不学习的员工。靠经验和感觉去处理问题的时代已经一去不复返，持续的学习和知识更新已成为必然。活到老，学到老，进行终身学习，已成为现代职业发展的必然要求。

（2）树立效率观念，强调功效。没有效率就谈不上竞争，提高工作效率，才能降低成本（生产成本与机会成本）。提高效率、合理规划与利用时间是职业生涯成功的重要措施。

（3）高瞻远瞩，树立国际化观念。站得高才能看得远，随着全球化与国际化步伐的加快，没有国际化的思路，没有广博的知识与先进观念，就不能称为现代人，特别是外语、计算机和涉外法律等与外商打交道的工具和知识更是必不可少。因此，职业生涯的开发与发展必须从全球化的角度进行思考，按照国际人才标准要求自己，并从全球的角度进行职业定位。

（4）脚踏实地，积极参与。职业生涯能力的培养需要从小事着手，从大处着眼，现代社会不欢迎那些"一屋不扫"而想"扫天下"的空想家。在职业生涯发展过程中要积极地参与各项开发活动，这不仅可以锻炼能力，更可以扩大和传播思想，更新观念，从而能够更好地促进个人的发展。

二、社会资本的开发

社会资本是指处于一个共同体之内的个人或组织，通过与内部、外部对象的长期交往、合作、互利形成的一系列认同关系，以及由此而积淀下来的历史传统、价值理念、信仰和行为范式。随着社会的进步与发展，影响人类发展的因素将逐渐由物资资本向人力资本转化，资本的智能化是知识经济发展的必然结果。人力资本的无限性、稳定性与普惠性使其成为现代社会经济发展中的真正资本与首要财富。社会资本作为影响个人行动能力以及生活质量的重要资源，在任何经济体制下都有着重要的作用。特别是在我国社会经济转型期，社会资本作为沟通个人和制度的中间物，能够提供个人与制度的缓冲，影响制度的开放性，造成不平等竞争。如职业知名度和职业信用度等都是非常重要的社会资本。因此，在个人的职业生涯发展中。积极开发与利用社会资本，注重个人形象传播和个人公关等社会资本，对促进个人职业生涯发展具有重要意义。

职业社会资本的开发主要从如下几个方面入手。

1. 服饰与仪表

服饰与仪表虽然是外在的东西，却能起到非常重要的作用。注重职业形象的员工往往能赢得更多的职业资本。

2. 对权力关系的把握

一般情况下，领导都喜欢通过一定的方式表达自己的权威和权力，聪明的员工和管理人员总是善于把握这点，并依此规范自身的行为，显示出对领导权威的尊重，赢得领导的好感。

3. 争取领导的注意

要想在职业生涯中获得进步，一个很重要的问题是怎样获取上司和领导的重视。在军队中，不主动要求任务，一切听从指挥是一个基本的原则。而在公司或企业中则不同，管理人员必须主动地争取任务，这样才能获得与上司、领导接触的机会。晋升迅速的员工总是争取那些相对短期而且能够很快显示绩效的工作任务，这样，他们才能够更多地被赏识和重视。

4. 人际关系的处理

要获得职业生涯的成功，就要注意利用负责任、勤于做事、注意仪表来为成功铺路，并时刻以成功为理念，避免想到失败。同时，还要注意经营人际关系，因为良好的人际关系是达到晋升目的的重要手段和途径。

5. 构建职业人际关系网的技巧

职业生涯成功在很大程度上取决于你拥有多大的权力和影响力，而与恰当的人建立稳固的人际关系对此很关键。构建职业人际关系网应注意以下几个方面的技巧。

（1）构建稳固的人际关系内部圈。良好、稳固、有力的人际关系的核心必须由 10 个左右你能靠得住的人组成。这首选的 10 人可以包括你的朋友、家庭成员和那些在你职业生涯中与你联系紧密的人，他们构成你的影响力内圈。你应该同至少 15 人左右，可以作为你 10 人强力关系圈后备力量的人保持联系。

（2）为人要慷慨大方。

（3）掌握人际关系的维护技巧。为你的关系网和组织提供信息，时刻关注对网络成员有用的信息，应定期将你收到的信息与他们分享，这是很关键的。

第二节　个人职业生涯发展文件管理法

PPDF（personal performance development file）是个人职业发展档案，它是一种极为有效的职业生涯匹配人力资源开发的方法。

1. PPDF 的主要目的

PPDF 是对员工工作经历的一种连续性参考。它的设计使员工和他的主管领导对该员工所取得的成就以及员工将来想做些什么有一个系统的了解。它既指出员工现在的目标，也指出员工将来的目标及可能达到的目标。它标示出你如果要达到这些目标，在某一阶段你应具有什么样的能力、技术及其他条件等。同时，它还帮助你在实施行动时进行认真思考，看你是否非常明确这些目标，以及你应具备的能力和条件。

2. PPDF 的使用方法

PPDF 是两本完整的手册。当你希望达到某一个目标时，它为你提供了一个非常灵活的档案。将 PPDF 的所有项目都填好后，交给你的直接领导一本，员工自己留下一本。领导会找你，你要告诉他你想什么时间内以什么方式达到你的目标。他会同你一起研究，分析其中的每一项，给你指出哪一个目标你设计得太远，应该再近一点儿；哪一个目标设计得太近，可以将它往远处推一推。他也可能告诉你，在什么时候应该与某些培训机构联系，他也可能会亲自为你设计一个更适合你的方案。总之，你将单独地和你相信的领导一同探讨你该如何发展、奋斗。

3. PPDF 的主要内容

PPDF 的主要内容包括个人情况、现在的行为、未来的发展，具体内容如表 13-1 所示。

表 13-1　PPDF 的主要内容

1. 个人情况	A 个人简历	包括个人的生日、出生地、部门、职务、现住址等
	B 文化教育	初中以上的校名、地点、入学时间、主修专题、课题等，所修课程是否拿到学历，在学校负责过何种社会活动等
	C 学历情况	填入所有的学历、取得的时间、考试时间、课题以及分数等
	D 曾接受过的培训	曾受过何种与工作有关的培训。如在校学习或在职培训的课题、形式、开始时间等
	E 工作经历	按顺序填写你以前工作过的单位名称、工种、工作地点等
	F 有成果的工作经历	写上你认为以前有成绩的工作，不要写现在的
	G 以前的行为管理论述	写你对工作进行的评价，以及关于行为管理的事情
	H 评估小结	对档案里所列的情况进行自我评估
2. 现在的行为	A 现时工作情况	应填写你现在的工作岗位、岗位职责等
	B 现时行为管理文档	写上你现在的行为管理文档记录，你可以在这里加一些注释
	C 现时目标、行为、计划	设计一个目标，同时写出和此目标有关的专业、经历等。这个目标是有时限的，要考虑成本、时间、质量和数量的记录。如果有什么问题，可以立刻同你的上司探讨解决
3. 未来的发展	A 职业目标	在今后的 3～5 年，在单位里做到什么位置
	B 所需要的能力、知识	为了达到你的目标，你认为应该拥有哪些新的技术、技巧、能力和经验等
	C 发展行动计划	为了获得这些能力、知识等，你准备采用哪些方法和实际行动，其中哪一种是最好的、最有效的，谁对执行这些行为负责，什么时间能完成
	D 发展行动日志	此处填写发展行动计划的具体活动安排、所选用的培训方法，如听课、自学、所需日期、开始的时间、取得的成果等

 ## 本章小结

个人职业生涯开发是指为了获得或改进个人与工作有关的知识、技能、动机、态度、行为等因素，以利于提高其工作绩效、实现其职业生涯目标的各种有目标、有计划、有系统的努力。个人职业生涯开发的内容和形式多种多样，一般应从自我要素的开发和社会资本的开发两个方面加以开展。

PPDF（personal performance development file）是个人职业发展档案，它是一种极为有效的职业生涯匹配人力资源开发的方法。PPDF 的主要内容包括个人情况、现在的行为、未来的发展。

 **思考问题**

1. 自我要素的开发与社会资本的开发包括哪些内容？
2. 个人能力的开发策略有哪些？
3. 职业生涯发展文件（PPDF）包括哪些内容？请制定个人的 PPDF。

 延伸阅读

成功并不像你想象的那么难

──────── 本 篇 案 例 分 析 ────────

案例分析一　杨澜创业故事：人生需要规划

讨论题

1．你认为杨澜在其职业生涯发展中有哪些关键点？她是如何把握这些机遇的？（提示：个人职业生涯机会评估）

2．从对自我认识和环境认识的角度评价杨澜的职业生涯管理策略。（提示：职业目标选择、职业生涯策略）

案例分析二　邹其芳——设计人生

讨论题

1．你认为邹其芳在其职业生涯发展中有哪些关键点？他是如何把握这些机遇的？（提示：个人职业生涯机会评估）

2．为什么认为他进入投资银行是其职业选择中犯的一个错误？你如何评价他的这一选择？（提示：职业生涯路线的选择与调整）

3．从对自我认识和环境认识的角度评价邹其芳的职业生涯管理策略。（提示：职业目标选择、职业生涯策略、职业生涯规划的反馈与修正）

第四篇
组织职业生涯规划管理

【关键词】

员工分析；职业生涯通道；工作轮换

【学习目标】

➤ 了解组织职业生涯规划管理的内涵和基本内容
➤ 熟悉组织职业生涯规划管理的实施步骤和方法
➤ 掌握职业生涯发展通道的几种模式和发展变化趋势
➤ 掌握组织职业生涯开发的渠道与方法

【开篇案例】

草原兴发集团帮员工谋划职业生涯[①]

　　1998年毕业到内蒙古草原兴发集团工作的小夏赶上了好时候。这一年，兴发集团在创业十周年之际推出一项全新的系统工程——面向每位员工的职业生涯规划。之后两年时间，小夏愉快地在集团内部"跳槽"三次。

　　学财会的他先是"专业对口"分到集团驻大连分公司做财务工作。半年后，小夏提出去家乡的武汉分公司，一边做财务，一边兼做武汉市场营销调查，这个想法很快被批准。半年后的年终总结，大家公认小夏素质比较全面，业绩优良，但欠缺沟通技巧。为

---

① 资料来源：https://www.pincai.com/article/160782.html.

了弥补缺憾，小夏提出下车间学管理，结果又被批准了。

在草原兴发集团，人们对职业生涯发展有"四个阶段"的共识：起步期、成长期、成熟期和衰老期。在承认自然规律的前提下，职业生涯规划的最高目标是：缩短起步期，使人才快速成长；延长成熟期，防止过早衰老。

草原兴发集团人事部部长徐国庆对记者说，集团将起步期的规划视为核心。在起步期，年轻人最大的困惑是不容易找准自己的位置，在彷徨和徘徊中白费时间，对个人、企业都是极大的浪费。

打破企业内部人才流动壁垒的"内部跳槽"制度为"职业生涯规划"破了题。集团规定：起步期的年轻员工通过一段时间直接感受后，对现有工作环境不满意，或觉得现有岗位不能充分发挥其个人才能，可以不经过主管领导直接向集团分管人事工作的最高权力机构人事部提出相关要求，人事部负责在一个月内给予满意的答复。

为了引导青年用好这一全新的政策，在为期三个月的入厂教育中，集团首先安排5～7天的职业生涯规划，邀请中国人民大学等院校的专家讲人生规划的重要性和规划的要点，包括职业生涯道路选择、个人成才与组织发展的关系、系统学习与终身学习的必要性及如何根据自己的特长和兴趣规划自己的人生等，使员工一进企业就产生强烈的意识：把准方向，找准位置，尽快知道"我该在哪里""我该怎样往前走"。

下基层锻炼、自我认识、他人评价、考核……集团安排的一系列活动为"内部跳槽"孕育前提：迅速完成从学生到员工的过渡，结合自身特长和公司需求，有一个较明确的自我评价和别人评价。

像小夏一样，许多年轻人在目的明确的"跳槽"中尝试和寻找自己的位置。

集团总经理助理、北京分公司经理闫鸿志原在财务部工作，但他善于交际，希望发挥自己的特长，到市场上闯一番。经过协调，人事部在财务人员十分紧张的情况下，批准他到呼和浩特分公司担任业务员。得到公司的尊重，有了施展才华的机会，他努力工作，在市场开拓中屡立战功。1997年，公司委任他担任北京市场开发总指挥的重任。

集团宣传部的小赵，生来性格内向，难以改变，便从销售公司调到宣传部从事文案工作。这正是学中文的他所擅长的。在小赵和同事们的共同努力下，宣传部连续被集团评为先进集体。

员工们准确的个人定位使集团的系统培训更加有的放矢。负责宏观决策的"头脑型"人才、负责执行决策的"手臂型"人才、负责实际操作的"手指型"人才分别进入合适的岗位，接受相关的培训。

员工们对培训的态度也大为改变。过去送出去培训，有人不感兴趣偷偷往回溜；把专家请进来讲课，好不容易召集起来，可专心听讲的少。现在模糊的目的变成了清晰的追求，变成了"我要学"，积极参加培训成了风尚。

草原兴发集团人事部部长徐国庆对记者说，这一切变化都基于一个理念：每一个"草原兴发人"都是一笔宝贵资源，我们有责任和义务打破长期以来的计划经济程序，把资源配置好，使之发挥最大效益。

第十四章　组织职业生涯规划管理的内容

第一节　组织职业生涯规划管理的内涵

职业生涯规划（career planning）又叫作职业生涯设计，是指个人与环境相结合，在对一个人职业生涯的主、客观条件进行测定、分析、总结的基础上，对自己的兴趣、爱好、能力、特点进行综合分析与权衡，结合时代特点，根据自己的职业倾向，确定其最佳的职业奋斗目标，并为实现这一目标做出行之有效的安排，对职业生涯乃至人生进行持续的系统计划的过程。

组织职业生涯规划的目的是帮助员工真正了解自己，在进一步详细衡量内在与外在环境的优势、限制的基础上，为员工设计出合理可行的职业生涯发展目标，在协助员工达到和实现个人目标的同时实现组织目标。组织职业生涯规划为员工的职业生涯成功提供了基本的载体和科学的指导。它为员工实现其职业目标明确了职业道路，它能充分调动员工潜能，使员工对组织的贡献达到最大化，从而也有利于组织目标或管理活动的实现。组织职业生涯规划对员工的职业生涯发展具有重要的作用。

从组织的角度来看，组织应当对员工的职业生涯规划有一个长远而系统的考虑。成功的职业生涯规划在招聘、吸引优秀员工的过程中是必不可少的，因此组织应当帮助新员工制订职业生涯规划，使新员工树立起追求的目标，知道实现的途径和过程，这样不仅能够增强组织对员工的吸引力，而且有助于维持他们的工作热情。从更广泛的意义上来说，组织进行职业生涯规划能够提高员工的工作质量，促使其形成积极向上的工作态度，并能提高其对组织的忠诚度。

（1）组织职业生涯规划可以使员工获得适宜性发展。用人之长是人力资源管理的基本原理，因此组织如果能够根据员工的特点和专长对其进行配置和开发，就可以激发员工的工作热情，挖掘员工的工作潜力，做到"人尽其才，才尽其用"，从而也就能够更好地促进员工的发展。

（2）组织职业生涯规划可以使员工掌握适宜成长的方法，获得公平持续的发展。组织职业生涯规划考虑了不同员工的特点和需要，并据此为其设计不同的职业发展途径，以使员工扬长避短。让不同学历、不同性别、不同年龄的员工按照不同的方向和途径发展，不仅可以使其获得更为平等的就业和发展机会，而且也有利于全体员工技能水平、创造性、主动性的发挥，从而可以使员工在追求更高层次的自我价值实现的同时获得持续稳定的发展。

（3）确定培训和开发需求的方法。如果员工渴望实现某种职业道路，但目前还不具备相应的资格，这时可以发现一个培训和开发的需求。当然，所有这些目标都应是经过努力可以实现的，同时这种开发努力也应是组织可以承受的。

（4）组织职业生涯规划有利于实现雇员发展与组织发展的统一。人力资源部门通过提供必要的信息，创造成才的机会，给予员工必要的帮助与指导，促使员工个人成才；而这反过来也能满足组织对人才的需要，从而也就实现了员工的职业生涯目标与组织发展目标的统一，达到了双赢局面。

（5）组织职业生涯规划是组织吸引和留住人才的重要措施。所谓组织职业生涯规划与管理，就是通过适当的职业管理工作发挥每个人的才能和专长，实现每个人的人生目标并使其担任一定的社会角色，提高个人的待遇和对未来职业发展的预期，从而淡化由于待遇偏低而产生的负面作用——当一个人对工作极感兴趣、能充分发挥自己的才能或担任一定的职务时，其成就感和身份地位就会提高，待遇问题也就不会成为其考虑的主要问题了，有利于增强员工的忠诚度和主动性，降低员工流动水平。那些认为组织对他们未来的职业发展感兴趣的员工更有可能留在组织里，而这也正是组织职业生涯规划与管理能够吸引人才、留住人才的关键所在。

从组织角度而言，组织职业生涯规划就是组织根据自身的发展目标，结合员工的发展需求，制定组织职业需求战略、职业变动规划与职业通道，并采取必要的措施对其加以实施，以实现组织目标与员工就业发展目标相统一的过程。

第二节　组织职业生涯规划管理的功能

组织职业生涯规划管理旨在将组织目标与个人目标联系起来，因此组织对员工实施职业生涯管理本身就应该是一个双赢的过程。综合来看，其作用主要可以从组织和员工两个角度考虑。

一、组织职业生涯规划管理对组织的作用表现

（1）使员工与组织同步发展，以适应组织发展和变革的需要。组织职业生涯规划管理可以帮助组织了解组织内部员工的现状、需求、能力及目标，调和他们同时存在于企业现实和未来的职业机会与挑战间的矛盾。任何成功的企业，其成功的根本原因是拥有高质量的人才。而这些人才除了依靠外部招聘，更主要的是要依靠组织内部培养。在当今竞争加剧、环境不断变化的大背景下，实施组织职业生涯规划管理可以有效地实现员工和组织的共同发展，不断更新员工的知识、技能，提高人才的创造力，是确保企业在

激烈的竞争中立于不败之地的关键所在。

（2）优化组织人力资源配置结构，提高组织人力资源配置效率。合理的组织结构、组织目标和激励机制都有利于人力资源的开发利用，同薪资、奖金、待遇、地位和荣誉的单纯激励相比，切实针对员工深层次职业需要的组织职业生涯规划管理具有更有效的激励作用，同时能进一步开发人力资源的职业价值。经过组织职业生涯规划管理，一旦组织中出现了空缺，可以很容易在组织内部寻求到替代者，既减少了填补职位空缺的时间，又为员工提供了更加适合他们发展的舞台，解决了"人事合理配置"这一传统人力资源管理问题。

（3）提高员工满意度，降低员工流动率。组织职业生涯规划管理的目的就是帮助员工提高在各个需求层次的满足程度，尤其是马斯洛的需求层次理论中提到的社交、尊重和自我实现等高层次的需求，它通过各种测评技术真正了解员工在个人发展上想要什么和应该得到什么，协调并制定规划，帮助其实现职业生涯目标。这样可以有效提高员工对组织的认同度和归属感，降低员工流动率，进而形成企业发展的强大推动力，更高效地实现企业组织目标。尽管员工可以流动，但通过开展组织职业生涯规划管理工作，可以使全体人员的技能水平、创造性、主动性和积极性保持稳定，甚至提升，这对于促进组织的持续发展具有至关重要的作用。

二、组织职业生涯规划管理对个人的作用表现

（1）让员工清晰地认识自己，为他们发挥自己的潜力奠定基础。每个人都有自己的目标，以此来指导自己的行为，但是人们尤其是年轻人在规划自己的发展目标时，往往过高估计自己，而且由于从众心理的影响，人们经常会不顾自身的特点及环境提供的条件，盲目追随社会热门的职业。事实上，个人目标应该是建立在对自己的客观评价和认识的基础之上的。有很多人在目标实现过程中并非不努力，而是由于缺乏对自身和环境的正确认知，导致对工作的期望过高。通过组织职业生涯规划管理，组织可以帮助员工了解自己的特点及所在组织的目标、要求，为自己制定切实可行的发展目标，并不断从工作中获得成就感。个人通过规划职业生涯的过程会更认真地审视自己的兴趣爱好，把握职业倾向和职业定位，分析个人现有和潜在的优劣势，扬长避短，充分发挥自身现有的价值并使其持续增值。

（2）提高员工的专业技能和综合能力，从而增加他们的自身竞争力。组织对员工进行职业生涯指导并提高他们进行职业生涯自我管理的能力，可以增强其对工作环境的把握能力和对工作困难的控制能力，使他们了解自身的长处与短处，帮助他们养成对环境和工作目标进行分析的习惯，同时又可以使员工合理计划、分配时间和精力，提高他们的外部竞争力。

（3）能满足个人的社交需求、尊重需求和自我实现需求，进而提高生活质量，增强个人的满意度。员工寻求职业的最初目的可能仅仅是找一份可以养家糊口的差事，随着

时代的发展，进而追求的可能是财富、地位和名望。制订职业生涯规划并对职业生涯规划进行管理，不断修正职业目标和前进的方向，最终通过对职业目标的多次提炼逐步使个人的工作目的超越财富和地位，追求更高层次自我价值实现的成就感和满足感。组织职业生涯规划管理可以通过对职业目标的多次提炼使工作目的超越财富和地位，让人们都享受到追求更高层次自我价值实现所带来的成功。

（4）有利于员工过好职业生活，协调好职业生活与家庭生活的关系。良好的组织职业生涯规划管理可以帮助个人从更高的角度看待工作中的各种问题和选择，将各分离的事件结合起来，服务于职业目标，使职业生活更加充实和富有成效。同时，组织职业生涯规划管理能帮助个人综合地考虑职业生活同个人追求、家庭目标等其他生活目标的平衡，避免顾此失彼、左右为难。

第三节　组织职业生涯规划管理的内容

为了有效地进行职业生涯发展与管理，组织的职业生涯规划必须同时满足组织、员工的需要。那么，如何将员工对自己职业发展的要求与组织的发展紧密地结合起来呢？这就需要对职业生涯进行分析，并依据职业生涯发展的规律性发挥组织的职业管理作用。

组织在进行职业生涯规划管理时主要涉及以下几个方面的内容。

（1）沿着各条不同的职业道路转移或流动的人数、具体的工种和工作职位。

（2）发生职业流动或转移的原因。

（3）员工转移或流动预计发生的时间。

（4）安置去向。

（5）具体实施方案与相关的政策与措施。

职业生涯是一个逐渐展开的过程，它能够促使员工学习新的知识、掌握新的技能、养成良好的工作态度和工作行为。而以往组织对员工的发展往往都忽略了这个根本原则，具体表现在：组织对员工的发展不是采取连续的和战略性的方法，而是采取了零星的、互不关联的、不连续的方法对待员工的发展，致使员工对职业发展的需要与组织的发展战略不能紧密地结合起来。因此，对员工的职业生涯规划一定要有一个长远而系统的考虑。如果一个员工在进入组织以后就能有人帮助他制订自己的职业生涯规划，使其能树立起追求的目标，并知道实现的途径和过程，就能够增强组织对员工的吸引力。因此，组织制订切合实际的职业生涯发展计划，可以说是人力资源管理必须面对的重要挑战之一。而既然员工的职业生涯发展与组织的生存发展息息相关，那么为员工制订职业生涯发展计划也就显得尤为重要。

本章小结

从组织的角度来看，组织应当对员工的职业生涯规划有一个长远而系统的考虑。成功的职业生涯规划在招聘、吸引优秀员工的过程中是必不可少的，因此组织应当帮助新员工制订职业生涯规划，使新员工树立起追求的目标，知道实现的途径和过程，这样不仅能够增强组织对员工的吸引力，而且有助于维持他们的工作热情。

从组织角度而言，组织职业生涯规划就是组织根据自身的发展目标，结合员工的发展需求，制定组织职业需求战略、职业变动规划与职业通道，并采取必要的措施对其加以实施，以实现组织目标与员工就业发展目标相统一的过程。为了有效地进行职业生涯发展与管理，组织的职业生涯规划必须同时满足组织、员工的需要。组织制订出切合实际的职业生涯发展规划，可以说是人力资源管理必须面对的重要挑战之一。

思考问题

1．组织职业生涯规划管理对组织和员工分别有什么作用？
2．组织在进行职业生涯规划管理时主要涉及哪些方面？

延伸阅读

大众汽车集团中国：以人才战略实现企业与员工的可持续成长

第十五章　组织职业生涯规划管理的实施步骤与方法

尽管由于员工个体的差异而使得员工个体的职业生涯规划内容各不相同，但组织在为员工制定职业生涯规划时需要考虑的因素却是基本相同的。它们一般包括如下内容。

（1）员工个人的情况（包括健康状况、社会阶层、教育水平、性别、年龄、负担状况、价值观以及所在的地区等因素）以及个人对自身能力、兴趣、职业生涯需要及追求目标的评估等。

（2）组织对员工能力、兴趣和潜力的评估。

（3）组织与员工在职业生涯选择、规划与机会方面的沟通。

在综合考虑上述因素的基础上，组织职业生涯规划管理一般都要经过以下四个步骤来完成。

第一节　对员工进行分析与定位

组织应当帮助员工进行比较准确的自我评价，同时必须对员工所处的相关环境进行深层次的分析，并应根据员工自身的特点设计相应的职业发展方向和目标。这一阶段的主要任务是开展员工个人评估、组织对员工进行评估和环境分析三项工作。

一、员工个人评估

职业生涯规划的过程是从员工对自己的能力、兴趣、职业生涯需要及其目标的评估开始的。员工个人评估是指全面、深入、客观地分析和了解自己。即认清自己为人处世所遵循的价值观念，明确自己为人处世的基本原则和追求的价值目标，熟悉自己掌握的知识与技能，剖析自己的人格特征、兴趣、性格等多方面的个人情况，以便了解自己的优势和劣势，对自己形成一个客观、全面的认识和定位。员工个人评估的重点是分析自身条件，特别是自己的性格、兴趣、特长与需求等。性格是职业选择的前提，不同的工作往往要求不同性格的人适应，否则，职业生涯也就难以成功。兴趣是工作的动力，也是最好的导师，如果一个人的工作与自己的兴趣相符，那么工作起来就是一种享受和乐趣。但要指出的是，兴趣并不等于特长。例如，一个人特别喜欢唱歌，如果这个人五音不全，那么即便兴趣再大，也成不了歌星。特长主要用来分析自己的能力与潜力。需求主要用来分析自己的职业价值观，弄清自己究竟要从职业中获得什么。因此，个人评估是职业生涯规划的基础，它直接关系员工的职业成功与否。人力资源管理专业人员在员工的自我评估这一环节主要为员工提供指导，如提供问卷、量表等，以使员工能够更容易地对自己进行评价。如美国通用汽车公司以及通用电气公司等，都是根据公司的情况为员工制定专门的个人评估手册，如表 15-1 所示。

表 15-1　通用电气公司的员工自我评估问卷

1. 从下面的个人需要列项中，选择三项在你的下一项工作中对你来说是最重要的，并将其圈起来；再选择三项在你的下一项工作中对你来说是次重要的，并在其下面画线

自由	权力	有兴趣的工作	金钱	独立	安全	专业地位	挑战
无烦恼	朋友	声望	文化氛围		地理位置		消遣
透明度	气候	教育设施	当领导		专家	与家人在一起的时间	

2. 请加上你认为应有但在上面所列个人需要中没有列举的项目

3. 你目前的工作安排为满足你下一步最需要的东西提供了可能性吗？如果是，请回答细节；如果不是，请指出哪种安排提供了这种可能性

4. 你觉得你的下一个工作安排能满足你自己的需要吗

5. 确定你下一个工作安排中最需要的东西并对其加以描述

6. 描述你能从事的以及为了实现你的目标愿意从事的主要活动，但是不要使用工作名称或工作职业来描述你愿意从事的工作。描述为获得你需要的东西将要进行的工作，至少列出 4 项活动

7. 为了在下一步工作中增进你的潜力，你是否需要开发一些新技能？如果是，你需要开发哪种技能

8. 总结你个人的需要和为满足这些需要，你能做的或你将要做的工作

二、组织对员工进行评估

组织对员工进行评估是为了确定员工的职业生涯目标是否现实。组织可以通过以下几种渠道对员工的能力和潜力进行评估。

（1）利用招聘筛选时获得的信息进行评估，包括能力测试、兴趣爱好、受教育情况以及工作经历等。

（2）利用当前的工作情况，包括绩效评估结果、晋升记录或晋升提名、提薪以及参

加各种培训的情况等。

（3）利用员工个人评估的结果。为了评估员工的潜力，许多有名的国际公司都设立或使用评估中心直接测评员工将来从事某种职业的能力。评估中心的评估可以帮助组织确定员工可能的发展道路，同时也可以帮助员工知道自己的优势与劣势，以便于员工更加现实地设定自己的职业发展目标。

三、环境分析

环境分析主要是通过对组织环境、社会环境、经济环境等问题的分析与探讨，弄清环境对职业发展的作用、影响及要求，以便更好地进行职业选择与职业目标规划。环境为每个人提供了活动的空间、发展的条件和成功的机遇，充分了解外部环境的特点和环境的变化情况、个人与环境的关系以及个人在环境中的地位，分析环境对职业发展的要求、影响及作用，衡量环境对个人提出的要求及环境中对自己有利与不利的因素，评估环境因素对自己职业生涯发展的影响并做出反应，以便更好地进行职业选择和职业生涯规划。

人是社会的人，任何一个人都不可能离群索居，而是必须生活在一定的环境中，特别是要生活在一个特定的组织环境中。而环境也为每个人都提供了活动的空间、发展的条件、成功的机遇。尤其是在我国，近几年，社会的快速变迁、科技的高速发展及市场的竞争加剧等对员工的个人发展产生了巨大的影响。在这种情况下，如果员工能够很好地了解和利用外部的环境，就会有助于其事业取得成功；否则就会处处碰壁，事倍功半，难以成功，有时甚至还会寸步难行。

第二节　帮助员工确定职业生涯目标

目标设定是在自我剖析与定位的基础上，设立明确的职业目标。由于职业生涯跨越个人的青年、中年乃至老年，并且人在各时期的体能、精力、技能、经验、为人处世的特点有明显差别，所以有针对性地制定阶段性的目标更为切实可行。帮助员工确定职业生涯目标，主要包括职业选择和职业生涯路线选择两个方面的内容。

职业选择是事业发展的起点，选择正确与否直接关系事业的成败。据统计，在选错职业的人中，有76%的人在事业上是失败者。因此，组织应当开展必要的职业指导活动，通过对员工的分析与对组织岗位的分析，为员工选择适合的职业岗位。

职业生涯路线是指一个人选定职业后从什么方向实现自己的职业目标，例如，是向专业技术方向发展，还是向行政管理方向发展？发展方向不同，对个人的要求也就不同，因此职业生涯路线选择也是人生发展的重要环节之一。职业生涯路线选择的重点是组织通过对职业生涯路线选择要素进行分析，帮助员工确定职业生涯路线并画出职业生涯路线图。值得注意的是，组织帮助员工设立的职业生涯目标可以是多层次、多阶段的，这样既可以使员工保持开放灵活的心境，又可以保持员工的相对稳定性，提高其工作效率。

组织内部的职业信息系统是为员工制定职业生涯目标时的重要参考。在员工确立实际的职业目标之前，他们往往还需要知道有关职业选择及其机会方面的情况，包括可能的职业方向、职业发展道路以及具体的工作空缺。

组织应当根据自身既定的经营方针和发展战略，预测并做出对未来可能存在的职位以及这些职位所需技能类型的规划，并应对每一职位进行彻底的工作分析，公布其结果，如某项工作的最低任职资格、具体职责、工作规范等。员工可以根据它们来确定自己的职业目标或职业规划。同时，组织还要鼓励员工去思考不同职位的成功者所经历的职业发展道路，为员工勾画出不同的职业发展道路与前景。

组织可以通过多种方式向员工传递有关职业发展方面的信息，如文字的或口头的。许多制订职业生涯发展规划比较正规的组织通常都是使用组织内部职位海报、工作手册、招聘材料等向员工提供有关职业选择与职业发展机会的信息。

第三节　帮助员工制定职业生涯策略

职业生涯策略是指为了争取实现职业目标而积极采取的各种行动和措施。如参加组织举办的各种人力资源开发与培训活动、构建人际关系网、参加业余时间的课程学习、掌握额外的技能与知识等都是职业目标实现的具体策略，另外也包括为平衡职业目标与其他目标（如生活目标、家庭目标等）而做出的种种努力。通过这些努力，有助于个人在工作中取得良好的业绩表现，具体如图 15-1 所示。

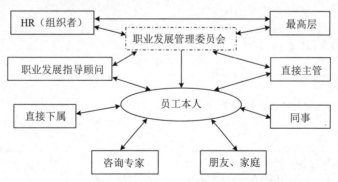

图 15-1　多方帮助员工实施职业生涯策略

在积极实施员工职业生涯规划的同时，根据员工的不同情况采取不同的职业生涯策略，对组织和员工的发展同样具有十分重要的意义。一般来说，在人生的不同年龄阶段，员工的志趣、价值取向等都会有所转变。因此，组织也就应当对不同年龄段的员工采用不同的职业管理方法。

年轻人喜欢不断地自我摸索，寻找适合自己发展的职业道路。因此向新加入组织的年轻人提供富有挑战性的工作，将对他们形成良好的工作态度产生深远的影响，能够发现员工的才能，帮助他们建立长期贡献区，并能使他们在今后的职业生涯中保持旺盛的工作热情和竞争能力。

人到中年之后往往对家庭、工作保障及社会地位考虑得更多，他们非常渴望能够获得以职务升迁为标志的职业成就。为了弥补职位空缺，组织可以安排他们对年轻员工进行传、帮、带，使他们认识到自己的重要性，面对这一复杂的人生阶段，组织要通过各种方式方法帮助雇员解决诸多实际问题，将危机变为成长机会，顺利度过中期职业阶段的危险期。同时，针对不同人的不同情况，分类指导，为其指示和开通职业生涯发展的通道。对于那些已有一定地位但不可能再继续晋升的员工，可以通过工作轮换来提高他们的工作兴趣；对于即将退休的员工，组织的任务依然是很重的，组织可以为他们创造一些机会或提供一些条件来培养他们对有益身心健康娱乐活动的兴趣，以便营造一个充满人情味的组织氛围，从而使企业获得员工的"忠诚"；组织还可以帮助雇员做好退休的心理准备和退休后的生活安排。此外，还要适时做好人员更替计划和人事调整计划。

组织在帮助员工制定职业生涯策略时，常用的指导表格如表15-2所示。

表15-2　组织职业策划安排指导表

1. 请圈出你对现职业的满意程度：很低　较低　中等　较高　很高
2. 你想在工作中通过_____取得进一步的提高。（可选择多项） A. 在现任工作岗位上争取进一步的业绩和成果 B. 努力达到胜任比现任工作岗位更高一级工作的资格和能力 C. 努力达到胜任组织内另一部门其他类型工作的资格和能力 D. 争取能够胜任高于现任工作的若干职务
3. 你认为自己最适合于做_____工作。（可选择多项） A. 监督管理工作 B. 生产操作管理 C. 技术与产品开发工作 D. 其他_____（请写明）
4. 职业生涯目标 对你而言，一个切实可行的工作目标是：
5. 限制条件（任职资格、条件） 立足于现有的工作，评价自身的限制条件和要达到工作目标需要：

6. 你的全面平衡发展规划

（1）你的优势在于：

（2）你喜欢做的工作类型，如：

（3）你的局限因素在于：

（4）你不喜欢做的工作类型：

（5）职业生涯发展：

如果你想在现有工作或其他工作方面取得发展，你需要：

① 在_____方面吸取更多的工作知识。

② 你想从事_____工作。

③ 对_____持有更为完善的态度和视野

7. 实现工作目标的行动计划

为了实现职业目标，你将会如何提高自己的知识水平、工作技能水平和个人能力？

（1）某专业的正规学习（列出是大学、研究生课程、公司培训计划，还是其他函授课程）

（2）正规学习（列出校外或业余时间的学习计划和方案）

（3）能力培养方案（列出提高自己沟通与管理能力的开发计划和方案）

第四节　职业生涯规划的反馈与修正

　　由于种种原因，最初组织为员工制定的职业生涯目标往往都是比较抽象的，有时甚至是错误的。因此在经过一段时间的工作以后，组织还应当有意识地回顾员工的工作表现，检验员工的职业定位与职业方向是否合适。反馈与修正是指在实现职业生涯目标的过程中，根据实际情况自觉地总结经验和教训，修正对自我的认知和对最终职业目标的界定。研究表明，许多人都是在经过了一段时间的尝试和寻找之后，才了解自己到底适合从事什么领域的工作，这段时间在缺乏反馈和修正的情况下可能长达十几年。即使在自我定位和目标设定正确时，反馈和修正同样可以纠正分阶段目标中出现的偏差，可以极大地增强实现目标的信心。通过反馈与修正，可以纠正最终职业目标与分阶段职业目标的偏差。同时，通过反馈与修正还可以增大员工实现职业目标的可能。

　　通过对职业生涯规划进行评估与修正，架设组织发展战略及员工职业目标之间的桥梁是实现组织规划目标的重要手段。组织在了解了员工的自我评价与职业目标之类的信息后，就可以据此并结合组织的发展战略来全盘规划与调整其人力资源。当组织未来的人力资源需求与某些员工的职业目标和个人条件大体一致时，组织就可以事先安排这些员工接触这些工作并使之熟悉起来；当然，也可以根据未来职位的要求有的放矢地安排有关员工进行相关的培训，以使其做好承担此项工作的任职准备。有些员工对本职工作并不喜欢，而对组织的另一些工作很感兴趣，如果这些工作的要求与这些员工的条件相匹配，并且又有空缺，组织也可以安排他们转岗，但是组织应当恪守"公平、公开、公正"的原则，以便让组织获得最佳人选，让员工获得最佳发展。

通过以上四个步骤，组织就可以帮助员工个人完成组织职业生涯规划表，具体格式如表 15-3 所示。

表 15-3　组织职业生涯规划表

姓　　名		性　　别		年　　龄		政治面貌	
现工作部门			现任职务			到期年限	
个人因素分析结果							
环境因素分析结果							
职业选择							
职业生涯路线选择							
职业生涯目标	长期目标			完成时间			
	中期目标			完成时间			
	短期目标			完成时间			
完成短期目标的计划与措施							
完成中期目标的计划与措施							
完成长期目标的计划与措施							
所在部门主管审核意见							
人力资源开发部门审核意见							

填表说明：

（1）个人因素分析包括自己的性格、兴趣、能力、气质等方面。其中重点是要分析自己的性格、兴趣与能力，并从中找出三者的结合点。

（2）环境因素分析包括组织环境分析、社会环境分析、经济环境分析，应当从中分析出哪些是有利因素、哪些是不利因素、哪些因素将阻碍你的职业生涯发展、哪些因素将为你的发展提供机遇。

（3）职业选择又分两种情况：一种是初次选择职业，此时可以根据个人因素和环境因素的分析结果，选择自己的职业；另一种情况是在职人员，应当根据个人因素和环境因素的分析结果，对自己所从事的职业进行一次核查，如有必要，可以重新选择。

（4）职业生涯路线选择是指走行政管理路线，还是走业务路线，或是走经营路线，或是先走业务路线，等到实现某一业务发展目标后再走行政路线，或再转入经营路线等。

（5）职业生涯目标包括短期目标、中期目标和长期目标。目标要具体明确，并要写出各目标的完成时间。

（6）完成短期目标计划与措施，应写近三年的具体实施措施。

（7）完成中期目标计划与措施，主要是应列出第四年到第五年的行动与计划。

（8）完成长期目标计划与措施，主要是列出职业生涯规划的第六年到第十年的行动与计划。

（9）部门主管填写意见时应对员工个人填写项目进行分析与核实；人力资源开发部门审核意见的重点应是员工所选择职业生涯路线和所设定目标的可行性。

本章小结

　　组织应当帮助员工进行比较准确的自我评价，同时还必须对员工所处的相关环境进行深层次的分析，并应根据员工自身的特点设计相应的职业发展方向和目标。组织帮助员工确定职业生涯目标，主要包括职业选择和职业生涯路线选择两个方面的内容。组织应对不同年龄段的员工采用不同的职业管理方法，另外还需要对员工的职业生涯规划进行评估与修正，架设组织发展战略及员工职业目标之间的桥梁，实现组织规划目标。

 **思考问题**

1．请阐述组织职业生涯规划的具体实施步骤与方法。
2．组织可以通过哪些方式实现对员工职业生涯的评估？

 延伸阅读

美国通用电气公司人才开发和管理战略及启示

第十六章　组织职业生涯发展通道管理

第一节　职业生涯发展通道的内涵

职业通道是指组织为内部员工设计的自我认知、成长和晋升的管理方案。职业通道设计指明了组织内员工可能的发展方向及发展机会。组织内每一个员工都可能沿着本组织的发展通道变换工作岗位。具体来说，职业通道是个体在一个组织中所经历的一系列结构化的职位。职业通道的设计是为了在帮助员工了解自我的同时，使组织掌握员工职业需要，以便排除障碍，帮助员工满足需要。另外，职业通道通过帮助员工胜任工作，确立组织内晋升的不同条件和程序，对员工职业发展施加影响，使员工的职业目标和计划有利于满足组织的需要。

这里需要指出的一点是，职业通道的概念略不同于职业生涯路径，职业生涯路径是指员工在其职业生涯中所经历的一系列工作经验。

第二节　职业生涯发展通道的模式

一般来说，组织有传统职业通道、行为职业通道、横向职业通道、双重职业通道和多重职业通道。职业通道是组织中职业晋升和职业发展的路线，是员工实现职业理想、获得满意工作和达到职业生涯目标的路径。

1. 传统职业通道

传统职业通道是员工在组织中从一个特定的职位到下一个职位纵向向上发展的一条路径，是一种基于过去组织内员工的实际发展道路而制定的一种发展模式。图16-1所示的就是传统的技术人员与管理人员的职业生涯发展路径。从中我们可以看出，在传统的职业生涯道路中，技术职业发展道路所提供的升迁机会十分有限。这种模式将员工的发展限制于一个职能部门或一个单位，通常由员工在组织中的工作年限决定员工的职业地位。它假定每一个当前的职位是下一个较高职位的必要准备。因而，一名员工必须一个台阶一个台阶地从一个职位到另一个更高职位变动，以获得所需要的经历和准备。

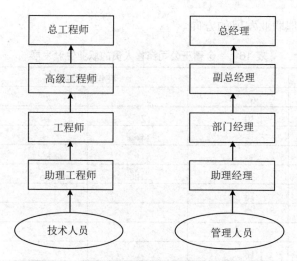

图 16-1 技术人员与管理人员的传统职业通道

例如，某一组织的销售部门的职业阶梯是从下而上设计为销售小组、社区销售、地区销售、全国销售及全球销售五个等级，一个销售人员可在 5 年后成为销售组长，10 年后成为社区销售主管，15 年后成为一个地区销售主管，25 年后成为跨国公司在某一国家的销售主管，30 年后成为某一国家的销售总监。我国的公务员职称序列实际上就是这样一种基于资历进行排序的传统职业发展阶梯。

传统职业通道的最大优点是清晰明确、直线向前，员工知道自己向前发展的特定工作职位序列。但它有一个很大的缺陷：它是基于组织过去对成员的需求而设计的，但实际上，组织的发展、技术的进步、外部环境的变迁、企业战略的改变都会影响企业的组织流程和组织结构，进而影响组织对人力资源的需求，原有职业需求已不再适应企业的发展要求。

2. 行为职业通道

行为职业通道是一种建立在对各个工作岗位上的行为需求分析基础上的职业发展通道设计。它要求组织首先进行工作分析，以确定各个岗位上的职业行为需要，然后将具有相同职业行为需要的工作岗位化为一族（这里的族是指对员工素质及技能要求基本一致的工作岗位的集合），然后以族为单位进行职业生涯设计。这样，除了传统职业通道，员工还可以在族内进行职业流动，从而打破了部门对员工职业发展的限制。这种呈网状分布的职业发展通道设计能够给员工和组织带来巨大的便利：对员工来讲，这种职业发展设计首先为员工带来了更多的职业发展机会，尤其是当员工所在部门的职业发展机会较少时，员工可以转换到一个新的工作领域中，开始新的职业生涯；其次，这种职业发展设计也便于员工找到真正适合自己的工作，找到与自己兴趣相符的工作，实现自己的职业目标。对组织来讲，这种职业发展设计增加了组织的应变性。当组织战略发生转移或环境发生变化时，能够顺利实现人员转岗安排，保持整个组织的稳定性。

表 16-1 是几位前金霸王公司销售人员制定的职业发展和时间表，这些路径说明了从

销售人员向区域经理职业发展的方向。

表 16-1　金霸王公司销售人员的职业生涯发展

岗　　位	在位的月数			
销售人员	6	6	3	
小区经理	30	12	24	42
重要客户经理		24		
区域销售培训师	3	6	8	18
地区经理	3	当前	36	24
促销经理	18			
销售计划经理			9	
特别签约零售商				12
贸易市场经理	18			
销售培训经理			9	
一线销售经理				6
产品经理	当前			
地区经理			当前	
贸易经理				12
分公司经理				当前

3．横向职业通道

前两种职业通道都被视为组织成员向较高管理层的升迁之路。但组织内并没有足够多的高层职位为每个员工都提供升迁的机会，而长期从事同一项工作会使人倍感枯燥乏味，影响员工的工作效率。因此，组织也应常采取横向调动来使员工工作具有多样性，使员工焕发新的活力、迎接新的挑战。虽然没有加薪或晋升，但员工可以增加自己对组织的价值，也使他们自己获得了新生。按照这种思想所制定的组织职业通道就是横向技术通道，它进一步打破了行为职业通道设计对员工行为和技能要求的限制和约束，实现了员工在组织内更加自由的流动。这种设计一般也是建立在工作行为需求分析基础上的。

4．双重职业通道

传统职业通道是组织中向较高管理层的升迁之路，而双重职业通道主要用来解决某一领域中具有专业技能，但并不期望或不适合通过正常升迁程序调到管理部门的员工的职业发展问题。这一职业通道设计的思路是：专业技术人员没有必要，也不可能因为其专业技能的提升而从事管理工作，技术专家能够而且应该被允许将其技能贡献给组织而不必成为管理者。他们的贡献是组织需要的，应该得到组织的承认。承认的方式不必是被提拔到管理岗位，而是体现在报酬的变更和地位的提升上，并且处于同一岗位上不同级别专业人员的报酬是可比的。双重职业通道有利于激励在工程、技术、财务、市场等领域中有突出贡献的员工。实现双重职业通道能够保证组织既聘请到具有高技能的管理者，又雇用到具有高技能的专业技术人员。专业技术人员实现个人职业生涯发展可以不必走从管理层晋升的道路，避免了从优秀的技术专家中培养出不称职的管理者这种现象。

这无疑有助于专业技术人员在专业方面取得更大的成绩。

图16-2是职业生涯双阶梯模式。在双重阶段发展道路系统中,科技人员有机会进入三条不同的职业发展道路:一条技术的职业道路和两条管理的职业道路。由于在这三种路径中员工的薪资水平相近,发展机会也较为相似,因此他们就会选择一种最符合自己兴趣和技能的职业发展道路。

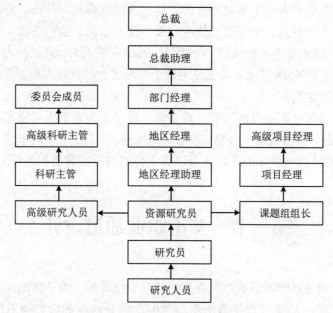

图 16-2　职业生涯双阶梯模式

随着高新技术的发展和现代企业的革新再造,双重职业道路日益流行,专业知识和管理技能同样重要。双阶梯模式不是从合格的技术专家中培养出拙劣的管理者,而是允许组织既可以培养高水平的管理者,也可以开发高技能的专业人员。

总体来看,传统职业通道以及由其改良而来的行为职业通道都是基于晋升而设计的职业通道,横向职业通道可以增加员工的职业生活多样性,双重职业通道可以保证员工在适合自己的岗位上发展。每种通道都有它的特点,组织可以根据本组织的特色选择适当的职业通道,发挥职业管理的巨大功效。

5. 多重职业通道

由于双阶梯模式对专业技术人员职业生涯发展阶梯的定义太狭窄,因此如果将一个技术阶梯分成多个技术轨道,双阶梯职业生涯发展模式也就变成了多阶梯职业生涯发展模式,同时这也为专业技术人员的职业发展提供了更大的空间。例如,美国一家化工厂将技术轨道分为三种:研究轨道、技术服务和开发轨道、工艺工程轨道。深圳某高技术公司将技术人员的职业发展轨道分成六种:软件轨道、系统轨道、硬件轨道、测试轨道、工艺轨道与管理轨道,不同的轨道又分成8~10种不同的等级。

例如,西部电子公司为拓展专业技术人员的发展空间,为员工设计了三类职业生涯发展阶梯：技术人员阶梯、技术带头人阶梯与技术管理人员阶梯。这是一种典型的职业生涯多阶梯模式。

在西部电子公司的职业生涯阶梯模式中，技术带头人是指有较强技术基础、能管理项目的员工。他们能进行项目资源的计划、协调与控制，并有预算能力，设立技术开发策略与产品的开发方向。他们主要对技术人员的技术要求进行把关，而无直接管理技术人员的权力。技术管理人员主要对项目的预算，人员的调动、升迁、考评负责。在技术三轨制中，技术人员分为五个等级（技术一级、技术二级、技术三级、高级技术一级、高级技术二级），技术带头人分成四个等级（一般技术带头人、高级技术带头人、技术主任、技术执行主管），技术管理人员也分为四个等级（一般管理人员、高级管理人员、管理主任、管理执行主管）。

从西部电子公司的职业生涯阶梯安排来看，技术带头人等级与技术管理人员等级要高于技术人员等级，技术人员一般要到四级（高级技术一级）才有可能进入技术带头人和管理人员等级，而且这种职业的迁移还要取决于公司的内在需要和该员工所拥有的才能。

第三节　多重职业通道设计

传统的职业发展意味着沿着组织内部的管理职位阶梯一步一步地向高层提升，但是对许多人来说，单一的管理职位通道是与他们的职业自我观和兴趣不相称的。职业锚（career anchor）是指当一个人不得不做出选择时，他无论如何都不会放弃的职业中的那种至关重要的东西或价值观。"职业锚"理论告诉我们，员工都有自己的职业定位，而管理型只是 8 种职业锚中的一种，因此以管理层级设计为基础的职业通道显然是过于片面的，不能满足拥有不同职业锚的员工的职业发展需要。

受到双重职业通道模式的启发，一个解决问题的办法就是，以职业锚的类型划分为依据，对组织内部的员工的工作类型进行分类，设计适合本组织的多重职业通道，不同职业通道的层级之间在报酬、地位、称谓等方面具有某种对应关系，这样就可以让每一个员工都能找到适合自己的职业通道，朝着自己的职业里程碑前进。

多重职业通道的设计实际上向员工传达了一种非常重要的信息，就是组织非常重视每个员工的个人发展，会为每个员工提供足够的发展空间和晋升机会。这样做的好处是有助于降低员工的离职倾向，尤其是技术类员工将会因此受到极大的鼓舞，因为他们将会有更多的机会得到晋升或获得提薪。

海尔公司在多重职业通道设计方面的探索非常值得借鉴，如图 16-3 所示。海尔对每一位新进厂的员工都进行一次个人职业生涯培训。不同类型的员工自我成功的途径不尽相同，为此海尔为各类员工设计出了不同的升迁途径，使员工一进厂就知道自己该往哪方面努力，才能取得成功。

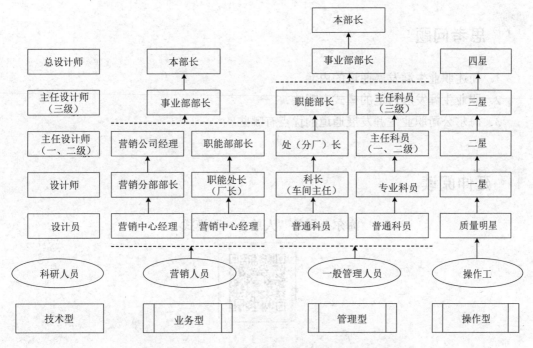

图 16-3　海尔公司员工的多重职业通道设计示意图

索尼公司则利用非传统的职业生涯阶梯设计促进员工的创新能力。在索尼公司，个人有权自主调到他们认为更有兴趣、更有挑战性的部门，而不需要经过主管的同意。如果他们加入了一个新的项目小组，他们现在的上司应当让他们离去。索尼公司的自我促进思想也许是激发具有革命与创新性产品设计的关键所在。

 本章小结

职业通道是指组织为内部员工设计的自我认知、成长和晋升的管理方案。职业通道设计指明了组织内员工可能的发展方向及发展机会，组织内每一个员工都可能沿着本组织的发展通道变换工作岗位。一般来说，组织有传统职业通道、行为职业通道、横向职业通道、双重职业通道和多重职业通道。传统职业通道是组织中向较高管理层的升迁之路，而双重职业通道主要用来解决某一领域中具有专业技能，但并不期望或不适合通过正常升迁程序调到管理部门的员工的职业发展问题。以管理层级设计为基础的职业通道显然是过于片面的，不能满足拥有不同职业锚的员工的职业发展需要。以职业锚的类型划分为依据，对组织内部的员工的工作类型进行分类，设计适合本组织的多重职业通道，不同职业通道的层级之间在报酬、地位、称谓等方面具有某种对应关系，这样就可以让每一个员工都能找到适合自己的职业通道，朝着自己的职业里程碑前进。

思考问题

1. 简述职业生涯发展通道的内涵。
2. 职业生涯发展通道的模式有哪些？
3. 海尔公司职业生涯发展通道的优点有哪些？

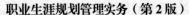 **延伸阅读**

海尔公司的"人单合一"模式

第十七章　组织职业生涯开发

组织职业生涯开发是指组织为了提高员工的职业知识、技能、态度和水平，进而提高员工的工作绩效，促进员工职业生涯发展而开展的各类有计划、有系统的教育训练活动。有组织地进行职业生涯开发，有意识地将个人的职业生涯规划与组织机构的劳动力需求相联系，作为提高劳动力效率的策略，已经逐渐成为有远见的组织机构的关键性战略资产。

如今，有组织的职业生涯开发正在越来越多地采取一种有系统的方式。以前则多数都是分散的培训活动，系统的某个局部变化都会产生牵一发而动全局的整体效应。例如，提供职业信息会使员工更经常地使用已有的岗位需求信息发布方式，如果员工与管理者能够定期讨论工作中出现的问题，那么绩效评估讨论会的效果就会好得多——这种增效作用将会越来越突出地成为职业生涯开发活动的特点。

组织职业生涯开发与管理模式如图 17-1 所示。

第一节　组织职业生涯开发的渠道

组织职业生涯开发具体可从以下六个方面来考虑。

（1）员工自我评估手段，如职业生涯规划讨论会、参考书目或计算机软件。

（2）组织机构潜力的评估程序，如可推广性预测和评价中心。

（3）内部劳动力市场信息交换，包括职业信息手册、资源中心等。

（4）员工与主管、人力资源顾问或专业化的职业咨询顾问之间的个人咨询和职业生涯讨论。

（5）岗位任职、技能审核或调查、更替或人员接替规划的职务调配制度。

（6）开发培训项目，包括内外结合的活动安排、研讨班、学费补偿、岗位轮换、充实强化、指导制度等。

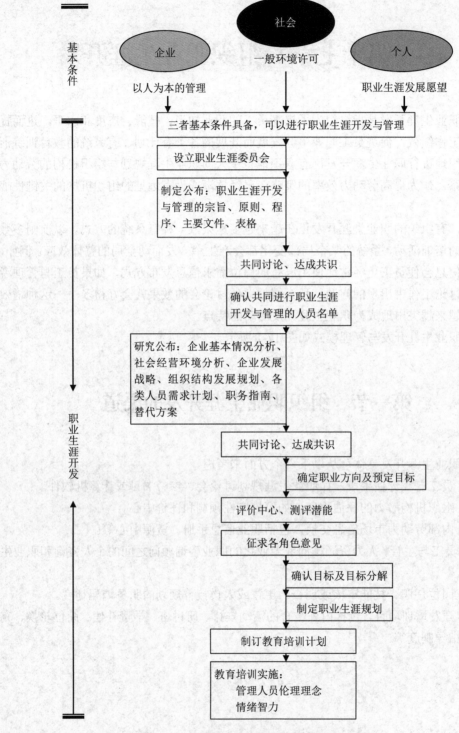

图 17-1　组织职业生涯开发与管理模式示意图

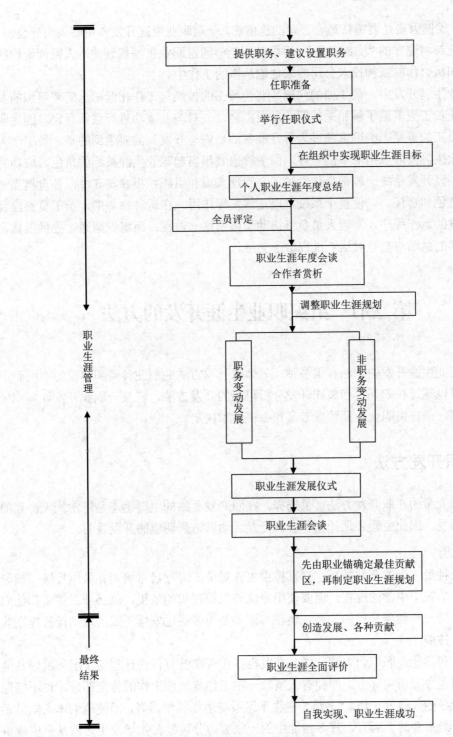

图 17-1 组织职业生涯开发与管理模式示意图（续）

由于有组织的职业生涯开发注重的是工作场所的学习，以及创造一种有利于这种学习的文化，所以组织必须采用多种多样的活动方式和策略方法让员工适应不同的学习形式。另一个关键因素是要确认适合公司的价值观。一项职业生涯开发政策必须明确公司、员工和主管都将遵守的"实施准则"。组织必须能够通过职业生涯规划使个人发挥他们的才干，以积极合作的精神投入公司要求他们从事的工作中。

在职业生涯开发中，最主要的问题是要使员工的技能与工作相匹配。随着组织的发展，应当让员工更多地了解相关的职业发展机会，并对职业成功进行重新界定，因为职业成功对员工的重要影响远远超过为晋升准备的培训与开发。需要强调的是，员工个人必须为职业生涯发展承担更多的责任，而主管也要担当起职业生涯教练的角色。成功的员工职业生涯开发系统一般都会鼓励员工、管理人员和组织积极参与其中，各自担当一套具体的角色和责任，以使整个系统可以正常发挥作用。在这种参与中，员工负责自我评估与开发的运作程序，管理人员负责协助和鼓励这一过程，而组织则通过提供工具、资源及持续的鼓励与指导对这一过程给予支持。

第二节　组织职业生涯开发的方法

组织职业生涯开发的方法有很多种，具体的开发方法随职业种类和岗位的不同而不同。一般可以通过在职开发和离职开发分析可能的开发方法。在某一职业开发计划中采用何种方案，最好由职业生涯管理专家和心理学家决定。

一、在职开发方法

目前有大量的在职开发方法可供选择。在职开发面临的主要困难是经常把无计划的活动看成开发，因此主管必须计划和协调开发活动以达到期望的开发目的。

1. 指导

这是一种最古老的开发技巧，它直接由主管对员工进行日常培训并做出反馈。指导是一个持续的在干中学的过程。但要使指导能够取得理想的效果，就必须在员工和他们的主管间保持一种健康开放的关系。现在有许多公司都通过安排正式的培训课程提高其主管的指导技能。

但是，和其他在职培训方法一样，开发也存在着在没有任何计划的情况下就轻易地进行指导的现象。而实际上，即便有人擅长一项工作或一项工作的特定部分，也不能保证他就能指导他人做好工作。"教练"往往不愿系统地指导学习者，即便他们本人知道系统的经验是最重要的。而且，许多技能中的一些智力分可能在指导发生之前从书中或讲座中学会更好。

2. 委员会任命

指派有前途的员工进入重要的委员会，能丰富他们的经历，并能帮助他们理解品行、重大问题及管理组织的程序。例如，指派员工进入安全委员会，可能会使他们具备主管所需要的安全背景，而且他们也可能会经历涉及维持员工安全意识的问题。但是这样做的同时，主管必须意识到，委员会的任命也可能成为浪费时间的活动。

3. 工作轮换制

工作轮换制是指在组织的几种不同职能领域中为员工制定一系列的工作任务安排，或者在某个单一的职能领域或部门中为员工提供在各种不同工作岗位之间流动的机会。在有些组织中工作轮换是无计划的，而在有些组织中就对工作轮换制有详细的图表和日程表，精确地规划了每个员工的计划表。

工作轮换作为一种开发工具，在实际生活中得到了广泛的使用。例如，一个有前途的年轻主管可能要花三个月的时间在工厂工作，花三个月从事组织规划，花三个月去外面跑采购。如果规划得当，这种轮换安排可以使他对组织的方方面面有一个更好的理解。特别是在晋升机会很少的情况下，横向的工作轮换可能会有助于重新激起员工的热情并开发出新的才能。最佳的横向调动应做到下列中的一项或几项：将员工调入核心业务；提供与客户更密切接触的练习机会；教授新的技巧或观点。

工作轮换有助于员工对组织的目标有一个总体性的把握，增强他们对公司中不同职能的理解和认识，形成一个组织内部的联系网络，并且有助于提高他们解决问题的能力和决策的能力。例如，"助理"是直接位于经理之下的职位。通过这一工作，受训者能和杰出的经理一起工作，否则他们就可能没有机会碰到这些经理，没有机会处理富有挑战性或有趣的任务。尽管这种方法有很多好处，也应清楚地意识到工作轮换的成本是高昂的，而且当受训者改变职位时，他们往往丧失了大量的管理时间，因为他们必须熟悉每个新单元中的不同的人和不同的工作技巧。

二、离职开发方法

离职开发方法之所以有效，是因为它给个人提供了远离工作、致力于学习的机会。而且，与具有不同问题及来自其他组织中的他人会谈，也可能会为员工提供一个看待老问题的新视角。在现实生活中，各种离职开发方法也经常被使用。

1. 课堂学习和学位

许多离职开发计划都包括一个课程指导。课堂培训的好处在于能被大多数人所熟悉和接受。但课堂指导也有一个缺点，就是这种授课方法可能会产生消极听讲，学习者参与程度不高。课堂指导的实际效果往往取决于团体大小、能力、授课者及主题等因素。

一般企业常派员工参与外部研讨会或专业课程。一些大型企业还建立了自己的培训中心以供自己的员工使用。表 17-1 列示了通用电气公司的开发计划类型以及这些计划的目标听众。另外还有许多组织则是通过为员工支付大学教育费用来鼓励继续教育。大多数组织都为员工的学费提供补偿。许多组织还鼓励员工以这种方式攻读高等级学位，如工商管理硕士等。员工通常都是在他们白天的正规工作结束后参加夜校来获得这些学位。

表 17-1　通用电气公司的开发计划举例

高级管理人员开发系列	课程所强调的是战略性思考能力、领导能力、跨职能整合能力、全球竞争能力以及赢得客户满意能力等	高潜质的专业人员和高级经营管理人员	管理人员开发课程 全球化经营管理课程
核心领导能力计划	开发职能性专业技术、促成卓越的企业管理以及变革能力的提高等方面的课程	管理人员	公司初级领导能力讲习班 专业开发课程 新管理者开发课程 有经验管理者开发课程
专业开发计划	强调为特定的职业发展道路做好准备的课程	新员工	审计人员课程 财务管理课程 人力资源课程 技术领导能力课程

2. 人际关系培训

人际关系培训起源于有名的霍桑（Hawthorne）的研究。此类培训的重点在于开发个人和他人一起和谐工作所需要的人际关系技巧。许多人际关系培训方案的对象都是新主管或相对无经验的一线主管及中层管理者。人际关系培训方面典型的课程是激励、领导、员工沟通及使工作场所人性化。

这种方法存在的问题是难以衡量其效果。由于人际关系技巧的开发是一个长期目标，在几年的时间跨度里难以确认有形的效果，因此此类项目经常都是仅通过参与者的反馈来进行衡量，而反馈衡量则是评估培训效果最差的一种方式。

3. 案例研究

案例研究是一种得到广泛使用的课堂导向的开发技巧。案例为受训者学习管理知识或行为知识的概念提供了一套范例，其重点是应用和分析，而不仅仅是概念的记忆。

4. 角色扮演

角色扮演这种开发技巧要求受训者在一个给定的情境中扮演一个角色，并展示与该角色相联系的行为。采用这种方式时，参与者必须理解许多影响工作情况的行为因素。尽管角色扮演在一些情形中是一种很有用的工具，但对它也要小心应用。由于受训者在角色扮演中经常会感到不自在，培训者必须很好地介绍情境以使学员能够更好地进行学习。

5. 模拟（商业游戏）

模拟需要参与者分析形势，根据给定的数据决定最佳的行动方案。其中也有一些模拟是计算机互动游戏：个人或团体为组织起草一套市场计划以决定诸如资源等在广告、产品设计、销售及促销中的分配，参与者可以做出各种决策，接着计算机会告诉他们与竞争团队相比，他们做得如何。模拟有时也被用来诊断组织的问题。

如果做得好，模拟是一种有用的管理开发工具。但是由于模拟有时缺乏现实性，从而就会导致学习效果降低，因此采用这种方式必须以学习为重点，而非仅仅是"参与游戏"。

6. 周期性休假

周期性休假是指带薪休假以开发自身并重获活力。这种方式在国外学术界已经流行了很多年，教授休假以加强他们的技能，推进他们的教育或研究。如今商业世界中也已经采用了带薪休假。10%以上的美国公司都提供带薪休假，如施乐公司给一些员工提供6个月甚至更多的假期以参加"社会公益"项目，包括在城市的少数民居居住区开展培训，向海外国家提供技术帮助。带薪休假通常是公司中某种形式的志愿者计划。

根据提供带薪休假的公司反映，这样做的效果良好。他们认为带薪休假有助于防止员工工作热情枯竭，并且在招募和留住人才方面有优势，因为带薪休假能增进士气，使人们因为得到了回报而愿意承担更重的工作任务。但是带薪休假存在成本问题，而且此间的学习实质上不受控制，在某种意义上具有随意性。

7. 户外培训

许多组织将执行官送到荒野外参加严峻的考验，这被称为户外培训，这也是一种开发工具。通用食品、施乐、通用电气及其他组织都派送过执行官到户外待上几天甚至几周。野外远足的基本意义如下：对个人而言，这种经历能够增加自信，帮助他们重新评价个人目标及努力；对组织而言，在工作环境外分享风险能够创造一种团队合作意识。挑战可能包括攀岩、冲浪、背包徒步旅行等。

生存类型的管理开发课程可能比许多其他的管理研讨会更有影响力，但是在这里面也存在着一定的危险。是否赞助此类计划应该取决于参与员工的个性。表17-2总结了各种在职或离职开发方法的优缺点。

表 17-2　一些主要开发方法的优缺点

开 发 方 法		优 点	缺 点
在职开发方法	指导	自然且与工作相关	难以发现好教练
	委员会任命	参加者能参与重要的进程	可能浪费时间
	工作轮换制	提供对组织良好的理解	启动时间很长
	"助理"职位	有机会接触杰出的经理	可能缺乏好的任务
离职开发方法	课堂学习和学位	为人所熟悉、可接受、地位显著	并非总能改进绩效
	人际关系培训	处理重要的管理技能	给以衡量效果
	案例研究	有实际性，参与者能够从真实管理中学习	对于一些决策制定者，信息可能不充分
	角色扮演	互动的方法可能导致观念改变	受训者可能会感到不舒服
	模拟（商业游戏）	现实性和综合性	有时不恰当

续表

开 发 方 法		优　点	缺　点
离职开发方法	周期性休假	开发的同时恢复活力	成本昂贵，员工可能和工作失去联系
	户外培训	体力挑战，能增加自信和团队合作能力	由于体质因素，并非对所有人适用，有一定的危险性

　　总而言之，职业生涯开发过程是一种催化剂。它能够增强自我认识，提高组织成员的工作能力和工作绩效。尤其重要的是，它有利于营造一种开放式的工作氛围。

本章小结

　　组织职业生涯开发是指组织为了提高员工的职业知识、技能、态度和水平，进而提高员工的工作绩效，促进员工职业生涯发展而开展的各类有计划、有系统的教育训练活动。有组织地进行职业生涯开发，有意识地将个人的职业生涯规划与组织机构的劳动力需求相联系，作为提高劳动力效率的策略，已经逐渐成为有远见的组织机构的关键性战略资产。组织职业生涯开发的方法有很多种，具体的开发方法随职业种类和岗位的不同而不同。一般可以通过在职开发和离职开发来分析可能的开发方法。

思考问题

　　1. 组织职业生涯可以通过哪些渠道和方法进行开发？
　　2. 谈一谈你所在的组织是如何进行职业生涯开发的，并找出一两个问题。

延伸阅读

华为人力资源部部长：留住员工，除了让其挣到钱，还要有奔头

本篇案例分析

案例分析　惠普公司如何对待员工的职业生涯自我管理

讨论题：

1. 为什么惠普公司的科罗拉多分部的人员流动率会下降？

2. 你认为惠普公司的科罗拉多分部的职业生涯规划（组织和员工两个方面）有哪些方面值得借鉴到你自己的工作中？

第五篇
职业生涯周期管理

【关键词】

个人职业生涯周期；职业生涯危机；个人职业化；退休；组织职业生涯周期；相互接纳；退休计划

【学习目标】

➤ 了解个人进入组织时的任务

➤ 熟悉职业生涯早期、中期、后期的特征及面临的问题

➤ 掌握个人职业生涯早期、中期和后期自我管理的内容与方法

➤ 掌握组织在职业生涯早期、中期和晚期的管理任务及其措施

➤ 了解员工与组织相互接纳的内涵及标志

➤ 了解组织职业生涯中期组织对员工自我实现的措施

➤ 了解退休计划的管理及提前退休计划

【开篇案例】

乔治的退休烦恼[①]

乔治不知道自己在想什么，他的世界一片混乱，他不知道自己是该感到愤怒还是解脱，是精疲力竭还是失望。

---

① 资料来源：https://wenku.baidu.com/view/54c77788f624ccbff121dd36a32d7375a517c65c?_wkts.

乔治在一家银行工作，是银行会计部副经理，在目前这一职位上已经干了8年了。虽然45岁以后有过困惑甚至迷惘，但他对自己的工作还是自豪的。虽然他知道没有MBA学历影响了他的进一步晋升。他曾经想过重回学校去读MBA，但毕竟年龄不饶人，读MBA的事也就不了了之。现在54岁了，乔治相信再过几年自己就能够舒舒服服地从银行退休。

乔治的大女儿今年刚刚从大学毕业，正准备考研究生。他的小女儿也正在上大学。乔治曾经自豪地向同事介绍他把两个女儿卷进大学的经验。乔治的妻子5年前重新开始工作，在经营一间礼品店，其工资可以补贴家用，但远远不够付大学学费。大学学费是家庭中的一大笔经济负担，并且还有长达9年多的抵押期。

这天下午，他接到人力资源部的电话，告诉他人力资源部的领导约见他。人力资源部副经理告诉他，为了避免被兼并，银行准备解聘一批职员以缩减开支。乔治被告知有两种选择：银行名义上给他另外5年服务期，以便他可以提前退休并在59.5岁后拿到全额退休金；或者给他相当于1年工资的解聘红包。乔治陷入深深的痛苦中，一方面，他懊悔于以前可以离开银行发展的机会，但他都因为贪图银行工作的稳定性与舒适性放弃了。另一方面，女儿的学费怎么办？家人如何看他？离开岗位后他怎么办？哪一个公司会雇用一个54岁而且工作范围有限的老员工？

第十八章　个人职业生涯周期管理

第一节　个人职业生涯早期管理

职业生涯早期阶段是一个人由学校进入组织，在组织内逐步"组织化"，并为组织所接纳的过程。这一段时期一般发生在个人 20～30 岁，是一个人从学校走向社会、由学生转变为员工的过程。年轻人刚开始走向社会，经历着由幼稚向成熟的过渡，从一个在家长庇护下的"孩子"转变成负责自己未来的"独立个体"，心态的调整非常重要。在这一阶段，要在实际的工作中重新磨合自己的知识和能力，寻找心理的平衡点，克服急躁的情绪，忍辱负重地默默耕耘，努力工作，付出辛勤的汗水，虚心学习和请教，才会有所收获。如果不用心去学习和工作，将会严重影响以后的个人发展和能力提升。另外，对有些人来说，还可能由单身生活变成家庭生活，一系列角色和身份的变化，必然要经历一个适应的过程。

在这个时期，职业生涯管理可以分为两个阶段：进入组织之前的一段时间和进入组织之后的一段时间。进入组织之前主要以自我职业生涯管理为主，进入组织之后的职业生涯管理则是双向的，既有组织的职业生涯管理，又有自我的职业生涯管理。

在进入组织之前，主要是个人选择适合自己的职业，积极地准备应聘，为了实现自己的职业生涯目标而进入理想的组织。在进入组织之后，便开始逐渐适应新环境、新岗位，检验自己的知识、技能、经验和能力是否适合新岗位的需要，逐渐融入组织，在组织中建立自己的地位。对于一个跳槽者来说，则不涉及进入职业前的准备问题，主要是适应新单位的文化，慢慢地确立自己的声望和地位。

一、职业生涯早期的特征

在职业生涯早期阶段，员工处于青年时期，逐渐成熟，个人的主要任务比较简单且单一，就是在组织里适应环境，学会好好地工作。个人在进入自己向往的职业领域之后，开始接触职业生涯领域的知识、技能，并逐步尝试在所确立的职业生涯领域积累知识和经验。这个时期也是职业适应和职业探索的时期，因为个人刚进入组织，对组织环境和组织文化都很陌生，需要不断地适应，不断地学习。这一过程也充满了尝试和错误，如果觉得不合适，要尽早做一些调整和改变。总之，在早期阶段，要通过在职场上的真操实练找出你擅长什么、不擅长什么、喜欢做什么、不喜欢做什么。职业生涯早期的特征是个人进行职业生涯管理的基础，所以有必要了解一下。职业生涯早期的特征主要表现在以下几个方面。

1. 员工的个人特征

（1）有进取心，争强好胜。这时的员工刚进入职场，具有一种新鲜感，并且具有很强的上进心，在各方面都严格要求自己，内心潜在的力量在不断地推动着他们前进和发展。员工由于年轻气盛、过分自信，导致在工作中难免表现出浮躁和冲动，例如，在工作出现失误时，可能会怨天尤人；有时也可能会因为过度的自以为是而与他人意见不合，从而导致人际关系紧张。

（2）个人竞争力有所提升。带着初生牛犊不怕虎的精神，怀着远大的理想和抱负，职场新人开始了职场的拼搏生涯。渐渐地，他们开始适应环境，工作经验也越来越丰富，自信心不断增强，一展雄才的壮志也在心中不断地升腾。

（3）从对自己负责到对家庭负责。除了在事业上的拼搏，职业生涯早期的员工开始组建家庭，逐步学习调适家庭关系，承担着家庭责任。在职业生涯的初期，员工处于寻找自己未来的伴侣、由单身转向组建家庭或成家后有第一个子女的时期。在个人成家之前，除工作之外没有太多额外的负担；在个人成家之后，就不可避免地要处理同家庭成员间的关系，承担起抚养子女的责任，此时员工的家庭观念也随之增强。家庭生活难免会发生冲突，为了缓和并化解家庭矛盾，承担起家庭的重任，他们要逐步学会与配偶相处，照顾孩子，协调工作和家庭生活的关系。

（4）从依赖走向独立。从心理方面来看，职业生涯早期的员工主要解决依赖与独立的矛盾。初涉职场，独立担当某种重要岗位的责任的机会比较少，常常需要配合、从属于有经验的人，有一定的依赖性。但是，依赖是独立的前提，当经过一段时间的学习和积累之后，工作经验和能力都会有所提高，这时就应该寻求独立，寻找机会得到职业生涯的进一步发展，否则，一味地依赖会成为职业生涯发展的绊脚石。

2. 职业的发展情况

员工在进入自己向往的职业领域之后，开始接触职业生涯领域的知识、技能，并逐步尝试在所确立的职业生涯领域积累知识和经验。这个时期也是职业适应和职业探索的时期，因为员工刚进入组织，对组织环境和组织文化都很陌生，需要不断地适应，员工在社会化过程中，要学会与人相处，学会如何工作，学会如何进步，不断地学习，如果觉得不合适，就需要做一些调整和改变。

二、职业生涯早期的问题

职业生涯早期，也是职业生涯发展关键的一段时期。个人对组织尚不十分了解，与上司、同事群体之间尚不熟悉，处于相互适应期，由于未能觉察彼此的需要和适应组织的特点，可能会引起某些矛盾和问题。这一时期选择适合自己发展的职业，进入合适的组织并迅速适应组织的发展是关键。如果一个人能在职业进入前期很好地把握自我，认识自我，寻找适合自己发展的职业和组织，那么就会为以后的发展开辟出一条阳光大道。这一时期常见的问题主要有以下几个方面。

1. 职业选择问题

每个人都有自己的梦想，而且可能不仅一个，有时还可能会发生变化。年少时，我们想当英雄，想当科学家，长大后想当作家、企业家等。但并不是所有的梦想都可以实现，在选择职业时，我们一定要根据自己的职业价值观、爱好、特长等决定自己的发展方向。职业价值观决定行为的方向，职业兴趣和职业能力则是维持一个人对职业永远投入、不知疲惫的保证。如果一个人不喜欢和人交际，那么安排他从事销售、公关、人事等方面的工作时，他就很难积极主动地与人沟通，也不能在工作领域坚持下去并取得成就。

此外，在进行职业选择时，社会因素也不可忽视。一个人可以把握自己，但不能操纵社会。每一个进入职场的新人都对工作怀有美好的期待，而往往他们所面对的却是枯燥无味和毫无挑战性的工作现实，如何处理这种矛盾成为许多人面临的难题。出现这种情况时，一个人可以综合考虑个人的理想、自身条件和社会实际，做出自己的选择，在选择之前要对自己说："不后悔!"

2. 确立职业生涯目标

要想在自己的职业道路上开创属于自己的天空，就要选好自己的职业生涯目标。职业生涯目标的确定，要考虑自我因素和外部环境因素。自我因素主要是认识自我，这在本书的前面已有叙述，在此不再重复。下面主要讲对外部环境因素的认识。

首先，要对社会的宏观发展趋势有基本的认识。例如，自己所选择的职业在将来社会中会有怎样的发展；政府的政策和技术的创新会对职业产生怎样的影响；社会热门职业的需求情况以及发展前景；等等。

其次，要对自己即将进入的企业的外部环境进行分析。包括该企业所从事的行业的发展状况及前景；本企业在行业中的地位和发展趋势、竞争能力等。例如，IT行业就要分析目前行业中的竞争状况、发展趋势和市场空间等；房地产行业就要分析发展状况、竞争力和国家政策可能对其产生的影响；等等。

当然，分析完企业的外部环境之后，还要对企业内部的情况进行了解，以确定自己在企业中的发展空间。例如，企业领导人的个性和潜能；企业文化和规章制度，特别是企业的人力资源方面的规划是否完善；企业的福利制度、企业的组织发展状况以及自身是否拥有职务晋升的机会；等等。

3. 个人与组织文化冲突问题

组织在挑选员工时，价值观和能力与组织的要求相符合的人就会入选，如果选择的双方都没有意见，那么这些新员工很快就会融入组织这个大家庭，建立良好的同事关系；如果员工发现自己的价值观与组织所宣传的价值观或自己感受到的价值观发生冲突，产生摩擦，就需要组织或个人之中的某一方做出让步，即进行工作调适，如果调适失败，个人可能就会离开组织。

工作调适是员工与组织之间进行的利益交换，也是各取所需的过程。员工以工作能力来换取工资、有趣的工作和认可等物质和精神方面的需要，而组织则以提供工资、工作条件、合作者、管理等来获得令人满意的工作者。如果双方的交换不是协同变化的，就会有一方不满，这就需要双方或其中一方做出工作调适。在工作调适中，个人对不满意的容忍程度、调适行为的灵活性和坚持性对调适的成败起着重要的作用。员工与组织相互适应的结果，会使员工与组织出现相互的接纳。

4. 个人与群体适应问题

在一个人的职业生涯中，进入企业的初期阶段，是员工最需要将他们的职业生涯发展情况加以考虑的时期。这一时期由于新员工对企业还不是很了解，与上司和同事之间还不熟悉，处于适应的阶段，所以个人与群体之间容易出现一些问题，主要表现在以下几个方面。

（1）新员工难以得到信任和重用。新员工刚进入企业，对企业的人员和环境都不了解，企业对他们也缺乏深入的了解，新员工很难立即取信于自己的第一位领导，领导也不会把重要的任务交给新员工，也不会立刻就把他安排在重要的岗位上。在这种情况下，领导往往会认为只有等到新员工真正了解公司运作的真实情况之后，才会让其承担重要的工作，但新员工却难以接受这种现实，因为这一时期的员工对自己有较高的期望，面对毫无挑战且枯燥乏味的工作自然就会感到很失落。

例如，一个刚毕业的工商管理硕士，可能满怀信心地想寻找一份自己期望已久的具有挑战性的工作，并希望把自己所学的知识很好地运用在工作中，一展自己的才华。然而，事实却并非如他想象的那样。他会失望地发现，自己被安排在一个并不重要，更不显眼的位置上。刚开始时，他会鼓励自己努力，告诉自己这是老板在考验自己，但如果这种情况持续的时间达到数月、一年甚至更长，那么他就会产生不被重视的感觉，这种感觉会大大地消减其工作的积极性，对他的自信心也是一个致命的打击，在这个时候可能会考虑跳槽。

（2）组织成员对新成员往往会产生抵触心理，怀有偏见或嫉妒。由于时代、年龄和经历等方面的原因，企业中的老员工不是很容易接纳新员工，往往认为他们书生意气、没有经验、喜欢好高骛远、不脚踏实地等。这种看法有一定的事实根据，但又有很大的片面性。

另外，当新员工进入企业时，可能因为受过良好的教育且年轻有为，所以拿的工资比老员工还多，这样对老员工来说就是一个威胁，会引起老员工的某种不快。他们会觉得新员工是个威胁，在内心产生一种嫉妒心理，从而给新员工施压，安排十分艰难的任务给新员工，以证明新员工并不称职。

以上的这些问题不仅会对个人的职业生涯发展造成阻碍，造成企业人力资源投资的巨大浪费，还会使人才流失或者被埋没，对组织文化造成破坏。

三、职业生涯早期的管理

应聘者接受雇用并进入组织后，由一个自由人向组织人转化，经历了一个不断发展变化的过程，即个人的组织化。它包括新员工接受并达成组织及其部门所期望的工作态度、规范、价值观和行为模式等。个人组织化的途径是组织创造条件和氛围，使新员工学会在该组织中如何工作，如何与他人相处，如何充当好个人在组织中的角色，接受组织文化，并逐渐融入组织的过程。在职业生涯早期阶段的组织化过程中，新员工和组织都有各自的管理任务，也需要解决一些容易产生的问题。

1. 进入组织之前需要做好思想准备

在进入组织之前，做好思想准备工作十分重要。要有取得成功所必需的态度和价值观，要有积极的工作态度。首先，要对企业进行积极的认知和理解，做好充分的思想准备，接受企业的文化。其次，要培养积极的情感，不管对企业是怎样的一种感觉，当你融入其中时，都要以饱满的热情来工作，这也是事业成功的一个法宝。

另外，还要树立积极的意向和正确的价值观。既然选择了这一职业和职业所在的工作单位，就要从内心真正地接受。任何企业和职业的好坏都不是绝对的和不可改变的。对于自己所选择的职业，要认识到它对自己的重要性，要充满信心，只有兢兢业业努力工作，做出自己的成绩，才会有发展的前景。

在进入组织之前做好思想准备工作，培养正确的态度和价值观，有助于个人更好地接受组织文化和组织价值观，及时融入组织团队，促进个人职业目标的实现。

因此，要在态度上积极认知，培养积极的情感，树立积极的意向；在价值观上要真心接受所选职业，充分认识所选职业的重要性，形成个人积极向上的价值系统。

2. 进入组织之后，熟悉工作环境，形成良好印象

第一次交往所形成的印象会对人的态度产生深远而持久的影响。如果对某人的第一印象好，这个好的印象就会维持很长时间，并影响人们对他以后行为的认知。如果对一个人的印象不好，往往会对此人以后的言行举止产生偏见。因此，新员工在进入一个新的组织之后，一定要注意建立良好的形象，否则会影响自己今后的发展。

通常应该注意以下问题。

（1）要适当地讲究着装。

（2）要有时间观念。

（3）尽快熟悉工作，明确岗位责任，争取出色地完成第一项任务。

（4）积极利用非正式场合熟悉周围的员工。

（5）不断总结、改进工作。

（6）注意交往的技巧。

（7）熟悉企业的文化、制度和发展策略等。

3. 掌握职业技能，学会如何工作

承担职业任务，掌握职业技能，做好本职工作，是员工的基本任务和重要责任。对于新员工来说，第一步就是要掌握职业岗位技能，学会如何在组织中开展工作。在这一过程中，要注意以下四个方面的问题。

（1）弄清岗位职责，明确工作任务。在接受每项具体工作时，都要向企业问清楚：个人承担的是什么工作任务、任务的目标和要求、要求完成任务的时间等。这样可以避免出现新员工常常因不知道该做什么，而显得不知所措或工作不积极，也可以避免因工作过于主动而显得越俎代庖。

（2）要克服依赖心理，自己积极主动地开展工作。组织中每个人都有自己的工作，新员工根本不要指望工作中处处得到领导或老员工的关照与指导。有些员工还会把在工作中得不到指导看作上司不称职，对自己不友好，从而产生抱怨心理。其实，企业中的每个人都承担着自己的工作职责，新员工应当主动做好工作进度计划，学会自主地开展工作，明确所承担的工作任务和工作方法，认真工作，这样才能够有所收获，尽快成长。

（3）能力替代或补偿。职业适应的关键因素是员工的能力结构。个人具有的能力并非单一，不同能力之间可以相互替代或补偿，从而保持或维持职业活动的正常进行。这种补偿不仅发生在自身具有的不同能力之间，而且还发生在气质与能力、性格与能力、个性与能力等之间的互补互替。

（4）培养工作兴趣，扩展知识。脚踏实地、安心适应单调乏味的工作。显然，这种必要的心理动力和情感上的支持能有效地增强员工的职业适应性，能以良好的、积极的心态安于承担低等的或枯燥单调的工作，那么，就能够对兴趣浓厚、富有创造和挑战性的工作迅速达到深度适应。

4. 适应组织环境，学会与人相处

新员工进入企业之后，要想尽快融入企业就必然要经历一个适应环境的过程。刚毕业的大学生还有些学生气，很少能很快就适应新环境的。要想适应组织环境，和同事友好相处，应该注意以下三个方面的问题。

（1）要接受企业现实的人际关系。任何已经存在的企业都有一定的人际关系和人际结构，甚至还存在复杂的人际氛围。有喜欢搬弄是非的人，有喜欢拉帮结派的人，还有妨碍他人进步的人，等等。面对这种情况，新员工要有正确的态度，学会客观对待，不要卷入人际关系的是是非非之中，要学会把自己的分析能力和智慧用在工作上，否则不仅浪费时间和精力，还会有不好的结果。

（2）要尊重上司，学会与上司融洽合作。一个刚刚结束了学校生活的新员工进入工作岗位之后，要尽快完成从学生到雇员的角色转换，认识到上司管自己是应该的，同时还要学会接受不同性格类型的上司。不要表现出不满意、瞧不起、不在乎等情绪，而是要针对上司的性格特点，与其融洽相处。

作为一名新员工，一定要有虚心学习的态度，遇到困难和问题时，要多向同事请教，不要自以为是，但同时还要有独立性，主动解决工作中面临的问题，不要事事依靠他人。

（3）寻找个人在企业中的位置，建立心理认同。新员工进入企业之后，要对自己进行恰当合理的定位，对争取上司的认可和同事的接受有着重要的作用。

如果你被分配到一个工作团队，并明确承担本团队的任务，那么就必须学会使自己的需要和才干与该团队的要求相结合，学会与团队成员和睦相处，团结合作。

5．正确面对困难，努力提高自己

职业生涯早期的个人组织化阶段，是组织与个人相互测试、相互考察的时期。个人具有什么样的才干、个性、动机和价值观，以及由此会带来的长期绩效会是怎样的并不清晰，进步标准也不明确。在双方相互考察的过程中，个人进步的关键则是为组织出色工作，才会有发展前途。在个人组织化阶段，新员工往往会出现走两个极端的情况：一是只想表现自己，过于关心如何才能进步；二是不闻不问，安于现状，缺乏进取心。这两种情况都是应该避免的。

与此同时，对于刚工作的新员工来说，在工作中遇到困难和障碍是在所难免的，这时不要惊慌，也不要退却，要摆正自己的心态，用积极乐观的态度解决问题。面对困难和障碍，不能逃避，更不能畏缩不前。一个人的能力、各方面的素质以及进取心等，在很大程度上决定了这个人未来的职业发展道路。面对困难时，要学会在困境中崛起，不断地提高自我。

6．找准目标，少走弯路

"人生没有轮回的季节"，走过的路是无法回头的。一个人如果没有明确的努力目标，不考虑自身的特点，总是跟在别人的身后走，或者总在变换自己的目标，那么一生的宝贵时光都要在摸索中度过，最后很可能一事无成。因此一定要尽早地给自己定位，确定自己的前进方向。

第二节　个人职业生涯中期管理

职业生涯中期阶段是一个时间长、富于变化，既有可能获得职业生涯的成功，又有可能出现职业生涯危机的阶段。这一时期作为人生最漫长、最重要的时期，其特殊的家庭特征使职业生涯发展面临特定的问题和任务。

职业生涯发展中期主要由两种方法界定：一是根据个人的职业生涯发展状况来区分，即从立业到退休的一段时期；二是根据年龄来划分，即30～50岁。

第一种分类比较多地考虑了人的职业生涯发展状况，如果职业生涯前期发展不是十分顺利，如职业探索的时间长，经常转换职业，可能在40岁左右还没有找到要终身努力的职业的发展方向和目标，那么他的职业生涯中期时间就会推迟；如果职业生涯前期发展基本顺利，那么职业生涯中期阶段就与第二种分类的时间差不多；如果职业生涯前期发展很顺利，那么职业生涯中期阶段可能会提前到来。

这里我们按照年龄的标准划分职业生涯，因为按照职业生涯发展状况决定职业生涯中期，时间段的差异比较大。

一、职业生涯中期的特征

职业生涯发展中期是一个非常复杂的时期，在这一阶段，个人职业生涯不断发展和提升，并逐步达到高峰；家庭周期由组建家庭到生育、培养子女，直至子女成家立业；而生物周期则由精力旺盛到逐渐衰弱。职业生涯中期是个体生命周期中最重要的阶段，也是个人职业生涯周期中最重要的时期。在这一时期，个人的生命周期和心理素质都会发生明显的变化，并呈现出明显的阶段性特征。

1. 个人能力和职业生涯特征

虽然每个人的能力和职业生涯发展状况各不相同，但也表现出一定的特征，具体表现在以下几个方面。

（1）职业能力稳步提升并逐渐成熟。在职业生涯中期阶段，雇员的职业能力不断得到提高，各方面都逐渐趋于成熟。

这时的员工已经到了中年，价值观和世界观都成熟定性，绝大多数人的事业心、责任心增强，逐步形成了沉稳、踏实和一丝不苟的工作作风。此外，处理人际关系和各种事情的能力也在不断提高，趋于成熟。

（2）创造力旺盛，工作业绩突出。在职业生涯中期，员工在企业中已经具有了一定的地位，一般都是作为骨干在发挥着作用。此时，个人也具备了创造一番辉煌业绩的潜在的实力，一方面源于工作的经验积累和能力的增强；另一方面则源于自身的个性和能力创造性的发挥。因此，在职业生涯中期，正是个人创造力最强、工作卓有成效并不断创造辉煌的时期。

（3）职业发展轨迹呈倒"U"形。职业生涯中期长达二十多年的时间，在中期的初始阶段，职业发展轨迹呈现由低到高逐步上升的趋势，在职业生涯中期的中间段出现职业顶峰，经过辉煌的职业高峰之后，职业轨迹就会呈现下降的趋势，整个过程呈现为一个倒"U"形的曲线形状。不同人的曲线也是各有差别：事业成功影响力持久的人，职业曲线顶峰平而长；事业的成功只是昙花一现的人，其形状如山峰，峰高尖顶；事业发展平平的人，曲线低而平缓，无明显突出。

2. 个人总体生命空间特征

职业生涯中期处于三个生命周期完全重叠的时期。人的生物周期贯穿人的一生，职业生涯周期从20岁左右开始到60岁（或更长）结束，家庭生命周期则从20岁左右开始贯穿人的后半生。如果从30岁开始算起到50岁为职业生涯的中期，那么三者重叠的时间长达20年。

（1）职业生涯中期的生物社会周期运行任务繁重。面对工作、婚姻家庭状况、教育子女和其他方面的责任，需要重新审视、评估自己，重新确立目标，进行职业自我发展的重新选择，处理家庭和职业要求之间的冲突。

（2）家庭生命周期在这一阶段也发生显著的变化，伴随产生一些新的问题，需要承担新的责任。职业生涯中期由单身变为有家庭和子女，并且子女也开始长大成人，此时的家庭关系较为复杂，任务重，既要学会担当家庭责任，处理好同配偶、子女的关系，又要抚养、教育子女，为子女的将来做好打算。

（3）职业中期阶段个人职业生涯运行和发展任务重。在职业生涯中期阶段，职业发展呈现复杂化和多元化特征，既要想方设法在自己的专业领域保持领先地位，以自己的经验和知识获取更多的报酬和地位，又要面对职业生涯中期的危机，职业发展任务繁重。30 岁左右，人的精力还比较旺盛，职业发展处于上升时期；在 40 岁左右，职业发展将会到达顶峰，这是人的生物周期所能承受的。如果 40 岁左右职业发展还没有达到顶点，还在不断地努力，那么精力可能会跟不上，这时如果生活和工作的节奏调节得不够好，就可能会出现重大的疾病。人的三个生命周期之间是相互影响、相互作用的，既有相互促进、相互推动的正面作用，又有相互矛盾、相互制约的负面作用。

在职业生涯和家庭方面，由于都需要花费大量精力，容易产生工作和家庭冲突。特别是在子女上小学或者中学时，这种冲突比较严重。现代社会的生活节奏很快，工作压力越来越大，许多人在繁忙的工作之后，还要回家做大量的家务，照顾孩子的学习和生活。有时，可能还要把工作带到家里或者在下班之后去参加一些培训，以提高自己的竞争力。这样，在家庭、工作之间就会产生矛盾和冲突，特别是当有一些特殊事件发生时，如子女生病、父母生病或夫妻一方由于出差等原因不在家时，都会出现忙得晕头转向，恨不得有分身术的情况。

3. 个人的心理特征

职业生涯发展中期由于工作状况和家庭状况的变化，个人的心态也发生了不同于职业生涯早期的一系列变化。

（1）职业认同感遭到冲击，同时感到职业机会有限。进入职业生涯中期，特别是人到中年以后，开始面临梦想和现实成就之间的冲突，青春期曾发生的选择职业和生活道路时的矛盾再度出现。随着子女逐渐长大成人，自己对昔日的职业选择开始产生怀疑和困惑，甚至是焦虑和不满。此外，父母和子女之间存在着代沟，子女对父母的价值观和所取得的成就未必认同，有的甚至不屑一顾，这样就会加重他们对自己职业生涯的不满和疑虑。这些感情和心理的变化会给中年人的职业生涯发展带来一定的影响。一部分人会对自己的工作进行重新评估，如果个人的认同要素和需要从未得到满足，他就会毅然去寻找新的职业，探索新的发展空间。

同时，人到中年会逐渐意识到职业机会随年龄的增长越来越受到限制，个人更加难以做出职业选择，从而产生焦虑不安的情形。这表现在两个方面：第一，因为金字塔式的职位结构的存在，越向上路越窄，职位越少，所以正在攀登的人或专业技术水平达到一定程度的人会感到发展道路遭到阻塞，产生焦急与忧虑；第二，平日工作平稳，但出于某种变化，有调换职位的欲望，但由于自身的年龄和经历等原因，无法找到新的职业岗位。

（2）家庭结构和内部关系改变。人到中年，孩子长大成人并离开家庭，家庭角色结构出现明显的变化：子女不再需要照顾，充当抚育子女任务的父母角色消失；"空巢"家庭的夫妻两个人开始重新处理彼此的关系；饮食、娱乐和休闲活动等的安排也会有所改变，不再需要支付给子女养育和教育费用，家庭负担减轻，休闲支出增加。

这时，还要处理好与父母的关系。如果夫妻双方对赡养父母、解决父母困难等问题产生分歧，就会引起家庭关系和感情上的混乱。

（3）因为时间有限、生命的短暂而产生心理变化。在职业生涯的早期和职业生涯中期的初始阶段，人们往往尚未从感情上意识到时间和生命的有限，觉得自己有充裕的时间来实现自己人生的梦想。在进入职业生涯发展阶段的中后期时，开始意识到个人学习能力正在下降，感到力不从心，总觉得没有时间和精力完成自己梦寐以求的事，从而感到抑郁，心理负担较重。

二、职业生涯中期的问题

从职业生涯中期的发展特征可以看出，职业生涯中期主要存在以下问题：职业生涯发展机会减少，而个人的发展愿望不能得到满足，组织成为个人发展的瓶颈；个人对职业生涯的发展产生困惑，或探索新的职业领域，或继续过平庸的生活；在职业生涯上升时期，家庭需要投入，从而产生个人与家庭的冲突；工作压力大，身心健康容易受损。

1. 职业生涯中期危机问题

职业生涯中期阶段，正值复杂人生的关键时期，由于个人三个生命周期的交叉运行，面临诸多的问题，导致某些员工职业问题的存在，形成所谓的"职业生涯中期危机"。这些危机主要表现在以下三个方面。

（1）缺乏明确的组织认同和个人职业认同。这种情况往往会出现两种结果：一是放弃工作，更多地转向关注工作之外的自我发展和家庭生活。二是对工作本身失去了"反应"，其积极性、兴奋点、注意力已不在工作上，而是放在了组织福利奖酬上，例如对报酬、津贴、安全等问题的计较等。

（2）现实与职业理想不一致。有些人在职业发展中期会陷入一种自我矛盾，因为其现实职业发展同早期的职业目标、职业理想不相一致，表现为：一种情况是虽然从事自己理想的职业，然而并未取得自己所期望的成就；另一种情况是职业锚完全不同于最初的设想，与抱负相比，更需要职业以外的其他东西来弥补，个人对组织和职业的认同感越来越低。

（3）职业生涯发生急剧转折或下滑。在职业生涯中期，特别是人到中年以后，每个人不可避免地会产生中年期的各种矛盾和心理变化，不少人还面临工作不顺心、无成就感、婚姻破裂、现实与理想矛盾的情境。如果一个人不能正确地对待和处理这些复杂的情况与变化，必然会陷入职业生涯危机，使其出现急剧转折与滑坡。

2. 职业生涯发展的瓶颈问题

职业生涯发展的瓶颈首先来自组织结构的制约。组织对各类人员的需求量不同，初级层次的人员需求较多，中间层次次之，高级层次的人员需求相对较少。由于对初、中、高级人才的需求曲线呈现金字塔形，初期和中期的竞争可能不十分激烈，但争取高级职位就比较困难。有些人由于缺乏竞争力，对前途感到迷茫。

3. 组织成熟度本身也是一个十分重要的制约因素

在组织的开拓时期，由于事业发展较快，不断需要人才配合，所以个人发展的机会也比较多；但当事业发展走向成熟期时，新的岗位增加缓慢，老的岗位基本已经被老员工占据，除非由于退休、离职或者其他特殊原因空出来，因此导致晋升的机会非常少，个人发展困难。

4. 工作与家庭的冲突问题

职业生涯中期是家庭、工作和生物生命周期相互作用最强烈的阶段。处于这一阶段的员工基本上都有了家庭和孩子，夫妻感情的经营、孩子的教育抚养以及父母的赡养是员工需要花费时间和精力的工作。同时，这时也是事业上升的时期，需要投入很多的精力对企业做出贡献。但此时一个人的身体状况开始下降，时间和精力的分配常常会让人力不从心。

5. 精神压力过大，健康状况不佳

职业生涯中期是个人发展的相对顶点，处于事业的探索阶段，在工作上比较熟练，但同时因为这个阶段处于人生的中年时期，一个人的身体健康状况开始下降，所以工作负担相对比较重。此外，这个时期员工的子女在中小学阶段，升学压力比较大，需要投入一定的精力来照顾。除此之外，还要赡养双方的父母。

由此可见，中年是人生最劳累的阶段，事业发展、子女教育、父母赡养都需要精力，如果不能妥善地处理这些事情，往往容易出现身体疾病。有关调查显示：许多老年性疾病开始提前，如高血压、高血脂、偏头痛等，都可以在35～40岁的人身上发现。有关专家研究发现：35岁以前是健康期，35～45岁为疾病形成期，45～55岁为疾病暴发期，而65岁以后则为相对安全期。

三、职业生涯中期的管理

在职业生涯中期，各种问题和矛盾集中，如果不能妥善处理，对组织进步和员工全面发展都十分不利。在这一时期，个人要克服职业生涯中期所发生的职业问题，应付人到中年时面临的生命周期的变化，担负起阶段性的特定的管理任务。在这一时期，如何根据自己的特点制订有针对性的职业生涯管理措施，具有特殊意义。

1. 保持积极进取的精神和乐观的心态

人到中年会面对诸多问题和生命周期运行的变化，这会导致人生关键时刻和转折点的出现。对于有信心和把握获得晋升与发展的人来讲，他们充满斗志，干劲十足，有充分的潜力进步，将来有可能进入高层领导职位，或成为职业中的稳定贡献者，增薪加资。但是，还有相当一部分中年雇员，由于面临职业生涯中期危机及家庭的各种问题，不想也不愿意对工作投入太多、参与太多。少数人因为职业发展遇到困难和问题较多，以致失望、沉沦，开始走下坡路。后面的两种情况对个人、家庭和企业都十分不利。

诚然，职业生涯中期会产生诸多问题，给个人造成巨大的压力，但同时也提供了前进的动力和机遇。如果能够正确地控制自己的感情，正视客观事实，保持积极进取和乐观的心态，积极寻找解决矛盾和问题的新方案，那么，职业生涯中期危机就可能成为新的机会，从头再来，还可以实现职业发展的新跨越。保持积极进取的精神和乐观的心态是职业生涯中期应完成的重要任务。

2. 适当考虑降低职业生涯目标

年轻时，我们有过许多的梦想和追求，但由于种种原因，有些梦想只能深藏在心里，或是如星星一样高挂在天上，我们无法实现它们。这对一个人来说可能是遗憾，对组织来说可能是损失。但如果组织措施得力，个人也努力了，目标还是实现不了，那就是个人的能力问题。能力的差异是客观存在的，不能用社会精英的标准苛求自己。人到中年应该以更加实际的态度对待自己，调整自己的职业目标，以更加豁达的眼光对待自己的禀赋。如果我们制订的目标是通过自己的努力可以实现的，就不会生活在挫折的阴影里，而是拥有成就感。不是所有的人都能获得职业生涯的成功，所以，要考虑适当降低自己的职业生涯目标。

3. 面临新的职业与职业角色选择

处于职业生涯中期的人都经历了较长时间的职业工作，同时也面临着新的职业角色选择，这时个人必须重新审视自身的生活目标和价值观，以便取得一种更稳定的生活结构，摆脱以往的角色模式或压力，选择新的角色。新的角色选择包括：① 继续留在原来的职业定位上，使自己的知识和技术更加精深与熟练，成为骨干或专家。② 通过一定的方式使自身的技能通用化，更多地充当项目带头人和良师角色。③ 离开原职业工作，寻求新的适宜的职业角色。④ 进入行政管理领域，成为主管，从根本上改变职业角色。每个人都需要在某个时点上做出选择和决定。如果组织缺乏合适的机会和岗位，而员工个人又有能力，就可以考虑寻求新的发展机会。这时员工需要重新复习或学习有关求职的技巧，可以广泛地收集职位空缺信息，撰写履历表。

4. 协调好三个生命周期

在职业生涯中期，每个人都面临着来自职业生涯周期、家庭周期和个人生物周期的生命周期问题。这三个生命周期相互影响、相互制约，因此，解决职业生涯中期的问题，正确处理三个生命周期运作之间的关系，求得三者的适当均衡，是这一阶段的人必须完成的重要任务。可以从以下两个方面着手完成这个任务。

（1）重新评估自我。包括重新评估自己的职业锚和贡献区，真实地看待自己的职业才干、表现和业绩，重新思考自己的成功标准和目标定位等。

（2）对今后的人生重新定位。决策职业工作、家庭生活和自我发展三者的运作模式。以自我重新评估和再认识的结果为基础和前提，对今后如何参加工作、如何适应家庭生活、如何自我取向做出决策。虽然这种决策不一定是永久性的，但是它将代表对未来的一种主要承诺。

由于职业生涯的三个生命周期本身运行就存在着矛盾，因此做出决策、做好决策是十分困难的，往往会出现顾此失彼的情形。因此，在进行职业生涯发展决策时，要懂得"鱼和熊掌不可兼得"。可以根据自我评估和再认识后的需求，综合考虑各方面的因素，妥善处理工作、家庭和自我发展三者的关系，求得三个区间的适当均衡。

5. 树立终身学习的理念

在知识经济社会，一个人要想在激烈的竞争中获得生存，需要渊博的知识作为后盾。在知识界，许多中青年学者利用各种机会重新学习知识，有的老同学变成了师生，有的师生则变成了同学。这种发展态势使人们不断地更新知识，转变观念，为提高自己在劳动力市场上的竞争力打下坚实的基础。现代社会的竞争很激烈，只有不断地给自己充电，不断地通过学习来提升自己，才能在竞争中立于不败之地。俗话说："人无远虑，必有近忧。"那些整天混日子、不思进取的人，最后只能在竞争中被淘汰；而那些通过学习不断提高自己的人，便会成为职场中的常青树，事业保持永远的旺盛态势。

6. 注意身心保健

由于三个生命周期的影响，中年时期是人的一生中负担相对比较重的时期，所以对于健康就应该特别注意。如果不注意身心健康，就会失去人生最宝贵的财富，家庭、事业都会受到影响。面对巨大的生活压力，中年人应该学会调节自己，可以从以下几个方面开始努力。

（1）要保持好的心态，积极面对人生的挑战。可以通过学习知识和技能来提高自己的自信心，增强自己战胜困难的能力，避免依靠自己的阅历、地位、关系和权力压制年轻人，出现不公平的竞争。

（2）要对自己的身体进行定期检查，及早发现问题，及早治疗。组织应该积极改善工作条件，让员工踏实地工作，并从中体验舒适与满足。如果有条件，组织还可以建立疗养制度，让员工在工作之后有调养和休息的时间。员工自己也可以参加一些保健讲座，多看一些保健书，细心呵护自己的健康。同时，要注意戒掉一些不良的生活习惯，如熬夜、抽烟等。

（3）还要加强心理保健。心理健康和身体健康是相互影响的，有很多疾病都是心理的原因造成的。中年人由于压力大，有时还会因为一些名利和地位的问题患得患失，产生焦虑不安的情绪，这样的状态就很容易导致疾病的发生。

（4）还要注意合理地安排自己的时间。工作固然很重要，但在繁忙的工作之余，还要注意锻炼身体，进行适当的休闲活动，以减轻快节奏生活带来的压力。

第三节　个人职业生涯后期管理

万物都有终点。谈到职业生涯，退休可能是一个特别困难的时刻，它对许多人来说，意味着放弃权力、声望和地位，一些人将与自己充满激情、为之长期奋斗的事业断绝联系，而另一些人则终于有空开展计划已久的活动。实际上，就后者而言，退休代表着另一种"职业"生涯的开始。在西方，职业生涯后期通常是指45～60岁的一段时间。而在我国，45岁左右还属于精力旺盛时期，员工经验丰富，处于职业生涯的顶峰时期。50岁左右，大多数人的学习能力和体力开始下降，适应能力也开始减弱，他们的事业已经达到顶点，开始呈现下降的趋势。所以，在这里，我们把退休前的5～10年确定为职业生涯的后期阶段。员工在退休前的工作主要是完成交接班，带徒弟，为退休之后的生活做准备。

一、职业生涯后期的特征

由于职业性质及个体特征的不同，个人职业生涯后期阶段开始与结束的时间也会有明显的差别。在这一阶段，个人的职业工作、生活和心理状态都发生了与以前不同的变化，并呈现出某些明显的特征。

1. 个人家庭与心理特征

处于职业生涯后期的员工，子女多数都已经成家立业，家庭出现空巢，使其产生对家的依赖感，夫妻相依为命，拥有温馨的家庭和享受人生的天伦之乐成为处于职业生涯后期员工的一大需求。个人的家庭和心理特征主要表现在以下几个方面。

（1）自我意识上升，怀旧、念友心重。突出表现在三个方面：一是追求自我发展，觉得干了一辈子，现在应该是从事个人活动，安享晚年，实现个人兴趣爱好的时候了。二是从感情上意识到健康的重要性，自我保健意识极大增强，重心转移至自我生命及健康。三是人已近老年，怀旧念友之情油然而生，渴望恢复过去的一些社会关系，回到过去的岁月，以满足精神上的需求。

（2）进取心显著下降，开始安于现状，淡泊人生。随着个人年龄的增长，个人的精力、体力和生理机能开始退化，学习能力开始下降，工作能力明显衰退且无力更新与恢复，个人的竞争力和进取心也逐渐削弱。"五十而知天命"，人到了职业生涯后期阶段，经过了人生的漫长里程，酸甜苦辣、美丑善恶均已经历过，看破红尘，不再有奢望和追求，而是平静地面对人生，安于现状，淡泊坦然。

2. 个人职业特征

处于职业生涯后期的员工，个人职业特征主要体现在以下几个方面。

（1）职业竞争力、进取心和职业能力明显下降。处于职业生涯后期的员工，体能和精力明显衰退，学习能力及整体职业能力呈下降趋势。而随着科技的发展，知识和技能需要更新，处于职业生涯后期的雇员已经没有更多的精力来学习，竞争力和职业能力明显下降。

（2）责任和权力及中心地位发生变化，从而引起角色的变化。在职业生涯中期，正值雇员年富力强、职业发展至顶峰的时期。有的雇员攀升至中、高层领导岗位，拥有相当大的权力，负有重要责任，拥有了一定的威望；有的雇员虽然发展平常，但在职业生涯中期也拥有娴熟的技能和丰富的经验。但是当到达职业生涯后期，曾经夺目的光环就会逐渐消失，领导地位被新的雇员所取代，权力和责任也随之削弱，核心骨干、中心地位和作用逐渐丧失。

（3）保留一定的优势，可以发挥余热，做出贡献。虽然处在此阶段的员工在体能、智能等方面已经明显下降，地位已经不如中期阶段，但他们还拥有一定的优势。长期的职业生涯使他们练就了娴熟的技能，拥有了丰富的经验和业务知识，因为他们深知企业及其发展过程，对企业存有很深的情感。此外，他们有丰富的人生阅历，见识广，具有处理各种复杂的人与事、人与人之间矛盾的能力和经验，是其他员工的良师，能继续在企业中发挥自己独特的作用。

二、职业生涯后期的问题

个人到了职业生涯后期，临近职业生涯的结束，面临的问题主要体现在以下几个方面。

1. 职业生涯即将终结

组织中新老员工的交替是不可避免的，因为组织中的重要地位通常是由经验丰富、熟悉历史、能力较强的人来担任。往往一个人在过了 50 岁之后，就该考虑从岗位上离开，把自己的重担交给年轻人。

我国现阶段的政策倾向于在岗的员工，特别是中青年员工，部分牺牲退休人员和老年员工的利益。正因为这些，老年员工不愿意从岗位上退下来，害怕"人走茶凉"。各种有利的退休政策难以实现，这种情况影响了组织的更替和组织的发展进程。让员工安心退休，心情舒畅地离开工作岗位，的确是组织应该考虑的问题。

另外，受观念的影响，尽管年轻人有能力，少年得志，可能并不比年老者差，或者更强些，但年老的员工总是容易产生年轻人轻浮、不能担当重任的想法，所以也就不愿意把自己的权力交出去。

2. 不安全感增多

职业生涯后期阶段的员工，不安全感增多，主要体现在以下几个方面。

（1）经济上的不安全感。员工退休之后，经济收入就会减少，但社会消费品水平却有可能提高，在社会保障体系还不够健全的情况下，退休后的生活来源就会成为员工的精神负担，个人在经济上的不安全感增加。建立健全的养老保障制度，按时发放退休金，会使员工的衣食住行有保障，减轻心理负担。

（2）心理上的不安全感。此时的员工已经接近人生暮年，愈发感受到情感上的孤独，他们开始寻求心理的归宿，害怕被子女、社会和家庭冷落。年轻人冷落老年人的现象确实是存在的，他们嫌老年人啰唆、观念陈旧、做事循规蹈矩，且经常会生病。这种不孝顺的表现应该遭到社会的谴责。但是，大多数子女还是孝顺的，他们在各个方面关心老人，让老人安度晚年，这样的老人安全感就会增加。此外，有的老年人晚年丧偶，感情上感到孤独无助，不安全感随之而生。

3. 疾病增多

机体的衰老是不可逆的生命过程。此时的员工由于年纪大了，身体衰退、老化，免疫系统功能减弱，发生疾病的概率增多。没有健康的身体，生活往往就没有质量可言。这时员工就会担心自己的身体健康没有保障，将来的生活会很艰辛，所以希望组织能够提供符合老人特点的医疗服务和相关的卫生保健措施。

4. 不适应退休后的生活

很多时候，我们有这种感觉：当我们养成了一种习惯时，就很难放弃。处于退休时段的员工也是如此。他们早已经习惯了每天用工作来填补自己的时间，突然离开自己的工作岗位，离开自己所熟悉的环境，会感到失落和无奈，面对退休后的生活无所适从。如果退休的员工在以前是一个工作狂，就更难以从中解脱出来，闲下来会感到无所适从。

其实，这种心情可以理解，但退休是必然的，是一个人必须经历的人生阶段。这时，可以转移自己的注意力，多培养自己的兴趣爱好。养花草鸟鱼、下棋、打太极拳等都是不错的选择。

三、职业生涯后期的管理

1. 面对现实，承认自己能力和竞争力下降的事实，接受新的角色

在职业生涯后期，雇员的能力和竞争力下降是事实，要学会勇敢地面对和接受，另辟蹊径，寻求适合自己的新的职业角色，发挥自己的特长和优势。在现实工作中，充当参谋、职业顾问的角色；出谋划策、提供咨询；充当教练，对雇员进行技能培训；培养新雇员，充当师傅的角色，等等，都是职业生涯后期的好选择。

2. 面对权力、责任和中心地位下降的事实，要学会坦然接受

从领导的位置降下来，或是从核心地位转变为普通的位置，一时间心理上可能会产生落差。这时要从思想上认识和接受这个事实。自己的能力和竞争力下降是事实，所以要心悦诚服地接受，可以将自己的注意力转移到家庭和个人生活方面，善于在家庭、社

交、业余爱好和休闲娱乐等方面寻找满足感和充实感。例如，钓鱼、养花、旅游或和老同学、老朋友聊天等，以此来缓解自己的心理压力，也可以寻找一些新职业来满足自己的需求，充实自己的生活。

3. 培养年轻人

有的组织考虑到老员工的利益和对公司的贡献，就把培养年轻人的任务交给了老员工，希望他们能够发挥自己的经验优势。其实，培养年轻人也是一门科学。老员工要像老师一样，将自己的感受和理解以科学的方法和方式传递给年轻人。培养年轻人时，既要了解年轻人的心理，使自己与年轻人和谐相处，又要讲究技术，使他们能够很好地理解并接受。

4. 应付"空巢"问题

"空巢"的出现是职业生涯后期的重要变化，也是人生的一大转折。处理好"空巢"问题，对于一个人职业生涯后期的发展至关重要。这时应该多给配偶时间，通过多种途径密切与配偶的关系。此外，可以发展自己的兴趣爱好，或者培养新的兴趣，以此来丰富自己的生活，充实自己的日子。

5. 回顾自己的职业生涯，着手退休准备

职业生涯在人的一生中占据很长的时间，对一个人一生的发展起着重要的作用。在职业生涯结束时，回顾一下自己所走过的职业生涯之路，并进行总结，是非常必要的。一方面，可以总结和评价自己的职业生命周期，为自己的职业人生画上圆满的句号；另一方面，通过总结自己职业生涯成功的经验和失败的教训，对新员工进行现身说法教育。

此外，为自己的退休做准备也是非常必要的。有的人在退休之前就对自己今后的生活做了安排，心理准备比较充分，退休之后能够很快地适应不再上班的生活；而有的人在退休之前并未意识到退休后的生活与现在生活的区别，缺乏足够的心理准备和实际的安排，所以退休之后会感到很不适应，寂寞、空虚和无聊可能会充斥在生活中，这样对身体健康极为不利。

有的单位可能会为员工做好日后的打算，而有的单位可能不会。在这种情况下，员工就要为自己做好退休后的安排。如果你的身体还好，还能继续工作，那么就可以再找一个单位，继续自己的职业生涯；如果你觉得自己累了大半辈子，是该歇息的时候了，那么就可以出去旅游，散散心；如果感到孤单，可以养花、种草、喂养鸟鱼等，以此来充实自己的生活，亦或练书法、绘画、上网、下棋等。此外，选择一些适合老年人的体育运动来锻炼身体也是不错的选择，如打太极拳、做保健操、跑步等。

 本章小结

职业生涯早期阶段是一个人由学校进入组织，在组织内逐步"组织化"，并为组织所

接纳的过程。这一段时期一般发生在个人 20～30 岁，是一个人从学校走向社会、由学生转变为员工的过程。在这个时期，职业生涯管理可以分为两个阶段：进入组织之前的一段时间和进入组织之后的一段时间。进入组织之前主要以自我职业生涯管理为主，进入组织之后的职业生涯管理则是双向的，既有组织的职业生涯管理，又有自我的职业生涯管理。职业生涯早期，也是职业生涯发展关键的一段时期。个人对组织尚不十分了解，与上司、同事群体之间尚不熟悉，处于相互适应期，由于未能觉察彼此的需要和适应组织的特点，可能会引起某些矛盾和问题。

职业生涯中期阶段是一个时间长、富于变化，既有可能获得职业生涯的成功，又有可能出现职业生涯危机的阶段。职业生涯中期主要存在以下问题：职业生涯发展机会减少，而个人的发展愿望不能得到满足，组织成为个人发展的瓶颈；个人对职业生涯的发展产生困惑，或探索新的职业领域，或继续过平庸的生活；在职业生涯上升时期，家庭需要投入，从而产生个人与家庭的冲突；工作压力大，身心健康容易受损。在这一时期，个人要克服职业生涯中期所发生的职业问题，应付人到中年时面临的生命周期的变化，担负起阶段性的特定的管理任务。

在西方，职业生涯后期通常是指 45～60 岁的一段时间。而在我国，45 岁左右还属于精力旺盛时期，员工经验丰富，处于职业生涯的顶峰时期。员工在退休前的工作主要是完成交接班，带徒弟，为退休之后的生活做准备。

 思考问题

1. 简述个人进入组织时的任务。
2. 分析在不同职业生涯阶段，个人与组织特征的变化趋势与特点。
3. 讨论在不同职业生涯阶段，个人应如何进行职业生涯的自我管理。
4. 什么是个人组织化？如何解决个人组织化过程中出现的问题？
5. 联系实际，谈谈职业生涯中期面临的问题和如何克服职业生涯中期危机。
6. 在职业生涯后期，个人应为退休做什么准备？

 延伸阅读

无边界职业生涯时代，如何管理你的职业生涯

第十九章　组织职业生涯周期管理

第一节　组织职业生涯早期管理

在职业生涯早期阶段，组织承担着非常重要的职业生涯管理任务。组织需要通过对新员工进行有效的评估、培训、职业生涯规划及管理等措施，帮助员工顺利适应工作。通过员工和组织的共同努力与合作，使每个员工的职业生涯目标与组织发展目标相一致，使员工与组织都获得发展。

一、组织在职业生涯早期的主要管理任务

（一）对新员工进行上岗引导和岗位配置

新员工上岗引导是指给新员工提供有关企业的基本背景，包括工资如何发放和增加、怎样获得工作证、工作时间为每周多少小时、新员工将与谁一起工作、工作的环境和条件、晋升机会等。这些信息对员工做好本职工作是必需的。

在大多数组织中，新员工上岗引导活动的第一部分由人力资源专家来完成。这些专家负责向其介绍组织的基本情况、发展历史与现状、组织发展的宗旨与任务目标等；对其进行遵守劳动纪律和遵纪守法的教育；明确组织对他们的要求；对其进行敬业和发扬企业优良传统的教育、培养他们对组织的归属意识等；然后将新员工分配到一定岗位并介绍给他们的新主管，由这些主管继续对其进行上岗引导，包括准确讲解新工作的性质，将其介绍给他们的新同事，让他们熟悉工作场所，对他们灌输组织文化，帮助他们接受组织正确的价值观。

事实上，上岗引导是新员工组织化的一个重要组成部分。处理得当，引导有法，有助于减少新员工上岗初期的紧张不安，以及可能感受的现实冲击。

（二）提供富有挑战性的工作

大多数专家认为，组织能够做的最重要的事情之一就是争取为新员工提供一份富有挑战性的工作。例如，研究者在一项以美国电报电话公司的年轻管理人员为对象的研究中发现，这些人在公司的第一年中所承担的工作越富有挑战性，他们的工作也就显得越有效率、越成功，而且即使是到了五六年之后，这种情况依然存在。霍尔根据自己的研究指出，提供富有挑战性的起步工作是"帮助新员工取得职业发展的最有力，然而却并

不复杂的途径之一"。然而在多数组织中，提供富有挑战性的工作似乎并不是一种普遍的事实，反倒更像一种例外情况。例如，在以研究开发性公司为对象的一项调查中发现，在 22 个公司中，只有 1 家公司有正式地向新员工提供富有挑战性工作的政策。而这也正如一位专家所指出的，如果考虑招募、聘用和培训新员工过程中花费的大量精力和金钱，我们不难看出这是一个多么"巨大的管理失误"。

另外一些企业则完全不同，它们通过赋予新员工以较多的责任而"在一开始就增加"工作的挑战性。在萨顿公司和丰田公司中，即使是流水线上的工人也会被立即分配到具有高技能和强大工作动向的同事所组成的自我管理工作小组中。在这些自我管理小组中，他们必须快速地学会变成一位具有高生产率的小组成员。

J. C. 彭尼公司（J. C. Penney）的见习商品交易管理员职位（该公司的一个初级管理职位）是另外一个很好的例子。一位几乎是刚刚从大学毕业的见习生就很可能会被安排到男式服装部去监督牛仔服装组的销售工作。换言之，他刚从大学毕业就要（在其管理者的监督指导下）去负责一个分部的产品展示、库存管理、顾客服务以及人事工作。正如彭尼公司的一位管理人员所说："从我成为见习商品交易管理员的第一天起（那时我也不过是刚刚大学毕业），我就经营着一个'店中店'。当你自己往前走时，彭尼公司会给你指路，你也一直会受到积极的支持，但你基本上仍是自己在经营自己的小店。"

一位新的见习商品交易管理员在 12 个月之内仍然会是一位受训者。在此期间，他们负责进行自我培训。公司为了便于他们完成这一过程，发给他们各种各样的培训手册，其中包括"一线主管人员的作用"等。这种手册描述了见习生应当负责管理的与以下诸方面有关的各种活动：顾客服务、销售额、毛利、商品交易、观察交易、销售额促进、人事以及工作时间等。他们的指导老师负责向这些见习者提供指导，并就他们的工作情况每周做出一次评价。然而总的来说，这些培训科目都是由见习生自己进行管理的：他们负责教会他们自己关于商品交易工作的全部内容。

根据一张时间安排表，这些见习生的指导老师每周要对他们的工作做出一次评价。例如，在第 2 周的周末对他们的个人销售技巧加以评价，在第 4 周周末对他们的销售领导能力进行评价，如此等等。

到了第 8 周的周末，这些见习生将获得一个综合性的评价。这时，他要与 3 个人见面——商店管理人员、商品交易管理人员以及资深的商品交易管理人员，并且还要展开一场如一位管理人员所说的那种"非常坦率而直接的讨论"。一种比较典型的评语可能是："如果你希望在这里取得成功，那么你还需要付出更多的努力。"正如彭尼的一位管理人员所说：他们会"把问题摆在桌面上"，告诉见习生他们目前的工作水平如何、取得了哪些进步、还需要在哪些方面有所改善等。

在 6 个月之后，这些见习生通常会被安排新的工作，这些新的工作将赋予他们以更多的责任。一般情况下，他们会被派到更大一些的商店中去，而在一年之后他们通常就已经做好了被提升为商品交易管理员的所有准备。

（三）在招募时提供较为现实的未来工作展望

最大限度地降低现实冲击并提高新员工长期工作绩效的有效途径之一是：在招聘时就向被招聘者提供较为现实的、关于未来工作的描述，使他们明白如果自己到组织中工作，能够得到哪些方面的利益。沙因指出，新员工（以及组织）在初进组织阶段所面临的一个最大问题就是在一种"双向买卖关系"中获得关于对方的精确信息（沙因，1992）。在面试阶段，由于双方都急于将自己优秀的一面表现给对方，很自然地，当一方发出不真实信息的同时，另一方同样也会接收到对方所提供的不真实信息。其结果就是，面试主考人员对求职者的职业目标可能难以形成较真实的印象，而求职者对组织也形成了一种较好的但也许是不现实的印象。

对未来的工作进行较为现实的展示所能起到的重要作用表现在，它能够显著地提高那些被聘用来从事相对较为复杂工作的员工长期留在组织中的概率。

（四）对新员工严格要求，并开展职业生涯规划活动

在新员工与其上级之间往往存在一种"皮格马利翁效应"。也就是说，上司的期望越高，对自己的新员工越信任、越支持，新员工干得就越好。因此，正如专家建议，"不要将一位新员工安排到一位陈腐的、要求不高的或不愿提供支持的主管人员那里"。相反，在一位新员工开始探索性工作的第一年中，应当为他找到一位受过特殊训练、具有较高工作绩效，并且能够通过建立较高工作标准而对自己的新员工提供必要支持的主管人员。

另外，组织还应当采取措施加强新员工对他们自己的职业生涯规划和开发活动的参与。例如，有些组织尝试开展一些活动来使员工意识到对自己的职业加以规划以及改善自己的职业决策的必要性。在这些活动中，员工可以学到职业生涯规划的基本知识，并有机会参与各种以明确自己的职业锚为目的的活动以及形成较为现实的职业目标等。

（五）开展以职业发展为导向的工作绩效评价，提供阶段性工作轮换和畅通职业通道

沙因认为，主管人员必须明白，从长期来看，向上级提供关于自己所属员工的工作绩效评价的有效信息是十分重要的，不能为了保护直接下属的短期利益而提供不真实的信息。因此，他指出主管人员需要将有关被评价者的潜在职业通道的信息加以具体化，换句话说，主管人员需要弄清楚自己正在依据何种未来工作性质对下属的工作绩效进行评价，以及下属员工的需要是什么。

新员工进行自我测试以及使自己的职业锚更加具体化的一个最好的办法，就是去尝试各种具有挑战性的工作。通过在不同的专业领域中进行工作轮换（如从财务分析到生产管理再到人力资源管理等），员工获得了一个评价自己的资质和偏好的良好机会。同时，组织也得到了一位对组织事务具有更宽的多种功能视野的管理者。工作轮换的一种扩展情形被称为"职业生涯通道"，它是指认真地针对每一位员工制订他们的后续工作安排计

划，促进员工的职业生涯发展。

二、组织与员工的相互接纳

（一）相互接纳的内涵

新员工进入组织后，必然要经历一个个人组织化以及组织与员工相互适应与接纳的过程。组织与员工的相互接纳是指新员工在其职业生涯早期顺利地经过组织化和社会化阶段之后，在与组织相互之间经过进一步的认识与了解，达到相互认同，成为组织正式员工，贡献于组织并在组织中获得发展的过程。

组织与员工的相互接纳包括以下几个方面的含义（吴国存，1999）。

（1）所谓相互接纳，是指组织与新员工个人之间的相互关系。双方必须互相认同和接纳，只有单方的认同并不是相互接纳。

（2）相互接纳使新员工与组织之间的关系清晰化、明确化、确定化。组织确认了新员工作为组织正式成员的资格，新员工则获得了组织正式成员的身份。

（3）相互接纳是一种心理契约。新员工与组织之间没有书面的接纳证明，只是在思想认识、情感上以及工作行为上互相承认、认同和接受。例如，新员工以自己对组织价值观和组织纪律的服从，以及努力工作和贡献，表示对组织的认可。而组织则以薪资报酬、挑战性工作、组织奖励与晋升等方式，表明对新员工及其工作的承认。

（4）相互接纳可以用具体事物表明。尽管相互接纳是一种心理契约，但是仍有显著的标志。上述新员工努力工作以及安心于组织便是他向组织发出的认同信号。组织给新员工增薪、晋升等，则象征组织对新员工的接受。

（5）相互接纳是一个过程，因而是一个时间阶段。这一阶段没有确定期限，期限的长短受工作性质、部门类型、上司风格、组织文化、新员工的实绩等诸多因素的影响。但是，它一般都发生于新员工进入组织后最初的几年。

（二）相互接纳的标志

组织与新员工相互接纳需要一定的时间和过程，在这一过程中，组织与新员工是如何相互接纳的呢？相互之间有哪些行为事件和信号可以表明相互接纳了对方呢？

1. 新员工接纳组织

新员工在组织中经过了一段时间的适应后，逐渐适应了组织生活，便会发出接纳组织的信号。这些信号包括以下几种。

（1）当新员工决定留在组织中时，这是新员工接纳组织和聘用条件的一个重要信号。在劳动力市场充分开放、新员工具有有效竞争力的条件下，新员工流动率一般较高，如果组织环境不理想，新员工随时都可能离开组织。因而，新员工决定留下来也就暗示了其对组织和工作情境的真正接受。

（2）新员工关注组织的发展，是其决定留在组织和接纳组织的又一明显信号。组织的发展与员工的发展密切相关，具有团队意识和参与意识的新员工不仅关心组织的发展，服从于组织，还会力求融入组织，注重发扬团队精神，具有积极参与组织团队各项事情的意识和要求，这表明员工个人在感情上已经接受了组织，而且接纳程度比较深。

（3）组织有时会向新员工许诺在将来某一时间赋予其富有挑战性的工作，或是增加工资和晋升，但目前需要接受枯燥的工作或低薪和低职务等级。如果员工心甘情愿地接受不合意的工作、较低的报酬或较低的职务等级，并认为这只是暂时情况，相信和期待组织的承诺一定可以兑现，这是新员工接纳组织的又一信号。因为员工愿意暂时承受这些压力，就表明他信任组织，对组织充满信心。

（4）新员工发挥出高水平的内激励，是其接纳组织和工作情境的明显信号。员工发挥出高水平的内激励，主要表现为工作积极性、自觉性、创造性的充分发挥，具体体现为满腔热情地对待工作，具有高度的责任心、事业心，愿意承担更多的工作任务，吃苦耐劳，积极参加具有创造性、挑战性的组织工作，等等。员工的内激励水平以及工作积极性的高低与其对组织的归属感明显相关。内激励水平高是其归属感强烈的明显体现，也是员工接纳组织的重要标志。

2．组织对新员工的接纳

尽管相互接纳是组织与员工双方的事情，但是由于接纳的主动权多数时候掌握在组织手中，因而组织往往是相互接纳的主导方。有时，新员工可能会对自己的工作感觉良好，希望能被组织接纳，然而他却并没有进入组织的决定权，同时也难以了解组织对自己的态度和是否决定接纳。但是，他可以通过组织的行为和具体事件来判明自己是否已被接纳。组织接纳新员工的标志性事件主要有如下七种（吴国存，1999）。

（1）正面的实绩评定。在第一次正式或非正式的工作业绩评定中，组织对新员工给予正面的肯定和表扬，是表明组织接纳的最常见的事情。但是，这种做法往往是虚名，并不确定。当上司说你"进步不小，表现不错"时，可能表明你仍处于试用、考察期，并未确定组织一定接纳你。尽管如此，这总还是一个准备接纳或有利于组织接纳的好信息。

（2）分享组织的"机密"。表明组织接纳一名新员工最普遍和有意义的办法是向新员工提供特种信息。特种信息是有关组织内人和事的"内幕""真相"。所谓分享组织的机密，大致有以下四个方面的内容：① 与工作有关的具体信息，如具体的技术、营销技能、生产方法等；② 关于别人对新员工的真实看法，或者关于新员工与他人相比情况怎样、前途如何、预期出现晋升或进一步流动、工作调换时间等的议论；③ 有关事项怎样办才能成功的机密，以及为办成事不得不遵循的非正式程序、要找的关键人物等；④ 组织内关键事件的真相及其发生原因。上述信息显然只能由受到信任而不会利用它的人来分享。只有当新员工证明自己有工作能力并接受了组织的核心价值观时，他的上司或同事才有可能向其发布并共享特种信息，至此他被组织接纳也就是显而易见的了。

（3）流向组织内核。组织内的各级组织都会有一个核心，或称内核。这是组织重大事情的决策和执行指挥部门。对于有才干的、接受组织价值观的新员工，组织很是信任，视其为骨干，向其直接通告组织意图，并听取他们的意见和建议。这种推动新员工流向组织内核的过程，往往象征着组织在更大程度上接纳了新员工。

（4）获得晋升。这是一种显而易见的有形奖励，新员工对此都很重视并将其视作组织接纳自己的证据。晋升是一种垂直运动，它意味着员工职业生涯发展穿越了一种等级边界。需要指出的是，流向组织内核并不同于晋升，因为它没有发生职务等级向上的运动，而只是反映出新员工同组织（核心人物或组织代表）关系的密切，以及自己在组织中的地位和作用有所提高。当然，流向组织核心也不同于穿越一种职能边界，进行横向运动的职能变换。在现实生活中，流向组织内核、晋升和职能交换有可能同时发生在一个人身上，但是更多的情况则是只有流向组织核心的运动，而未必获得晋升或经过一次横向变动。

（5）增加薪资。若是常规的、大家都有的提薪，并不意味着组织真的已经接纳了你，而很可能是你恰好赶上了增薪。在这种情况下，如果给你的增薪幅度比较大，表明组织有接纳你的意思。若是非例行的超常规增薪，增幅也较大，则很可能说明组织充分肯定了你的工作实绩并接纳了你。

（6）分配新工作。象征组织接纳的最重要的事件是，新员工由暂时的、练练手的初次工作分配转向第二次分配。当然，第二次分配的工作绝不是初次分配的简单工作类型的重复，而是富有挑战性的工作，或者直接关系组织发展的重要工作。

（7）举行仪式活动。许多组织接纳新员工都会举行一种礼仪活动作为象征，例如迎新仪式、宴会、茶话会等，或者给新员工授予某种具体的特权或符号。举行仪式活动可以改善和密切新员工与组织中其他成员的关系；而新员工也会以此为标志，以成为组织的正式成员而自豪。

第二节　组织职业生涯中期管理

职业生涯中期是员工职业生涯发展的最重要阶段，这一时期员工既有可能取得辉煌的成就，也有可能陷入职业生涯中期危机。因此，组织要实现自身的发展目标，就必须强化其职业管理任务，帮助员工克服职业生涯中期所发生的职业问题。组织需要设计促进员工职业中期发展和预防、补救职业生涯中期危机的管理方案和措施，加强组织职业生涯管理。

一、组织职业生涯中期的管理原则

对于处在职业生涯中期员工的职业生涯管理，应当遵循如下五个管理原则。

1. 双赢原则

双赢原则就是既利于组织又利于员工个人的管理原则。在职业工作岗位上，员工同组织是息息相关的，二者的利益具有明显的一致性。员工个人职业发展辉煌，必然会极大地促进组织的兴旺发达；相反，个人发生职业危机，也必然会制约组织劳动生产率和经济效益的提高。同时，二者的利益也有矛盾的一面，这一点特别容易在员工职业生涯中期发生，例如员工个人的晋升愿望与组织有限的职位空缺之间的矛盾、员工的培训需求与组织的培训机会之间的矛盾、工作和家庭之间的矛盾等。如果这些矛盾得不到很好的协调与解决，员工的职业生涯发展就会受阻，从而不仅影响员工的个人利益和工作积极性，使员工丧失信心，走向下坡路，也会由此影响组织的利益。所以，在中期职业管理中，组织必须兼顾组织与员工双方的利益，尤其注意不要忽视员工的利益，而应想方设法协调双方的需要。

2. 与员工个人沟通原则

管理沟通非常重要，通过沟通可以详尽地了解员工的实情，根据员工的需要设置可行的职业通道，避免管理的盲目性；通过沟通可以了解员工个人在职业中期的心理变化、新的需要与目标，以及未来的打算，从而提高组织职业生涯管理的科学性、针对性和有效性；通过沟通组织不仅可以接收到来自员工个人的信息，而且可以将组织的信息传递给员工，帮助员工更好地客观评估自己，审视自己的职业需求及其实现的可能性，从而有助于员工做出实事求是的、具有可行性的决策，顺利度过职业中期阶段。此外，与员工沟通还体现了组织对员工的关心，可以增进员工对组织的信任和情感，有利于员工工作积极性的保持和发挥，可以预防员工职业生涯中期危机的出现。

3. 因人而异、对症下药原则

职业生涯中期是人生最复杂和任务最繁重的一个时期，每个员工的生物社会生命周期、职业生命周期和家庭生命周期的具体运行情况千差万别；各个生命周期相互影响、互相作用的情况也存在着很大的差异；每个员工所面临的各个生命周期运行任务和所负责任大小不同，轻重程度不同，繁杂程度也不同，由此也就决定了每个员工在职业生涯中期的心态、理念、价值取向必然有别。因此，对员工中期职业生涯的开发与管理必须细致入微，因人而异，针对不同情况对症下药。

4. 重点管理原则

管理的重点应当放在处于职业生涯中期危机的员工身上，而不仅仅是那些在职业生涯中期能够获得晋升或进一步发展的员工身上。因为一般而言，在所有的员工中，在职业生涯中期仍能获得进一步发展的员工所占的比例并不是很大，并且这些人在组织的关照下将会顺利发展。与此同时，有相当数量的员工都因其职业生涯发展停止了而变得不关心组织的工作，失去了工作兴趣、热情和信心，没有进取心，安于应付，企求安稳。出现这种情况的原因是多方面的，但令人惊讶的是，对于在组织中占有很大比重的这些员工，组织却很少注意到，有的甚至对他们不闻不问。而实际上，这正是组织职业生涯中期管理的重点所在。因此，组织必须对员工职业动力不足的情况及其原因进行深入分析，并有针对性地采取措施，以激发员工的工作活力、热情和积极性，预防和补救职业生涯中期危机。

5．动态管理原则

无论是员工还是组织，都是始终处在动态变化之中的。员工在其职业生涯早期，往往会对组织及其文化采取服从和接纳态度，并尽量将自己融入组织，尽心尽力地工作。到了职业生涯中期，员工大都处于而立、不惑之年，在事业上也多能独当一面，谙熟组织及其中的人与事，具有一定的人生阅历，面对复杂多变的客观世界拥有个人的独立思考和见解。此时，他们的人生态度、价值观、心理理念大都已经发生了很大的变化。在职业工作上，员工队伍也发生了明显的分化与转折，有的如日中天，走向顶峰；有的平平稳稳，尽职尽责；有的则不闻不问，重心由工作转向个人与家庭。在员工职业生涯中期，心理、理念、行为发生动荡变化的紧要关头，组织切不可停留在对员工职业生涯早期认识的基础上去进行职业管理，而必须依据组织和个人变化了的情况实施动态管理，这样才能取得最佳的效果。

二、组织职业生涯中期的管理任务

1．为员工提供更多的职业发展机会

按照组织发展的常规思路，对员工人力资源的需求呈金字塔形，而且随着组织的扁平化，中层和高层人员的数量将会更加有限。如何在这种情况下给发展到一定阶段的员工创造发展机会，是组织能否留住员工的关键。组织可以从以下几个方面着手：开辟新的开发项目，以增加组织的新的岗位；通过一定的形式承认员工的业绩，给予一定的荣誉；进行岗位轮换，丰富员工的工作经验，使员工的成长需求得到满足。

2．转变观念，提高员工的竞争力

随着社会的飞速发展，组织的变革也在不断加快，再加上新技术的快速普及和经济状况的急剧变化，人们需要付出更多的努力才能适应组织的变化。这就要求组织平时注重员工的成长性和学习，将个人发展融入组织的人力资源政策中。如鼓励工作轮换、管理人员跨部门流动或提升，当遇到经济或行业发展不景气时，员工就会有较强的调整和竞争能力，其职业生涯发展也就不会因偶发事件而中断。

3．帮助员工形成职业自我概念

在职业生涯中期，由于个人的职位、地位上升困难，许多员工都会面临一些失败的体验，致使早期确立的职业理想产生动摇，此时他们往往需要重新检讨自己的理想和追求，建立新的自我。

针对这种常见现象，组织应该较早地鼓励员工进行职业生涯探索，给他们提供必要的职业信息，对职业探索的结果尽可能地给予支持。通过这些措施可以增强员工对职业变化的适应性，从而提高他们自我管理职业生涯的能力。

4. 丰富员工的工作经验

工作经验的丰富本身就是职业生涯追求的目的。组织有意识地进行工作再设计，可以使员工产生对已有工作的再认识、再适应，产生积极的职业情感。

例如，原来一个人只完成一项工作的某一部分，通过工作再设计将所有这项活动整合起来，就可以让员工从原料到产品产生一个整体印象。虽然工作难度增加了，但丰富了工作内容，尽管没有晋升，但工作本身带来的成就感在某种程度上则超越了简单的晋升。另外，组织还可以通过加强工作经验总结和工作角色轮换，使员工在职业生涯中期发展得更好。

5. 协助员工解决工作和家庭冲突

除了上面提到的几点，组织还可以有意识地采取一些政策和措施以部分地减轻员工的家庭负担，帮助员工平衡工作和家庭责任的关系。如设立幼儿日托、提供产假和家庭休假、设计灵活的职业发展通道、实行弹性工作制等。

三、组织职业生涯中期的管理措施

下面我们以一些公司实施内部晋升与员工发展制度运作的实例（加里·德斯勒，1999）说明在职业生涯中期组织应当如何开展职业生涯管理工作。

（一）帮助员工自我实现

在职业生涯中期，员工想要实现自己的理想、充分发挥自己的才能、取得与其能力相称的成就的需求往往表现得更为强烈。那些未能满足员工这些方面需求的组织往往会失去它们最优秀的员工，或者是导致员工越来越不满，献身精神越来越差。组织赢得员工献身精神的一个关键方法就是帮助他们完成自我实现——使他们都能充分发挥自己的潜能并获得职业生涯的成功。

常见的组织开展的帮助员工自我实现的措施有以下几项。

1. 提拔晋升，畅通职业生涯管理通道

这一措施主要适用于有培养前途、有作为、能获得晋升的员工。晋升主要有以下三种路径。

（1）行政职务的提拔晋升。如根据员工的具体情况，将其由行政管理科员提升为副科长、科长、副处长、处长等；或是将其由业务员提升为业务主管、部门经理直至总经理等。

（2）转变职业，由操作工提拔为管理者。对于有思想、有才干、业绩突出和处于职业生涯中期的普通操作工人，要为其铺设发展通路，适时地将其由生产操作者转变为管理者。这对于员工积极性的调动、才干的发挥和工作的开展是极有益处的。

（3）技术职务的提拔晋升。通过承担重要的技术工程项目和任务，督促员工成为技术专才。对于在许多组织中由于受金字塔形职务结构的限制而不能获得行政晋升的员工来讲，可以将其由助理工程师提升为工程师、高级工程师等。这是一条很好的途径，虽然不一定伴随有行政职务的上升，但随着技术能力走向顶峰，仍然会创造职业生涯中期的辉煌。

2. 安排富有挑战性、探索性的职业工作

处于职业生涯中期的员工年富力强、经验丰富，组织应当大胆地将一些富有挑战性和探索性的新工作任务交给他们。这样做一方面可以表明组织看重他们的才能，对其很好地完成任务充满信任，另一方面也可以给予员工表现自己才干、实现自我价值的机会，以增强其成就感。对于圆满、出色地完成任务的员工，组织应当予以各种形式的表扬和奖励，这样必然能够起到增进员工工作的自信心、上进心，鼓励他们创造更好的业绩，调动其积极性的作用。

3. 实施工作轮换

美国学者卡茨等人的研究发现，员工的工作满足源会随着一个人从事一项给定工作的实际时间的长度发生系统的变化。在员工从事某项职业的最初几年，他们都会觉得工作对自己具有很大的吸引力、刺激，他们会对工作的任何变化与改进感到兴奋，并会不遗余力地做出自己的贡献。这就是卡茨所谓的"反应期"。

特别是在就职于一个岗位的最初半年里，个人充满了新鲜感，有检验自身知识和能力的愿望与需求，以及渴望获取成效的激情。在持续工作的 5 年中，个人的追求与满足集中于尽快了解、熟悉工作和适应工作需要。当个人的工作资历达到 5 年以上，他对工作再设计便可能会失去反应，并会对工作本身产生"疲顿倾向"，从而有出现失去进取心和创新精神的潜在危险。这时其工作满足源往往也就转向了工作的外因素，如监督的性质、工作场所的人际关系、作业环境与条件、报酬和福利、退休方案及其待遇等。尽管这些外因素在整个职业生涯中都是重要的，然而现在对其而言则相对地格外重要。员工的"疲顿倾向"在职业生涯中期往往会突出地表现出来。

因此，从组织角度考虑，一个重要的预防措施就是制订出明确的工作轮换计划。如规定在同一岗位上工作超过 5 年的员工必须轮岗。因此，组织要做好以下三项工作。

（1）检查在同一职业岗位上连续工作了 5 年及以上的所有员工（包括经理在内）的人事文件。

（2）评价这些员工的工作情况，认清其工作专长，了解其个人特征、才干等。

（3）调查这些员工的变化，包括心理、价值取向、需求及未来打算等。在这些工作基础上制订具体轮岗的实施方案，在征求员工意见后进行工作轮换。这样可以使员工获得发展新技能的机会，重新刺激起他的新鲜感和兴趣，激发其工作的活力和干劲，以便为组织做出更大贡献。

4. 赋予员工以良师角色，为其提供适宜的职业生涯发展机会

在现实中，对于处于职业中期且年龄较大的员工，由于其进取心和工作参与感往往都有所降低，组织应当考虑为其安排适当的角色并提供相应的发展机会，以获得最佳组织效益。

（1）让年长的员工充任良师的角色。对于在技术领域已达到顶峰或失去进取心的员工，组织可以更多地利用其经验与智慧，让其担任年轻人的师傅、辅导员或教练，以便进一步发挥其作用。

（2）为中年期的员工提供适宜的职业发展机会，让其担当临时性组织者角色。如让员工在做好本职工作的同时，到另一领域尝试其想法，或发挥其长处。有些员工虽然无强烈的上进心，但尚有较强的工作欲，对这些人组织不妨通过提供职业机会对其工作需要做出反应。例如，让一名资深的工程师去负责一项针对初级工程师的培训方案；请年老一些的工程师担负作业组负责人的临时任务；等等。这样做能够调动员工的积极性，保持员工的工作参与欲，充分利用员工之所长，为组织服务，达到促进组织发展的目的。

5. 改善工作环境，预防职业生涯中期危机

工作环境和条件对员工的发展具有重要影响：组织的硬环境和条件，如机器设备，厂房，各种设施，工作场所的温度、湿度、照明度、卫生清洁度、噪声、粉尘的污染度和绿化水平等，均会对员工的身心健康产生直接的影响；组织的软环境和条件，如组织文化、目标、价值观、具体规章制度、劳动关系、人际关系、组织风气等，则会对员工的进取心、归属感和工作积极性产生重要影响。因此，组织进行职业生涯管理的一个重要职责和措施就是要不断更新改造上述工作环境和条件，促进员工的职业生涯发展。特别是对处于职业生涯中期的员工来讲，改进组织工作环境和条件，增加薪酬、津贴、奖金，使他们享受更多的福利待遇，不失为一项预防职业生涯中期危机、调动员工积极性、激发其活力的有效措施。

对于那些已经处于职业生涯中期危机之中的员工，如果其积极性、进取心、工作参与感确实已经下降，而参与家庭、社会和个人爱好等活动的需要与日俱增，这时组织也可实施灵活机动的形式与处理方案。这些方案包括允许其从事非全日制工作、有灵活的工作时间、休假、半休等。只要这些员工的工作对组织来讲仍有价值，那么某种形式的非全日制工作总是比终止他们的职业工作更有意义。

（二）建立内部晋升计划

对于许多员工来说，"发挥潜能并获得成功"就相当于其在组织中实现了自己的职业生涯发展目标。因此，许多组织也确实已经制订了具有综合性的职业生涯管理以及内部晋升计划。然而，虽然许多组织都制订了内部晋升计划，但在不同组织之间，内部晋升计划和内部晋升政策之间的差别却是很大的。在彭尼公司，"当公司的某一部门内部出现了职位空缺，而又有一个相关的内部候选人符合填补职位空缺的条件，我们就愿意搞内部晋升"。在联邦快递公司，"只要有可能，我们就从企业现有的员工队伍中寻找合适的

人选来填补职位空缺"。在国际商用机器公司（IBM），"晋升者都是从内部提拔上来的——当然同样要看他们的业绩"。在德尔塔航空公司，"德尔塔航空公司只雇用初级员工，然后通过对他们进行培训和开发，将他们提升到需要担负更高责任的工作等级上来"。在丰田公司，工作小组组长职位和工作群体班长职位是工厂中所有担任管理职位的人都必须经过的一个阶梯。"当工作小组组长职位和工作群体班长职位出现空缺时，应当考虑从公司当前员工中挑选合适人选来填补它们，这是丰田汽车制造公司的管理哲学。不仅如此，丰田公司还坚持做到，如果办公室中的某一职位出现了空缺，也尽可能地从内部提升员工来填补。只有在努力从公司内部选拔人员但仍找不到的情况下，才从公司外部雇用新的人员来承担空缺职位的工作。"

对内部晋升政策的强调揭示出，距离成功地执行这一计划还有很远的路要走。因此，在一些比较先进的企业中，内部晋升计划是由以下五个部分组成的：内部晋升政策；以价值观为基础的雇用；人力开发活动；以职业发展为导向的工作绩效评价；职业记录与工作公告的协调制度。这五种策略计划的综合实施是保证员工发展的关键。

（三）落实内部晋升计划，促进员工发展

组织制订具有综合性的职业生涯管理和内部晋升计划是一项非常重要的工作。建立和落实内部晋升计划，可以不断地促进员工的发展。

1. 实施以"价值观为基础的雇佣"

内部晋升计划应得到以"价值观为基础的雇佣"制度的支持。正如一位德尔塔航空公司的管理人员所说："首先，我们是为未来而雇用的……雇用过程有利于那些因某种优势而具有晋升潜力的人。德尔塔航空公司同意应当几乎完全实行内部晋升政策。除少数具有特殊技能的人之外，所有的人都应当从初级岗位干起。"在其他一些比较先进的组织中，这方面的做法也大体如此。当然，如果组织所雇用的员工已经不具备进一步晋升的潜力，那么组织是不可能真正坚持实行内部晋升制度的。因此，雇用有晋升潜力并且具有与组织同步的价值观的人，是任何内部晋升政策的先决条件。

2. 落实员工职业生涯开发计划

组织职业生涯开发计划是保证员工职业生涯发展的重要措施。因此，组织必须明确以下几个方面。

（1）要加强和扩大对处于职业生涯中期阶段员工的人力资本投资。

（2）准确掌握每个员工的具体情况和培训需求。

（3）根据不同员工的情况和需求，采取不同的对策和教育培训方式与内容。

总之，在教育培训上，不可以歧视职业生涯中期的员工，而是要想方设法启发、培养他们的学习意识，给予他们更多的受教育和培训机会。

许多比较先进的组织为落实内部晋升计划、促进员工发展，都提供必要的教育培训资源来帮助员工确认并开发自己的晋升潜力。在本&杰瑞公司（Ben&Jerry），晋升开发

是受到职业规划计划、公司实习期计划以及学费资助计划的鼓励的。本&杰瑞公司的职员被要求参加一个前后为 8h 的职业规划研讨会。这一研讨会的目的是帮助员工思考和规划自己的职业。参加过这一研讨会的员工如果希望学习公司其他工作岗位上的知识，那么他们还可以花 2～3 天时间去见习这些工作，在这几天时间内，公司同样是付报酬的。公司每年还对三种以上的课程提供 90%以上的学费资助。另外，公司还提供许多课堂教学、学术研讨会、咨询指导会等，它们都是由公司预订并支付费用的。其中包括：社区和大学的教学课程；由佛蒙特（Vermont）社区大学教授的商业协作课程；计算机课程，通过这一课程的人可以从本&杰瑞公司的信息服务部获得一个证书；成人基础教育指导课程；提供引导和应要求而开展的一对一管理开发咨询；专业技术开发课程和学术研讨会；财务计划研讨会以及个人咨询；等等。

其他一些公司在开发员工潜力方面也进行了大量投资。例如，IBM 公司制订了一项在本行业中属于最具综合性的培训和教育计划。IBM 公司资助员工到公司外部的大学或学院参加脱产或业余的高等教育课程。"这与 IBM 管理个人职业生涯的目标是相一致的。"IBM 公司的员工还可以在从事两年令公司满意的全日制工作之后得到一种不带薪的教育假待遇，这是 IBM 公司教育计划的一个组成部分。

IBM 公司所实行的广泛的员工开发计划是以所有的员工为对象的一个自愿参与计划。IBM 公司强调，根据自己的工作兴趣和未来目标决定是否参与开发计划是每一位员工的责任。这样，管理人员就要负责确认他们的员工是否有兴趣参与这些计划，并要弄清楚自己下属员工的开发需要。尽管 IBM 公司的员工通常都是根据自己的时间和精力状况来确定自己参与何种开发活动，但他们在进行自我开发的过程中都是得到公司的鼓励的："尽管参加这些员工开发项目本身并不能保证你一定会得到提升、调动或变换工作，但它却肯定能够帮助你确定自己的工作目标、提高自己的能力。"此外，IBM 公司还制订了学费返还计划，当员工参与公司批准的由信誉较高的大学、学院、商业学校或技术学校开设的课程或学习计划时，公司将全额返还员工所缴纳的学费成本以及其他各种合理的教育收费。

3. 开展以职业生涯发展为导向的工作绩效评价

以职业生涯发展为导向的组织往往也注重以职业生涯发展为导向的工作绩效评价。换言之，他们并不仅仅是评价员工过去的工作绩效；相反，主管人员和被评价者还将负责把后者过去的工作绩效、职业偏好与他们的发展需要以一种正式职业生涯规划的形式联系起来。

在这方面，彭尼公司是一个很好的例子。他们的管理评价表要求既要说明"晋升可能性建议"，还要说明"相关的开发计划设想"。

彭尼公司的这种评价系统的运作方式是，在每年一度的工作绩效评价开始之前，相关人员及其上级管理人员都需要审查彭尼公司的管理职业表（the management career grid）。表中列出了彭尼公司的所有主管职位（划分为经营工作、贸易工作、人事工作和综合管理工作）的名称，同时还包括像"地区目录式销售管理员"等这样一些特殊的工作名称。此外，公司还提供了一份"工作描述清单"。这张单子包含了对职业表中所有工作的简短工作描述。

4. 建立职业记录及职业公告制度，建立组织职业信息系统

大多数比较先进的组织都有职业记录及职业公告制度。这种制度的基本目的在于确保内部候选人的职业目标和技能能够与各种晋升机会公开、公正以及有效地匹配起来。

古德曼·萨奇公司的内部工作配置中心（internal placement center，IPC）就是这种制度的一个很好实例。古德曼·萨奇公司这一机构设置的目的在于：唤起公司员工对追求在公司不同领域中谋求职业发展的机会和兴趣。内部工作配置中心还简化了公司在填补职位空缺时考虑各个候选人的任务，因为它可以向管理人员提供关于能够为他们的员工提供职业发展机会的空缺职位的信息。

古德曼·萨奇公司的内部工作配置中心的工作过程可以分为以下五个步骤。

（1）当某一职位出现空缺时，员工管理人员可以首先进行一项内部、外部或综合性（既包括内部又包括外部）的调查，但是公司"鼓励进行内部调查或综合性调查"。

（2）管理人员和招募人员为此空缺职位填写一份工作描述表。这张表包括工作名称、部门与直接管理人员、对职位职责的描述以及该职位对从业者的总体资格要求。

（3）将空缺职位机会在内部工作配置中心以及在每一楼层的接待处公布出来。

（4）对空缺职位感兴趣的员工向公司的内部工作配置中心递交申请报告以及最新的履历介绍。

（5）由内部工作配置中心的协调员和招募人员对每一位员工的申请书进行资格审查。一般情况下，员工在递交申请报告的两周以内就会得到内部工作配置中心协调员寄到家里来的通知，告知他们申请报告的处理结果。这仅仅是决定员工能否被邀请参与求职面谈的步骤。那些被挑选上的员工将接着进入下一步的面谈阶段。

在这个人生最漫长、最重要的职业生涯中期阶段，员工的各种问题和矛盾往往也都比较集中。一旦处置不当，对组织的全面发展和员工进步就会十分不利。因此，组织应当通过实施有效的管理措施，加强职业生涯中期的管理，进一步保证员工职业生涯的顺利发展。

第三节　组织职业生涯后期管理

在职业生涯后期，员工已经进入其职业生命的最后阶段。在这一阶段，员工的人生需求变化很大，而职业生命尚有十年左右时间。如何发挥员工的潜能和余热，并帮助员工顺利度过这段时间，是组织义不容辞的责任。所以，在职业生涯后期，组织仍然肩负着很重的职业生涯管理任务。

在职业生涯后期阶段，组织和员工都必然面临着退休问题。退休是一个人停止自己工作的时间点，这是组织进行人力资源更新的重要措施。通常退休的年龄一般在 60 岁左右，但由于一些组织实行提前退休激励方案，提前退休的人数也正在变得越来越多。大量事实表明，退休很可能会伤害员工，并且对组织的工作也会产生影响。对于大多数员工来说，退休是一个苦乐参半的经历。对于某些人来说，退休是他们职业生涯的顶点，退休意味着他们能够放松下来，享受自己的劳动果实，同时又不需要再为工作上的问题操心着急。然而，对于另外一些人来说，退休本身却会带来痛苦，因为忙碌了一生的员工在突然之间不得不面对每天无所事事地待在家中这种陌生的、"没有生产率"的生活。

事实上，对于许多退休者来说，在不从事全日工作的情况下，维护一种归属感和自我价值感是他们需要面对的一项最为重要的任务。因此，为了减少和避免可能的伤害与影响，作为职业管理过程在逻辑上的最后一个步骤，对员工退休事宜加以细致周到的计划和管理，也是非常必要的，而且也确实有许多组织都在越来越注重开展退休计划以帮助将要退休的员工应对这一问题。

退休计划是组织向处于职业生涯后期的员工提供的、用于帮助他们准备结束职业工作、适应退休生活的计划和活动。退休是组织保持更新与活力、稳定员工职业生活的必然需要。良好的退休计划可以使员工尽快顺利地适应退休生活，维持正常的退休秩序，最终达到稳定组织从业人员心理、保持组织员工年龄结构的正常新陈代谢、提供更多的工作和晋升机会的目的。

一、退休计划的管理

即将退休的员工将会面临财务、住房、家庭等各方面的实际问题，同时又要应付结束工作开始休闲生活的角色转换和心理转换，即退休者需要同时面对社会和心理方面的调节。通过适当的退休计划和管理措施来满足退休人员情绪和发展方面的需要，是组织应当承担的一项重要工作。下面我们列举了一些为某些组织所采用的，在退休计划中协助解决员工面临的一些问题的方法和措施。

（一）树立正确观念，坦然面对退休

员工到了职业生涯后期往往年老体衰，有的甚至丧失了劳动能力，因此结束职业生活也就是不可避免的。对此，组织有责任帮助员工认识并心悦诚服地接受这一客观现实。组织可以通过开展退休咨询、召开退休座谈会、组织退休研讨会等，了解员工对于退休的认识和想法，讨论应当如何认识和对待退休，交流退休后的打算，以及如何过好退休生活的经验等，帮助即将退休的员工对退休做好充分的思想准备，以减轻退休后所产生的迷茫和失落感。

（二）开展退休咨询，着手退休行动

退休咨询就是向即将和已经退休的人提供财务、搬迁、家庭和法律、再就业等方面的咨询和帮助。最近的一项调查显示（加里·德斯勒，1999），大约 30%的企业说它们已经制订了正式的退休准备计划来帮助员工顺利完成退休过程。最为常见的退休准备计划中的一些基本做法包括：说明各项社会保障福利（97%）（实行退休前教育计划的企业有此做法）；休闲咨询（86%）；财务与投资咨询（84%）；健康咨询（82%）；生活安排（59%）；心理咨询（35%）；公司外第二职业咨询（31%）；公司内第二职业咨询（4%）。在没有实行退休教育计划的组织中，有64%的企业认为这种计划是必要的，并且大多数企业都表示它们已经计划在2～3年内制订这种计划。

组织开展的递减工作量、试退休等适应退休生活的退休行动，对员工适应退休生活也具有重要帮助。递减工作量就是逐渐减少即将退休员工的工作量，例如逐渐减少其日工作时、周工作日或年工作周，使其逐渐适应没有工作的退休生活。试退休是安排即将达到退休年龄的员工离开工作一段时间去体验退休的感受，然后决定是继续工作一段时间，还是就此退休。

（三）做好退休员工的职业工作衔接

员工退休而组织的职业工作却要正常运转，因此，组织要有计划地分期分批安排应当退休的人员退休，切不可因为退休而影响组织工作的正常进行。在退休计划中，选好退休员工职业工作的接替人并及早对其进行培养是非常重要的。组织可以采取多种形式对接替员工进行职业岗位的培训与学习，如与即将退休员工一起工作一段时间，进行实地学习，请老员工传、帮、带；帮助退休员工与其接替者做好具体的交接工作，在新老员工进行职业更替时衔接好，保证工作的正常顺利进行。

（四）采取多种措施，做好员工退休后的生活安排

（1）组织应当因人而异地帮助每一个即将退休者制订具体的退休计划，尽可能地把退休生活安排得丰富多彩又有意义。例如，组织可以鼓励退休员工进入老年大学，发展多种兴趣爱好，多参加社会公益活动和老年群体的集体活动等；组织也可以自己主动提供适当的方便组建余热团体，使虽已退休但仍有心有力的员工组织起来，通过团队内部的交流和鼓励他们为组织与社区服务来满足他们的特殊情感需要和社会需要。通过这些活动可以达到广交朋友、增进身心健康的目的。

（2）组织可以通过经常召开退休员工座谈会的方式来增进退休员工与组织的互动。

① 向退休员工通报组织发展情况，互通信息。

② 征求退休员工对组织发展的意见和建议。

③ 加强员工之间的沟通、联系和友谊。同时，组织还要以多种形式关心退休员工。例如，为退休员工办好养老保险和医疗保健保险；关心退休员工的疾苦，切实解决其实际困难和问题；每逢节日、生日之际，慰问安抚退休员工；召开退休员工联谊会，进行多方面信息交流，活跃退休生活；等等。

（3）如果退休员工个人身体和家庭情况允许，尚可继续参加工作，组织也可以采取兼职、顾问或其他某种方式聘用他们，使其发挥余热。当前一个重要趋势是允许应当退休的员工兼职工作，以此作为正式退休的一种变通做法。国外最近几项以蓝领和白领工

人为对象所做的调查都表明，55 岁以上的员工中有一半以上的人都愿意在退休后继续从事兼职工作。组织也可以将这种做法吸收到他们的职业生涯管理过程之中。

许多职业组织也采用其他方法帮助员工适应退休这个重大的人生转变。波拉罗公司制订了两套有创造力的退休实施计划：①"预演式退休"，允许打算退休的员工先尝试退休一段时间后，若觉得生活不错，就正式办理退休手续，若觉得不想退休，还可以回到原来的岗位上继续工作；②"渐进式退休"，允许打算退休的员工逐渐减少工作时间，直到正式办理退休手续。

二、提前退休计划

提前退休计划是指付给员工一定的费用，让其离开职业组织。这类计划往往是组织降低成本但不削减人员策略的一个组成部分。退休经费一般是指一笔退休金及按一定比例发放的月工资或年工资。这些经济待遇对员工，特别是对那些在组织时间较长的员工来说，还是有一定吸引力的。退休经济待遇是按员工在职业组织的工作年限计算的。但是提前退休计划也存在着两个主要问题。

第一，这个计划的危险之一是，如果暂时无法替代的技术专家选择了提前退休，将会给组织带来很多麻烦；第二，老龄员工认为提前退休当中包含有歧视的因素。为了避免由此而带来的麻烦，组织应该弄清楚自己制订的提前退休计划是否具备下列条件。

（1）是否是员工福利计划的一部分。

（2）调整以年龄为区分尺度的提前退休条件。

（3）允许员工自愿选择提前退休。

退休条件一定不要涉及与年龄有关的能力、技术等方面因素。研究表明，与年龄有关的细微能力差异其实与员工个人的工作绩效几乎没有什么关系。员工的退休决定应该建立在自愿的基础上，因此他们需要得到有关提前退休计划的全部信息，并且应该给予他们充分的时间来考虑，最后由他们自己做出决定。美国的一些公司规定，提前退休的员工可以享受公司的利润分享计划、医疗保健待遇、人寿保险待遇等。需要明确的是，要想使提前退休计划取得成功，关键是在提供物质刺激之前，首先要明确预计提前退休员工的需要。美国企业为了降低成本，诱使员工提前退休的主要做法一般是以下四种方案的某种组合。

（1）增加企业支付的员工养老金计算的时间，一般是增加五年。

（2）在员工离开企业时向员工支付一笔钱。

（3）企业向员工进行每年额外的支付直到社会保障计划开始生效。

（4）企业继续向提前退休的员工提供健康保险，直到 65 岁甚至以后。

由此可见，在西方国家，诱使员工提前退休的费用也是很高的。在意大利，法律规定企业解聘一名员工需要支付的福利高达 13 万美元；在西班牙，这一数额为 12.5 万美元；在英国，这一数额为 19 万美元。

本章小结

在职业生涯早期阶段，组织要对新员工进行上岗引导和岗位配置；提供一个富有挑战性的最初工作；在招募时提供较为现实的未来工作展望；对新员工严格要求，并开展职业生涯规划活动；开展以职业发展为导向的工作绩效评价，提供阶段性工作轮换和畅通职业通道。

新员工进入组织后，必然要经历一个个人组织化以及组织与员工相互适应与接纳的过程。所谓相互接纳，是指组织与新员工个人之间的相互关系。双方必须互相认同和接纳，只有单方的认同并不是相互接纳。

在职业生涯中期，组织的管理任务是为员工提供更多的职业发展机会；转变观念，提高员工的竞争力；帮助员工形成职业自我概念；丰富员工的工作经验；协助员工解决工作和家庭冲突。组织职业生涯中期的管理措施是帮助员工自我实现；建立内部晋升计划；落实内部晋升计划，促进员工发展。

退休计划是组织向处于职业生涯后期的员工提供的、用于帮助他们准备结束职业工作、适应退休生活的计划和活动。提前退休计划是组织降低成本但不削减人员的一种策略措施。

 思考问题

1. 分析讨论组织在各个职业生涯阶段的主要管理任务是什么。
2. 什么是相互接纳？组织与员工相互接纳的标志是什么？
3. 讨论组织职业生涯中期的管理原则。联系实际，谈谈你认为组织职业生涯中期应采用什么样的管理措施。
4. 在职业生涯后期，组织应如何制订和落实退休计划？

 延伸阅读

日本糟糕的退休政策

本篇案例分析

案例分析　从棉纺厂职工到国际著名导演

讨论题

1. 张艺谋在职业生涯发展中获得成功的原因是什么？（提示：职业生涯周期管理）

2. 张艺谋的职业经历告诉了我们什么？我们可以从中获得什么启示和借鉴？（提示：如何在职业生涯周期中进行新的职业与职业角色的决策）

第六篇
大学生职业生涯规划

【关键词】

工作世界；职业决策；求职行动；推销自己；面试；职场攻略；时间管理；压力管理；情绪管理；职场沟通策略

【学习目标】

➢ 掌握认知工作世界的方法
➢ 掌握职业决策的方法
➢ 了解用人单位的招聘流程，知晓其发布招聘信息的途径
➢ 能够对自我准备定位，通过合适的途径寻找与自身相匹配的工作平台和职位，警惕招聘陷阱
➢ 掌握如何用一份好的简历和自荐信推销自己
➢ 掌握面试前所需要做的准备以及面试礼仪
➢ 掌握时间管理、压力管理与情绪管理及职场沟通的方法，熟知职场礼仪

【开篇案例】

转变就业观念，创业走进基层①

认清形势：既要志存高远，又要脚踏实地

随着 1999 年高校开始扩招，我国高等教育的规模持续扩大，高等教育已经从精英化

---

① 资料来源：https://mp.weixin.qq.com/s/aEWm6Ai_rtwr4URRnww3hg.

转向大众化，在某些地区甚至已经达到基本普及。

据教育部统计，2019年全国普通高校毕业生达到834万人，大批毕业生涌入就业市场，为就业形势增添了巨大压力。近些年，"史上最难就业季""史上更难就业季"的报道层出不穷。

由于产业结构升级、区域经济格局调整、教育培训体制改革滞后等因素叠加，结构性就业矛盾是我国现阶段就业面临的突出矛盾。一方面，劳动者面临极大的就业压力，另一方面，企业也难以招到合适的人才。高校培养出的人才和市场需求存在一定的错配。

就业是最大的民生，在如此严峻的就业形势下，大学毕业生要想实现更高质量和更充分的就业，不仅需要有远大的理想志向，更要脚踏实地，从实际出发，既了解现实环境，又认清自身特质，树立科学理性的就业观念。

进入21世纪，教育部将毕业生就业"派遣证"改为"报到证"，以市场为导向的"双向选择、自主择业"的就业制度就此确立，大学生不再是待价而沽的"天之骄子"，需要树立主动择业的观念，不能再等待分配。还有一些传统的就业观念已经不能适应当前的就业形势。不少人仍然认为"人往高处走"，大学毕业生应该在就业中注重更高的薪酬、更高的社会地位，以及更发达的区域，出现了"新三到"的现象：到高薪的工作岗位、到好的事业单位、到发达的大城市。尤其是很多从乡村考出来的学生，更是认为好不容易走出乡村，就是要在城市立足，不愿意回到家乡，支持乡村的建设。

但是实际上，在大城市产业结构相对成熟后，人才竞争残酷，生活压力大，所有人都盯着一个碗是不明智的，我们应该放开眼界，实现多渠道、多元化的就业，基层的广阔天地也大有可为。

同时需要认识到，个人的成长和国家的发展是分不开的，国家的发展也需要每一个个体的参与和支持。我们在进行就业选择时，应该注意在社会需要和自我价值之间找到理想的结合点。

认识基层：成长成才的重要平台

很多人对基层的拒绝其实源于不了解。乡村基层因为相对落后，人们对其认识不足，造成了"大学生缺乏—经济无法发展—对人才没有吸引力—经济更加落后"的恶性循环。只有真正走进基层，认识基层，才能够感受到它的召唤，认识自己的潜力。

认识基层，首先要认清其在国家发展中的重要地位。我们已经处在全面建成小康社会的决胜阶段，而"小康不小康，关键看老乡"，乡村基层的脱贫攻坚是实现全面建成小康社会的重要一环。

党的十八大以来，鼓励和引导高校毕业生服务国家发展战略、到基层建功立业和支持青年创新创业等已经成为当前高校毕业生就业制度的重要内容。同时，国家层面也有多项计划和项目支持大学生到基层就业，如2003年实施的"大学生志愿服务西部计划"、2006年实施的"农村义务教育阶段学校教师特设岗位计划"和"三支一扶"计划，以及2008年实行的"大学生村官"计划等。鼓励和引导毕业生到基层就业，既拓宽了就业渠道，缓解了就业压力，维持了社会稳定，也促进了城乡和区域的协调发展，同时也是大学生健康成长和发展的重要平台。

　　例如，福建省自 2012 年以来探索培养年轻干部的引进生制度，从清华大学、北京大学、中国人民大学等高校引进博士、硕士毕业生，直接挂职副县（区）长、副镇长等干部岗位，配套多项措施重点培养。通过扎根基层、融入基层、奉献基层，一些引进生在淬炼中成长，以工作实绩赢得了群众认可。清华大学汽车工程系博士李腾 2013 年到福建老工业基地永安挂职副市长，经过深入调研，他带领当地进军新能源电动汽车领域，使永安在竞争激烈的新能源汽车行业占据一席之地。年仅 34 岁的李腾现在已经是三明市明溪县委书记，他说，如果奋斗只是为了在北京等大城市有套房子，开一辆好车，感到"对不起自己的一生"。

　　尚待开发的基层空间，具有更加广阔的可能性，拥有无限的潜力，是青年成长成才的重要平台。越是急需发展的地区，越是有更多的增长点，将自身所学与基层实际结合，将自己的创业理想与乡村振兴大计相结合，挖掘基层潜力，造就实打实的发展，青年人将大有可为。

第二十章 认知工作世界

第一节 认知工作世界的原因

在步入职场之前，很多人都对工作世界充满好奇和期待。那么，你眼中的工作世界是什么样子？是时尚气派的办公室和会议室里的高谈阔论、意气风发，嘈杂忙碌的施工现场和设备运转不停的厂房，还是深夜里还亮着灯的写字楼里孤单的身影？

这些都是工作世界里小小的缩影，还有很多东西是我们在亲身体会之前未曾想象到的。在工作世界中有让人获得成就的一面，也有让人茫然失措的一面。有些大学生觉得就业压力太大，不如一直躲在"象牙塔"里继续读书，但是物竞天择，竞争其实一直存在。这是因为他们只看到了工作世界里负面的信息，不努力就出局的残酷现实，无论是在求学过程中还是职场里都一样。如果学生能够清晰、客观地了解工作世界，知道尽管毕业生众多，就业竞争激烈，但只要自己用心了解市场需求、用人单位的具体要求以及职业发展路径等，就能够结合自己的特点在社会中找到属于自己的工作，做出合理的职业生涯决策，而不是盲目跟风，迷失在求职大军中。

第二节 认知宏观工作世界

宏观工作世界的信息包括劳动力市场供求关系、社会环境、行业环境等内容。工作世界信息的实时性很强，因此大学生在收集这类信息时应当注意与时俱进。

一、了解劳动力市场

劳动力市场又称为人才市场，是用人单位招聘、劳动者求职的市场。劳动力市场是遵循市场规律调节人才供求的一种机制，用人单位是劳动力市场的需求方，劳动者是市场的供给方，供求关系决定了哪些行业或职位的就业机会更多或更少。因此，大学生在搞清楚自己能选择什么样的工作之前，还要清楚这个世界需要什么。

二、了解社会环境

社会环境对每个人的职业生涯乃至发展都有重大的影响。它不但能影响我们的职业，还能影响我们生活的方方面面。通过对社会大环境进行分析，了解所在国家或地区的经济、法制建设发展方向，可以帮助我们寻求各种发展机会。

1. 经济发展水平

以往的经验是，在经济发展水平高的地区，优秀企业较多，个人职业选择的机会也就比较多；反之，在经济落后的地区，个人职业选择的机会就会相对较少，个人的职业生涯发展也会受到很大的限制。但随着我国通过经济结构、创新发展等一系列措施来解决各地区不平衡、不充分的发展问题，经济的转型会逐渐传导到劳动力市场上，劳动力结构必然要进行同步调整。一些经济欠发达的地区将有越来越多的就业机会和发展机遇。

2. 社会文化环境

社会文化是影响人们行为、欲望的基本因素。它主要包括教育水平、教育条件和社会文化设施等。在良好的社会文化环境中，个人往往能够得到良好的教育和熏陶，从而也就为其职业发展打下了良好的基础。

3. 价值观念

个人生活在社会环境中，必然会受到社会价值观念的影响。在现实生活中，大多数人的价值取向在很大程度上都是被社会主体价值取向所左右的。一个人的思想发展、成熟的过程，其实就是认可、接受社会主体价值观念的过程，而社会主体价值观念也正是通过影响个人价值观来影响个人的职业选择的。

4. 政治制度和氛围

政治和经济是相互影响的。政治不仅能影响国家的经济体制，还能影响企业的组织体制，从而直接影响个人的职业发展。另外，政治制度和氛围还会潜移默化地影响个人的追求，从而对个人的职业生涯产生影响。

5. 信息化与全球化的影响

信息技术的高度发展缩短了全球各个国家的距离，使经济资源在全球范围内进行重新组合和配置，包括国际化人才的竞争。在越来越多的跨国企业进入中国的同时，中国的企业也开始向国外发展，如联想、华为等，中国的建筑公司开始在国外兴建工程，中国的石油公司开始尝试在国外开采石油，中国也成为世界的代工中心。从世界工厂到中国制造，企业的国际化势必要求具有国际化视角与素质的员工。因此大学生进行职业生涯规划时，也应当具有一定的国际化视角，将自己放到更广的平台上，这样才有利于长久的发展。

三、了解行业环境

职业生涯往往是在特定的行业中进行的。了解行业环境能够帮助我们判断企业的发展前景，以及未来的职业生涯发展机会。尤其像财务管理、人力资源管理、行政事务管理类的非生产性岗位，选对了行业能够让你在职业生涯中走得更稳、更久。

1. 行业发展状况

选择一个自己感兴趣的行业，了解这个行业在我们国家的发展趋势如何。它是一个逐渐衰退的行业，如资源消耗大、造成环境污染、产能过剩、连续创新趋于枯竭，例如传统胶卷行业、煤炭等，还是一个朝阳行业，如新能源、电子信息、节能环保、生物技术等？

2. 目前的行业优势和存在的问题

目前的行业优势会持续多久？行业目前存在的问题是可以通过新技术的应用来改进或避免的，还是无法消除的？

3. 行业发展前景预测

对行业发展前景的预测可以从两个方面进行分析：一方面是行业自身的生命力，是否有技术、资金支持等；另一方面也要考虑和研究国家对相关行业的政策。政府往往会根据经济与社会发展状况对一些行业发布法规、政策，如对一些行业实施鼓励、扶持，同时对另一些行业限制发展。

国家统计局发布的《2017 年国民经济行业分类》（GB/T 4754—2017）中，将全社会的经济活动分为 20 个门类、97 个大类，每一个行业大类又根据生产产品和经营活动的不同细分了很多中类、小类。同一行业不同经营活动的市场规模和上升空间不同，行业的天花板越高，行业发展越具有成长性，职业生涯就越具有发展空间，获得职业生涯成功的概率也越大。因此了解行业环境要先确定一个大类，然后具体考察中类和小类，才能避免对行业信息的片面解读误导了职业生涯决策。

一般来说，个人可以通过回答下列问题帮助自己更清楚地认知所处的行业环境对职业选择和职业发展的影响。

（1）你所在的地区有哪些行业能给你提供职业生涯发展机会？哪一个行业是你最感兴趣的？

（2）你最感兴趣的行业是处于发展上升期，还是处于衰落期？这个行业会为你提供哪些发展机会？机会有多大？

（3）这个行业在你所在的地区发展状况如何？市场占有的体量有多大？市场需求是否饱和？除此之外，哪个城市该行业的就业机会更多？

（4）除了自己所在地区的就业机会，还有哪些城市、哪些新兴行业或哪些企业有适合你的发展机会？

第三节　认知微观工作世界

对宏观工作世界有了一定的认知之后，我们要进一步对微观工作世界进行探索。如果你打算进入某一个组织从事某一项工作，组织环境就会对你的职业发展产生重要的影响。通过对组织的内部环境进行分析，可以帮助个人了解企业在本行业的地位和发展前景，以及组织产品在市场上的发展潜力。

一、了解组织环境

1. 组织文化

组织文化决定了一个组织如何看待其员工，所以员工的职业生涯是为组织文化所左右的。一个主张员工参与管理的组织显然要比一个独裁的组织能为员工提供更多的机会；而一个渴望发展、追求挑战的员工自然也很难在论资排辈的组织中受到重用。当然，从另一方面来看，个人的价值观与组织文化有冲突，难以适应组织文化，这也决定了他在组织中难以得到发展。因此，组织文化也是在制订个人职业生涯规划时应当加以考虑的一个重要因素。

2. 组织制度

组织员工的职业发展是要靠组织管理制度来保障的，包括合理的培训制度、晋升制度、绩效评估制度、奖惩制度、薪酬制度等。诸如组织的价值观、组织的经营哲学也只有渗透到制度中，才能使制度得到切实的贯彻执行。凡是没有制度或者制度制定得不合理、不到位的组织，其员工的职业发展就难以实现。

3. 领导人的素质和价值观

组织的文化和管理风格与其领导人的素质和价值观之间往往有着直接的关系，实际上组织的经营哲学往往就是组织家的价值观。组织主要领导人的抱负及能力是组织发展的重要因素。

4. 组织实力

组织在本行业中是具备了很强的竞争力，还是处于一个很快就会被吞并的地位？发展的前景是什么？在激烈的市场竞争中，不一定是最大、最强的组织就能生存，即不是强者生存，而是适者生存。只有适应这个环境、适应发展趋势的组织才能生存。

5. 工作内容和职责

要清楚组织对从事某项工作所要求的知识、技能、素质以及资历、资格是不是自己所具备的，或者能够通过学习获得的。还有工作的时间、地点和环境是不是符合自身的情况。

二、新生职业生涯信念

传统职业生涯信念与新生职业生涯信念有很大区别（见表 20-1）：前者认为组织应当为员工的职业生涯发展负责；而后者认为员工应当为自己的职业生涯负责。在传统职业生涯信念中，员工是从属于组织的，组织好像父母一样应当照顾员工，同时员工应当以组织为家，以组织利益为第一，以被组织认可获得升职为成功。在新生职业生涯信念中，组织和员工的关系更像是合作者，组织向员工提供横向的职业发展，而员工在接受新的工作或任务时能够不断学习新的技术与知识，以适应组织的需要，同时提升自己的专业能力和就业竞争力。新生职业生涯理念是经济和技术快速发展的产物，日趋激烈的竞争要求企业有更灵活和快速的适应能力，因此组织更愿意采取一种期限更短、双方承诺更少的"交易型"心理契约，在这种契约下，因为雇佣的不稳定性、竞争的不确定性，员工更需要为个人的职业生涯规划负责，以便能够控制机会和主导个人的发展。新生职业生涯信念提醒大学生应更主动地为自己的职业生涯规划负责，以新视角来看待职业生涯规划，无论在哪个组织中工作，都应该注意培养个人就业竞争能力，以更积极地把握个人的发展。

表 20-1　传统职业生涯信念与新生职业生涯信念的区别

传统职业生涯信念	新生职业生涯信念
重视忠诚和工作任期 <ul><li>接受工作稳定的职业生涯模式</li><li>忠诚于公司，公司将以延长工作任期作为奖励</li><li>经常需要个人为公司利益做出牺牲</li></ul>	**重视承诺和绩效** <ul><li>接受实现个人理想的职业生涯模式</li><li>忠诚于增强信心的理想，人生的价值是做贡献和适应新的要求</li><li>认为团队协作和彼此忠诚是重要的</li></ul>
成长 <ul><li>成长就相当于晋升</li><li>逐级晋升就等于成功</li></ul>	**成长** <ul><li>成长与个人发展和人生意义相关，尤其要扩大知识面，提高技能水平</li><li>从事个人认为有意义的活动就等于成功</li></ul>
员工发展 <ul><li>组织重视员工发展</li><li>个人重视组织所提供的职业生涯道路，通过获得组织认为重要的技能寻求保障</li><li>组织对员工的职业发展负责</li></ul>	**个人发展** <ul><li>组织重视个人发展</li><li>最成功的工作环境会鼓励员工不断学习和进步</li><li>个人对自己的职业发展负责</li></ul>
绩效 <ul><li>个人保障与受雇时间长短有关</li><li>个人应该在同一家单位长久供职</li></ul>	**暂时性** <ul><li>个人保障与个人能力和适应性挂钩</li><li>个人可能不在同一家公司长久供职</li></ul>
组织模式 <ul><li>组织相当于一个小家庭："妈妈和爸爸"（高级管理人员）会照顾我们</li></ul>	**组织模式** <ul><li>组织相当于一个大家庭，重要的是伙伴关系和关系网络，服务是共享的</li></ul>
组织体制 <ul><li>以职位等级为基础，由具体的工作组成</li></ul>	**组织体制** <ul><li>以要做的工作为基础，由合同、联盟和网络组成</li></ul>

三、多种工作形式选择的可能性

当我们更仔细地审视未来时，会越来越明显地发现通向未来的道路可能不止一条，而是很多条。工作的形式有很多种，最常见的就是全职工作，即连续为同一雇主工作，每周工作 40 小时或 10 小时以上的工作，学生在求职时都希望能够找到一份全职工作，因为其具有相对的保障和稳定性。

随着新兴产业的不断涌现，兼职工作是近些年需求量增长很快的工作形式之一。兼职工作者每周为同一雇主工作的时间不足 40 小时，他们通常没有将工作报酬作为生活费的主要来源，不是为了赚取额外的收入而考虑工作。兼职工作虽然收入不一定高，也不够稳定，但对学生，尤其是那些希望继续读书，但又受限于经济条件的学生来说，是很好的增长社会经验的途径。

另一种和兼职工作有些类似的工作形式是多重工作，是指一个人同时兼有两个或两个以上独立的工作角色。有时，他们也被称作"兼职者"，因为他们经常除了做"有规律的"全职工作，还有一份兼职的工作。多重工作者的角色包括：为两个或两个以上雇主工作，或者为一个雇主工作的同时自己也经营企业。他们喜欢在具有多样性、灵活性和变化性的环境中工作，愿意不断地更新技能，从而为自己提供"保障"。自我创业，做一个企业家，也是一种工作形式，其风险最高。

大学生在进行职业生涯规划时要注意到这些可选择的工作，给自己更大的选择空间。例如创业是你的最终理想，但在刚毕业，时机尚未成熟时，可以从其他的工作形式开始，有了各方面的积累后再进行创业。又或者一时难以找到心仪的全职工作的大学生，不妨从兼职工作开始培养自己所欠缺的经验和能力，再去争取全职工作。只有在看到更多的可能性时，个人才会有更多办法走上自己的理想道路，并将经历的过程看作锻炼和提升的机会。

第四节　认知工作世界的方法与途径

工作世界的信息浩如烟海，很多大学生根本搞不清应该从哪儿入手去认知工作世界。其实，探索工作世界信息的方法有很多，依据一定的规律可以提高效率，例如从近至远的探索。所谓近和远，是指信息与探索者的距离。通常，近的信息比较丰富，远的信息更为深入；近的信息较易获得，远的信息则需要更多的投入和与环境的互动才能了解。所以，从近至远的探索是一个范围逐渐缩小、了解逐渐加深的过程。

（1）报纸、杂志、电视、书籍都有可能提供职业信息，如《中国大学生就业》、《职业》杂志、江苏卫视的《职来职往》、天津卫视的《非你莫属》、中央 2 台的《创业英雄汇》、知名企业的经营管理书籍、企业家访谈等。

（2）国内职业指导的网络资源也很丰富，如中国就业培训技术指导中心、中国就业网、全国大学生创业服务网、中国人力资源市场网、中国国家人才网、教育部大学生就业网，以及前程无忧、智联招聘、中华英才等求职招聘网站。

（3）进入组织实习是实践性很强的方式，获得的信息更为真实，但是所耗的时间、精力也比较多，机会也有限。

（4）生涯人物访谈是认知工作世界时一种兼具效率和信息真实性的方法。在个人的社会关系网络中选择从事我们感兴趣的职业的人物进行采访，接受访谈者就是我们所谓的"生涯人物"。为防止访谈中的主观影响，应至少访谈两人，如既与成绩卓然者谈，也与默默无闻者谈，效果会更好。在访谈时，大学生应明确访谈的目的是收集供职业生涯决策的信息，而不是利用生涯人物来找工作，以免引起双方的尴尬。

认知工作世界，只讲方法是不够的，关键是要做到有心，随时留意周围的信息。有一个真实的故事：×先生在择业前，就经常到家附近的众多写字楼里考察，记录楼层指示牌上的入住企业名单，挑选自己感兴趣的企业，进一步在网上搜索企业的相关情况，补充相关的专业知识，并持续关注企业的招聘信息，最终成功找到了一份发展前景好又离家近的工作。

第五节　改变世界的力量

了解改变世界的力量，可以帮助我们更好地判断哪些领域将在未来拥有更好的发展前景，我们可以提前做好哪些知识和技能上的储备，从而在进行职业选择时能掌握主动权。

一、物理类技术

物理方面的技术看得见，摸得着，最容易被人们所了解，主要列举以下三个方面。

1. 无人驾驶交通工具

无人驾驶汽车一直是媒体报道的热点话题，但现在人们还开发出很多其他类型的无人驾驶交通工具，包括卡车、无人机、飞行器和船只等。随着传感器和人工智能等技术的进步，所有这些无人驾驶设备的性能迅速提高。不出几年，成本低、可供商用的无人机和潜水器将广泛投入使用。

随着无人机逐步能够感知环境并做出响应，如变更飞行路线以避免发生碰撞，它们将能胜任电缆检查和战地医疗物资运输等任务。再如，在农业领域，用户通过使用无人机，再结合数据分析，便能更加精准、高效地进行施肥和灌溉。

2. 3D 打印

3D 打印又称为增材制造，根据数字 3D 图像或模型，一层层地打印出实物。与传统的对原材料去除、切削、组装的加工模式不同，3D 打印是反其道而行之，是一种"自下而上"通过材料累加的制造方法，从无到有。这使得过去受到传统制造方式的约束，而无法实现的复杂结构件制造变为可能。

这一技术已广泛应用于生产各类产品，大到风电机，小到医学植入材料。当前，其应用主要限于汽车、航空航天和医疗等行业。与规模化生产的商品不同，3D 打印产品可以很容易地进行量身定制。当前，这个技术还存在体积、成本和生产速度方面的限制，随着这些问题的逐步攻克，未来 3D 打印的应用范围将变得更加广阔，例如用于制作电路板等集成电子元件，甚至是人体器官。事实上，研究人员已开始研究 4D（四维）打印，这一工艺将创造出可自我调整的新一代产品，能够适应温度和湿度等环境因素的改变。这一技术可用于生产服装、鞋以及医疗卫生相关产品，例如可适应人体个体差异的植入材料。

3. 新材料

不少新材料很快都将投放市场，这些新材料具有几年前人们无法想象的属性。总的来说，新材料质量更轻、硬度更大，其可回收性以及适应性也更强。例如，现已投入使用的一些智能材料可以自我修复、自我清洁；一些金属具备记忆，可以恢复到原来的形状；有些陶瓷和水晶可以将压力转化为能源。

还有些新材料有望在缓解人类所面临的全球性危机中发挥重要作用。例如，对于一些过去普遍认为无法回收却又广泛用于生产手机、电路板乃至航空部件的材料而言，热固性树脂的创新有望实现这些材料的回收利用。以资源再生利用为出发点的循环经济有助于打破发展对资源的高度依赖。

二、数字技术

有专家指出，数字技术是当前科技革命的核心，新经济的发展必然要通过数字技术来实现。作为一个技术体系，数字技术主要包括大数据、云计算、物联网、人工智能、区块链五大技术。根据数字化生产的要求，大数据技术为数字资源，云计算技术为数字设备，物联网技术为数字传输，人工智能技术为数字智能，区块链技术为数字信息，五大数字技术是一个整体，相互融合呈指数级增长，推动数字新经济的高速度、高质量发展。

1. 大数据（big data）

麦肯锡全球研究所对"大数据"的定义是：一种规模大到在获取、存储、管理、分析方面大大超出了传统数据库软件工具能力范围的数据集合，具有海量的数据规模、快速的数据流转、多样的数据类型和价值密度低四大特征。

大数据技术的战略意义不在于掌握庞大的数据信息，而在于对这些含有意义的数据进行专业化处理。如今，大数据已经逐渐发展成为一种产业，这种产业实现盈利的关键在于提高对数据的"加工能力"，通过"加工"实现数据的"增值"。

2. 云计算（cloud computing）

对云计算的定义有多种说法，现阶段广为接受的是美国国家标准与技术研究院（NIST）的定义：云计算是一种按使用量付费的模式，这种模式提供可用的、便捷的、按需的网络访问，进入可配置的计算资源共享池（资源包括网络、服务器、存储、应用软件、服务），这些资源能够被快速提供，只需投入很少的管理工作，或与服务供应商进行很少的交互。简言之，用户通过自己的计算机发送指令给提供云计算的服务商，通过服务商提供的大量服务器进行"核爆炸"式的计算，再将结果返回给用户。

从技术上来看，大数据和云计算的关系就像一枚硬币的正反面一样密不可分。大数据必然无法用单台的计算机进行处理，必须采用分布式架构。它的特色在于对海量数据进行分布式数据挖掘，但它必须依托云计算的分布式处理、分布式数据库和云存储、虚拟化技术。

3. 物联网（Internet of things，简称 IoT）

物联网也称为万物联网，是互联网、传统电信网等信息承载体，让所有能行使独立功能的普通物体实现互联互通的网络。它能够拉近分散的信息，统整物与物的数字信息，使现实世界数字化。物联网的出现为全球范围内各类设备、传感器的互联互通提供了有力支撑。

传感器以及其他可将物理世界中的物品与虚拟网络接连起来的各种方式正在以惊人的速度传播开来。我们的住房、服饰、城市、交通、能源网络以及生产制造过程都可以安装上体积更小、成本更低、更为智能的传感器。以在物联网中广泛应用的远程监控为例，如今，所有包裹、货盘、集装箱都可以安装传感器，即信号发射器或射频识别标签，有了它们，企业便可以对物品在供应链中的移动情况进行追踪，包括追踪其实际性能和使用情况等信息。同理，顾客也可以对待收包裹和文件进行持续追踪。对于经营复杂长线供应链的企业而言，这无疑具有变革性的意义。在不远的将来，类似的监控系统还将应用于追踪人员的移动。

4. 人工智能（artificial intelligence，简称 AI）

人工智能是研究、开发用于模拟、延伸和扩展人的智能的理论、方法、技术及应用系统的一门新的技术科学。它企图了解智能的实质，并生产出一种新的能以人类智能相似的方式做出反应的智能机器，该领域的研究包括机器人、语言识别、图像识别、自然语言处理和专家系统等。自人工智能出现以来，科学家在这些领域的研究已经取得了非常惊人的成果，同时，人工智能使人类超越了自身的局限，基于大数据分析得到各种新知识、新信息，使人们难以预测的洪水、地震等灾害的预报的精确度大大提高，使人类在自然的约束面前变得更强大，从而更新人们解决问题的方法。人工智能研究的一个主要目标是使机器能够胜任一些通常需要人类智能才能完成的复杂工作。

5. 区块链（blockchain）

工业和信息化部指导发布的《中国区块链技术和应用发展白皮书（2016）》中，这样定义区块链："广义来讲，区块链技术是利用块链式数据结构来验证与存储数据、利用分布式节点共识算法来生成和更新数据、利用密码学的方式保证数据传输和访问的安全、利用由自动化脚本代码组成的智能合约来编程和操作数据的一种全新的分布式基础架构与计算范式。"简单来说，区块链就是一种可共享、可编程、安全、可信的去中心化分布式数据库系统，任何单一用户都无法控制它，但是所有人都能监督它。

区块链是一种底层架构技术，可以和大数据、云计算、物联网、人工智能结合，应用于多种行业。区块链技术现在可以通过记录比特币等数字货币进行交易，未来还将会应用于信息认证、智能合约的创建、制造企业的生产制造、金融智能、政务智能等社会生产、生活的方方面面。

 ## 本章小结

作为大学生，我们要及时认知工作世界，从宏观工作世界与微观工作世界着手。认知宏观工作世界包括对劳动力市场、社会环境和行业环境等宏观信息的了解；认知微观工作世界则是具体到特定职位及其所处的组织环境，进行信息的搜集和分析。对宏观工作世界的了解可以帮助学生在求职时比较从容地承受激烈的竞争，提前做好知识、技能等方面的准备，以积极姿态应对所面临的各种情况。在这个探索的过程中，大学生还可以培养和提升自己的很多能力，如沟通、搜集和加工信息等，也可以帮助我们预测未来可能发生的风险，未雨绸缪，做好心理准备。

 ## 思考问题

1．大学生为什么要认识工作世界？
2．谈一谈你所认识的宏观工作世界和微观工作世界。
3．大学生可以通过哪些方法和途径了解工作世界？

 ## 延伸阅读

2018 年平均公资出炉

第二十一章 职业决策

我们每天都面临着各种选择，小到三餐吃什么，大到选择职业或伴侣。而为各种可选择的事件出主意、做决定的过程就是决策，它是一个复杂的思维操作过程，是信息搜集、加工，最后做出判断、得出结论的过程。不少人都缺乏为自己做决策的信心。他们担心自己会犯错、会后悔，因此在面对选择时左右为难。没有人能保证每一次的选择一定是正确的或者是最好的，只能在充分分析已有信息的基础上选择一个相对更好的方案。一个人在职业生涯发展过程中会面临各种各样的问题与选择，能否做出有利于自身长远发展的决策，往往会影响整个职业生涯发展乃至一生。

第一节 职业决策的内涵与原则

决策是决策者为达到一定目标，采用一定的科学方法和手段，从两个以上的方案中选择一个满意方案的分析、判断过程。职业决策，从狭义上讲，就是对职业的选择，但从广义上讲，是对一切与职业相关问题的思考和解决方案的选择过程。在个人的职业生涯发展过程中的一些重要节点，例如首次择业、确定职业锚、重新择业等，都是需要我们慎重思考、科学决策的时刻。职业决策是个人根据职业期望和兴趣等各种条件，经过一系列认知活动进行目标选择，并为实现目标制定行动方案和发展路径。职业决策不仅是一种结果，还是一个复杂的认知过程，通过此过程，决策者组织有关自我和职业环境的信息，仔细考虑各种可供选择的职业前景，做出职业行为的公开承诺。一个人的职业选择恰当与否，关系其职业意愿、兴趣能否得到满足，关系其才能能否得到发挥，关系其在岗位上的工作状况，也关系其一生的生活道路。

一、整合信息

认知信息加工理论认为，决策就是对信息的认知、加工和处理。在对自我和工作世界有了一定的认知之后，将这些信息整合在一起，对自己的就业方向和工作岗位的类别进行比较、挑选和确定，是职业决策的一项重要内容。从选择职业开始，人们即正式开启了进入社会生产领域、成为社会生产活动主体的重要行为，也是实现人生价值的开始。

在选择自己未来的职业时，把对个人人格、兴趣、价值观和能力的认知结果与工作世界里的职业进行匹配，这一整合信息的过程是做出职业决策的基础。有些人喜欢凭直觉选择喜欢的职业或工作，但这种直觉建立在充分了解信息的前提之上，否则就是冲动决策，对个人的职业生涯发展有害无利。

职业决策并不是一生只做一次，相反，这是一个持续的过程。一旦我们对开启职业生涯的第一份职业做出了选择，随着内部或外部影响因素的变化，有了新的信息需要加工、整合，就要对职业生涯现状进行重新审视和评价。对于大多数人来说，职业选择的范围再小也不会只有一种理想的工作。在通常情况下，一个人可能对一个兴趣点相关的各种职业都感到满意。即便是暂时没有机会获得理想的职位，也可以退而求其次，选择一个类似的职业从事相关工作，一步一步脚踏实地接近梦想。

因此，在选择职业时，千万不要囿于某一个职位或某一类工作，一旦你没有获得理想的职业，那么多收集一些信息，你一定还有其他选择。

二、进行人职匹配

一个人要想做出正确决策，选好自己的职业，迈好事业发展的第一步，就要做好三方面的工作：一是应该清楚地了解自己的态度、能力、兴趣、智谋、局限和其他特征；二是应该清楚地了解职业选择成功的条件、所需知识，在不同职业工作岗位上所占有的优势、不利和补偿、机会和前途；三是上述两个条件的平衡。职业生涯能够成功发展的核心就在于所从事的工作要求正是自己所擅长的。从事一项自己擅长的并喜欢的工作，工作会很愉快，也容易脱颖而出。这正是成功的职业规划的核心所在。如果一个人性格内向、不善于与人沟通，没有很好的交际意识，那么这个人就很难成为一名成功的管理人员。

职业决策的理想结果是实现人职匹配，在清楚认识、了解个人的主观条件和社会职业岗位需求条件的基础上，将主、客观条件与社会职业岗位相对照，最后选择一种职业需求与个人特长相匹配的职业，通过匹配达到最佳职位相宜度。帕森斯的"特质—因素论"将人职匹配分为两种类型：一种是条件匹配，即技能匹配；另一种是特质匹配，即人格或性格匹配。

1. 技能匹配

在现实的职业选择中，人们虽然面对诸多的职业，但往往难以得到自己理想中的最好的职业。有时即使遇到"好职业"的岗位空缺，但自己却不具备必要的技能，或者在求职竞争中败给他人，这也使自己的职业选择不能实现。

对任何一种职业而言，从业者必须具备与其相适应的知识或能力。这是职业适应性的首要的和基本的制约因素。因此，无论是用人单位在招聘人员时，还是个人在择业时，都应考虑技能与职业的吻合问题。职业可以根据工作的性质、内容和环境划分为不同的类型，并且对人的技能也有不同的要求。因此，选择职业时应注意技能类型与职业类型的吻合。

每个人都具有一个多种知识和能力组成的技能系统。在这个技能系统中，各方面能力的发展是不平衡的，常常是某方面的能力占优势。在职业决策时，应主要考虑其最佳能力，选择最能运用其优势技能的职业。

2. 性格匹配

人的性格千差万别，不同的职业有不同的性格要求，每个人的性格都不可能百分之百地适合某项职业，但可以根据自己的职业方向来培养、发展相应的职业性格。对组织而言，性格决定了每个员工的工作岗位和工作业绩；对个人而言，性格决定了自己事业能否成功。因此，性格是组织选人、个人择业的重要因素之一。例如，具有敏感、易动感情、不守常规、个性强、理想主义等人格特性的人，宜于从事审美性、自我情感表达的艺术创作类型的职业。

三、职业决策要遵循的原则

1. 以理想为导向

理想是人生前进的动力，人生就是不断追求理想、实现理想的过程。选择职业是实现人生理想的过程，是实现人生理想的一种阶段性手段。将职业的选择和理想的选择统一起来，我们才能在工作中找到实现人生价值的动力、途径和乐趣。

2. 不可好高骛远，要具有可执行性

很多大学生刚开始时雄心壮志，一心想着出人头地。但是实际社会里的工作，有时确实会存在一定跨越，但是更多的时候却是一种积累的过程——资历的积累、经验的积累、知识的积累，所以职业规划不能太过好高骛远，而是要根据自己的实际情况和社会情况，选择能力水平与职业层次一致或基本一致的职业，一步一个脚印，层层晋升，最终才能实现梦想。

3. 职业决策必须有可持续发展性

职业决策不能制订一个阶段性的目标，应该是一连串的、可以贯穿自己整个职业发展生涯的远景展望。如果职业决策不到位，后面又没有后续职业决策点支撑，肯定会使人丧失奋斗的热情，并且不利于自己的长远发展。

第二节　职业决策的影响因素

有学者认为，职业决策就是个人在多项选择之间权衡利弊，以达成最大价值的过程。职业决策的过程是综合了个人对自我的认识，以及对教育与职业等外在因素的判断，在面临职业生涯抉择情境时所做的各种反应。其构成要素包括决策者的个人目标、可供选择的方案与结果，以及对各个结果的评估。而其历程与结果则受到机会、结构、文化等社会因素，以及个人价值观与其他内在因素的影响。

职业决策的影响因素主要有以下两个方面。

1. 内部因素

内部因素主要指个人因素，如健康、个性特征、兴趣爱好、负担、性别、年龄、所受教育以及由此形成的职业意向等。职业决策是对个人未来职业的选择过程，是个人依照自己的职业意向和兴趣，凭借自身的能力挑选职业，使自身的能力素质和职业需求特征相符合的过程，职业选择与职业意向有密切联系。职业意向是个人对某项职业的希望、愿望和向往，一般来说，要经过萌芽期、空想期、现实期，在面临就业时才比较清晰地确定下来。

由于各种条件的作用，人的职业意向确立以后，还会发生一定的变化。职业意向的变化包括以下几种类型。

（1）现实化。一般来说，青年在就业前往往对未来职业充满天真烂漫、不切实际的幻想。当他们进入职业选择阶段，特别是走上工作岗位以后，面对现实，就能比较客观地看待问题，承认现实，并在一定程度上降低原有的意向水平，打消不切实际的想法。

（2）调整方向。人们在职业适应期以及职业准备期接受教育时，可能发现自己不能适应某一职业，从而转变职业方向；也可能发现自己虽然胜任这个职业，但其他一些职业对自己更为适合，或者更加喜欢其他职业，这时也可能调整职业方向。

（3）意向水平提高。当一个人能力有较大的发展，所在的工作岗位不遂心意时，就可能提高意向水平，倾向于从事更高类型的职业。

职业意向的变化使人们对自身和岗位有了更好的了解，从而更现实地对待职业。

2. 外部因素

外部因素主要指来自个人以外一切周围环境的因素。影响一个人理性职业决策的因素除了上面提到的自己的性格、特长和兴趣等内部因素，还有一些具体的外部环境因素，如家庭、朋友、社会观念、市场环境等。

个人在进行职业选择的同时，也在被用人单位所选择。一个人能选择某种职业并在该岗位上就业，必须以岗位需求为前提，即这种职业有空缺，需要招聘劳动者。我们所学专业、所从事行业在市场上的发展情况和前景，决定着相关岗位在就业市场上的需求量。因此，在一个人进行职业选择之前，要对职业进行研究，找出一种发展潜力大、在未来若干年中有着较高社会需求的职业。

第三节　职业决策的方法

随着社会职业的发展变迁，现代人择业的自主性越来越大。如何根据企业的需求和个人的特质确定进入的行业和变化职业，是现在的求职者不得不面对的问题。在职业决策中，较为常用的方法与工具有以下几种。

一、SWOT 决策模型

1. SWOT 决策分析法的形成

SWOT 决策分析法又称为态势分析法，是由美国旧金山大学的管理学教授韦里克于 20 世纪 80 年代初提出来的，是一种能够较客观而准确地分析和研究个人或组织现实情况的方法。SWOT 四个英文字母分别代表优势（strength）、劣势（weakness）、机会（opportunity）、威胁（threat）。从整体上来看，SWOT 可以分为两部分：第一部分为 SW，主要用来分析内部条件；第二部分为 OT，主要用来分析外部条件。SWOT 决策分析法通过分析内部的优势和劣势，发现外部的机会和威胁，从而做出决策。

SWOT 决策分析法是职业生涯决策过程中的一种关键技术。我们可以利用这种技术更准确地进行自我评估，更清晰地认识自己的职业生涯机会，从而能就社会就业市场的状况和个人的情况做出最佳的决策。

2. SWOT 决策模型的操作程序

SWOT 决策分析法被引入职业生涯决策领域后，不但受到了使用者的普遍欢迎，而且逐渐形成了简洁、直观的 SWOT 决策模型。使用 SWOT 决策模型应遵循以下几个步骤。

（1）评估自己的优势和劣势。每个人都有自己独特的天赋和能力。首先，在优势分析和劣势分析的开始阶段，我们可以回想自己喜欢做的事情，尝试列举一些具体的词汇来描述自己，出现频率较多的特征词汇就构成了我们主要的优点和缺点。其次，我们可以借助一些职业测评工具来帮助自己客观地认识自我，或者请教他人帮助诊断，如同学和老师的评语等，这些都是有价值的信息反馈，还可以求助于职业辅导专家。

（2）找出外部的机会和威胁。不同的人和行业（包括这些行业里不同的企业）都面临着不同的外部机会和威胁，所以找出这些外界因素可以帮助你成功地进行职业生涯规划和今后的求职，因为这些机会和威胁会影响你的第一份工作和今后的职业发展。列出自己感兴趣的一两个行业（如保健、金融服务或者通信），然后认真地评估这些行业所面临的机会和威胁。

（3）做出职业生涯决策。根据对自我和外界环境的分析，选择自己所从事的职业。构建一个 SWOT 决策分析模型，列出从学校毕业后最想实现的 4~5 个职业目标。根据优势、劣势、机会和威胁，确立最符合自己实际的职业生涯发展目标。请时刻记住：必须竭尽所能地发挥自己的优势，使之与行业提供的工作机会完满匹配，因为职业选择正确与否直接关系人生职业发展的成败。

（4）制订职业行动计划。在完成 SWOT 分析后，便可以制订相应的行动计划，制订计划的基本思路是发挥优势，克服劣势，利用机会，化解威胁。运用系统分析的方法将各种因素相互匹配起来加以组合，可得出可选择的对策，这些对策包括以下几种。

① WT 对策：考虑劣势和威胁因素，使这些因素都趋于最小。如成绩不好，就必须以后更努力学习；某种职业需要丰富的实践经验，就要多参加实习和社会活动。

② WO 对策：考虑劣势和机会因素，使劣势趋于最小、机会趋于最大。如专业水平不够高，但某种职业需要复合型人才，那么可以加强培养自己的综合素质。

③ ST 对策：考虑优势和威胁因素，努力使优势趋于最大，威胁趋于最小。如拥有丰富的专业知识和技能，但在同专业学生中不算太突出，就要发现自己的优势，增强竞争力。

④ SO 对策：考虑优势和机会因素，努力使这些因素都趋于最大。如对某职业兴趣比较浓厚，在这个职业领域又有较广泛的人际关系网络，则应抓住机会展示自己的才能。

二、CASVE 循环模型

1. CASVE 循环模型的形成

认知信息加工理论从一种认知科学或认知心理学的视角探索职业生涯问题和决策，再次提醒人们从关注职业生涯选择结果的适当与否到关注职业生涯选择的历程，即认知的历程。在认知信息加工理论的金字塔中，CASVE 循环处于核心地位。它包含进行良好决策的沟通（communication）、分析（analysis）、综合（synthesis）、评估（valuing）和执行（execution）五个阶段。这部分可以比作各种计算机程序，用于将事实和数据存储在计算机文件和内存中。解决职业生涯问题需占用我们大脑中大量的记忆空间，并要求大脑具有很强的信息加工能力。

认知信息加工理论的基本假设包括以下几项。

（1）职业生涯选择以我们如何思考和感受为基础。

（2）进行职业生涯选择是一种问题解决活动。

（3）作为职业生涯问题解决者，我们的能力以我们了解什么和如何思考为基础。

（4）职业生涯决策要求良好的记忆。

（5）职业生涯决策要求有动机。

（6）持续进行的职业生涯发展是我们学习和成长的一部分。

（7）我们的职业生涯在很大程度上取决于我们思维的内容和方式。

（8）我们职业生涯的质量取决于我们对职业生涯决策和职业生涯问题解决了解的程度。

认知信息加工理论从信息加工取向看待职业生涯问题的解决，它是基于"在职业生涯问题解决和决策制订过程中，大脑如何接收、编码、储存和利用信息与知识"这一理念形成的理论。该理论把职业生涯发展与规划的过程视为学习信息加工能力的过程，认为职业生涯发展就是关于一个人是如何做出职业生涯决策以及在职业生涯问题解决和职业生涯决策过程中是如何使用信息的。该理论假设职业生涯选择源于认知过程和情感过程的交互作用，它是一种相当复杂的问题解决活动。个人解决职业生涯问题的能力取决于个人的知识和认知操作的有效性。

2. CASVE 循环模型的操作程序

在认知信息加工理论看来，职业生涯规划决策是一种问题解决活动，CASVE 循环可以在整个职业生涯问题解决和决策制定过程中，为人们提供规范的操作流程和必要的操作指导，运用 CASVE 循环模型进行职业生涯规划决策，通常采用以下操作步骤。

（1）沟通：查找差距，意识到我需要做出一个选择。沟通包括内部和外部的信息交流，通过交流使我们意识到职业理想和现实之间存在的巨大差距，这些信息可能通过内部或外部交流途径传达给我们。内部沟通涉及个体自身的身心状态，包括情绪信号，如不满、厌烦、焦虑和失望，还有身体信号，如昏昏欲睡、头痛、胃部疾病等。如在毕业找工作时，你可能在情绪上会感受到焦虑、抑郁、受挫等，在躯体上会有疲倦、头疼、消化不良等，这些情绪和身体状态都是一些提醒你需要进行内部交流沟通的信号。外部沟通涉及外界的一些对你产生影响的信息，如宿舍同学开始准备简历就是给你提供了一种外部信息，你也需要开始准备找工作了；又如在求职过程中父母、老师、朋友给你提供的各种建议。通过内部和外部沟通，你意识到自己需要解决某些问题，这样的交流对开始职业生涯选择十分重要，沟通阶段需要回答的最基本的问题是：此刻我正在思考并感觉到的自己的职业选择是什么？

（2）分析：大量信息的收集和准备，了解我自己和我的各种选择分析，通过思考、观察和研究，对兴趣、能力、价值观和人格等自我特点以及各种环境信息进行分析，从而更好地理解现存状态和理想状态之间的差距。

在分析阶段需要对两个方面的知识进行了解。首先是自我特点，包括：兴趣，即我喜欢做什么，做什么事情时我最能够投入，做什么事情能让我得到享受；能力，即我擅长做什么，什么事情是我能做得比别人好的，我都掌握了哪些专业知识；价值观，即我看重什么，我这辈子希望达到的目标是什么，我希望工作可以带给我什么；人格，即我是内向的还是外向的，我关注宏观抽象的事物还是具体细节，我倾向理性思考还是感性体验，我习惯于有条不紊还是随机应变。其次是环境信息，即每一个选择处于什么样的环境，会带来什么样的生活，需要付出什么努力。例如，对于考研来说，需要付出什么样的努力？花多长时间准备？读研之后的生活是什么样的？研究生毕业之后的求职情况如何？而对于找工作，也需要了解每一份职业相关的信息。

在这个阶段，问题解决者需要花时间去思考、观察，研究关于自我、职业、决策及元认知的知识，从而更充分地了解差距，了解自己有效地做出反应的能力。好的职业生涯决策者不会用冲动行事来减少在沟通阶段所体验的压力或痛苦，因为他们知道这是无效的，甚至可能令问题恶化。他们会弄清楚，要解决这个问题需要了解自己的哪些方面、了解环境的哪些方面、需要做些什么才能解决问题、为什么会有这样的感受、家庭会怎样看待自己的选择等问题。

（3）综合：开始确定 3～5 个选项，先扩大再缩小选择清单。综合是根据分析阶段所得出的信息，先把选择范围扩展开来，再逐步缩小，最终确定 3～5 个最可能的选项。

这一阶段主要是综合和加工上一阶段提供的信息，从而制订消除差距的行动方案。其核心任务是，通过确定我可以做什么来解决问题。

这是一个扩大并缩小选择清单的过程。首先，尽可能多地找到消除差距的方法，发散性地思考每一种办法，甚至采用"头脑风暴"进行创造性思维，查看各种可能性以发现尽可能多的解决问题的方法。其次，缩小有效方法的数量，通常缩减到3~5个选项，因为这是我们头脑中最有效的记忆和工作容量数目。这个先扩大后缩小的过程非常重要。首先，通过分析阶段，我们对自我的各方面都有了很多了解，每一个方面都分别对应着很多职业，把这些职业都列出来，就会得到一个范围很广的选择列表；其次，选取其中的交集，就得出了缩小的职业选择范围；再次，把最可能从事的职业限定到3~5个；最后，可以问自己：假如我有这3~5个选择，是否可以解决问题，消除现实和理想状态的差距？如果可以，就进入评估阶段选出最适合的选择，如果还是不能解决问题，就需要重新回到分析阶段了解更多的信息。

（4）评估：先选择最有可能的2~3个职业，再选择一个职业。评估是对于综合阶段得出的3~5个职业进行具体的评价，包括评估获得该职业的可能性，以及这个选择对自身及他人的影响，从而进行排序。在评估阶段将选择一个职业，找出最优选择并做出临时选择。在研究了什么选择最适合自己、环境以及那些与自己的生活关系最密切的人之后，选择可能性最大的情况。

第一步是评估每一种选择对职业生涯决策者和他人的影响。每一种选择都要从对自己和对他人的代价与益处两个方面进行评价，并综合物质上和精神上的因素。例如，对我个人而言什么是最好的？对我生活中的重要他人而言什么是最好的？大体上，对我所处的环境而言什么是最好的？

第二步是对综合阶段得出的选项进行排序。能够最好地消除差距的选项排在第一位，次好的排在第二位，依此类推。此时，职业规划决策者会选出一个最佳选项，并且做出承诺去实施这一选择。

（5）执行：开始执行，实施我的选择。执行是整个CASVE的最后一部分，前面的步骤只是确定了最适合的职业，还不能带来职业选择的成功，需要在执行阶段将所有想法付诸实践。在这一阶段，需要设计一项计划来实施某一临时选择，包括培训准备（如正规教育或培训经历）、实践检验（如兼职、志愿工作等）与求职。这是实施选择的阶段，把思考转换为行动。很多人都觉得在执行阶段制订行动计划是令人兴奋和有价值的，因为他们终于可以开始采取积极行动去解决问题了。

CASVE循环是一个不断重复的过程，在执行阶段之后，职业生涯决策者又回到沟通阶段，以确定沟通阶段所存在的职业问题是否得到了很好的解决，是否能最有效地消除理想与现实之间的差距。依据是否需要再做出决策以及是否容易获得信息资源等，个体决定是否重新开始一次CASVE循环，直到职业生涯问题被解决。

CASVE决策技术，无论是对解决个人职业规划问题，还是对解决团体问题都非常有用。用系统的方法思考这五个步骤，能够提供一个有用的工具，使你在职业生涯决策中成为一个更有效率的人。

三、生涯平衡单

生涯平衡单是将所有的生涯选择与条件以量化的方式呈现，然后计算结果，而做出较佳选择的一种决定方式。

生涯平衡单是由詹尼斯和曼于1977年设计的，他们将重大事件的思考方向集中到以下四个主题上。

（1）自我物质方面的得失。

（2）他人物质方面的得失。

（3）自我赞许与否。

（4）社会赞许与否。

实际应用时，由于认为"自我赞许与否"和"社会赞许与否"仍显得笼统，所以我国台湾生涯辅导专家金树人将最后的两项改为"自我精神方面的得失"与"他人精神方面的得失"，就是从"自我—他人"以及"物质—精神"所构成的四个范围来考虑。一般来说，人们会在生涯平衡单中考虑这些因素。

（1）适合自己的能力。

（2）适合自己的兴趣。

（3）符合自己的价值观。

（4）满足自己的自尊心。

（5）较高的社会地位。

（6）带给家人声望。

（7）符合自己理想的生活形态。

（8）优厚的经济报酬。

（9）足够的社会资源。

（10）适合个人目前处境。

（11）择偶以建立家庭。

（12）未来具有发展性。

生涯平衡单是在决策者面临难以取舍的选择时，用量化的方式协助其做出重大决定的工具。它可以帮助大学生具体地分析每一个可能的选择方案，考虑各种方案实施后的利弊得失，最后排定优先顺序，选择最佳方案。

四、职业决策阶段论

美国学者蒂德曼（Redman）在金藏伯格职业理论的基础上，提出了"职业决策阶段"的学说。蒂德曼认为，金藏伯格所说的职业选择作为一种过程，是一种"鉴别"和"综合"的决策过程。这种决策过程是人在一生的职业生涯中重复进行的一系列步骤，每当人们遇到一定问题，或者具有一种需要、完成一种体验时，这种决策过程就会被激发起来。蒂德曼把职业选择决策过程分为两个阶段，通过七个步骤完成职业决策。

1. 期望与预后阶段

第一步：探索。

即考虑与自己的经验和能力有关的职业生涯发展目标。

第二步：成形。

在上述基础上准备进行具体的定向，这时要考虑个人确定职业生涯新方向的价值、目的和能够获得什么报偿。

第三步：选择。

在职业生涯目标成形后做出决策，找到和确定自己所期望的具体职业。

第四步：澄清。

进一步分析和考虑上述选择，解除可能发生的疑问。

2. 完成和调整阶段

第一步：就职。

将职业选择付诸实施，得到一个新职位，即就职或入职。人们在这个时候开始对自己的职业生涯目标和走上的职业岗位寻求认可。

第二步：重新形成。

职业生涯选择目标在现实化意义上再次形成，或者进行现实化的调整。

第三步：综合。

个人在职业岗位上被他人看作成功，达到平衡，这就是职业选择决策的完全实现。

 本章小结

决策是决策者为达到一定目标，采用一定的科学方法和手段，从两个以上的方案中选择一个满意方案的分析、判断过程。职业决策，从狭义上讲，就是对职业的选择，但从广义上讲，是对一切与职业相关问题的思考和解决方案的选择过程。

一个人的职业选择恰当与否，关系其职业意愿、兴趣能否得到满足，关系其才能能否得到发挥，关系其在岗位上的工作状况，也关系其一生的生活道路。在进行职业决策时根据企业的需求和个人的特质确定进入的行业和所选职业，在进行职业选择时选择合适的职业决策方法。

思考问题

1．大学生进行职业决策时会受到哪些因素的影响？
2．谈一谈大学生可以通过哪些方法做出正确的职业决策。

 延伸阅读

小李与小荆

第二十二章 求职行动

第一节 寻找就业机会

一、了解用人单位的招聘流程

做好了开启职业生涯的充足准备，那么接下来的关键一步就是获取就业信息，寻找就业机会。寻找就业机会是最具挑战性的工作之一。孙子云："知彼知己，百战不殆。"用人单位的招聘流程是重要的就业信息，作为求职者，要了解用人单位的招聘程序和过程，并把自己的求职活动调整到与用人单位的招聘活动较为一致的步调，有的放矢地准备材料和进行时间计划，才能够提高求职的效率，增加成功的概率。用人单位的招聘流程通常包括以下几个步骤。

1. 确定需求和招聘计划

用人单位根据自身的建设和发展状况，确定当年需要招聘毕业生的岗位、人数和条件等，同时将根据要求制订详尽的招聘计划。

2. 发布需求信息

用人单位在确定了需求信息后会及时向外发布，其发布的主要渠道有以下几种。

（1）政府教育主管部门所属高校毕业生就业指导中心。

（2）高校毕业生就业工作部门。

（3）在自己的网站上发布信息供学生上网浏览。

（4）通过参加各种招聘会发布信息。

（5）通过电视、报纸、广播等媒体发布需求信息。

3. 举办校园宣讲会

为了在毕业生中进行广泛宣传，一些用人单位（主要是企业单位）还会到学校举办校园宣讲会，介绍单位的建设、发展情况、人才需求情况及发展机遇、用人制度和企业文化等，并回答毕业生关心的各种问题。校园宣讲会是毕业生全面了解招聘单位的好机会。

4. 收集应聘信息

用人单位要招聘到优秀的大学毕业生，需要广泛收集应聘信息。收集学生信息的主要渠道如下。

（1）从政府教育主管部门所属高校毕业生就业指导中心及高校就业工作部门获取学生信息。

（2）参加供需洽谈会和毕业生就业市场收集学生信息。

（3）在高校就业网站上收集学生信息。

（4）通过学生的自荐获取学生信息。

（5）有的学生通过招聘网站刊登自己的"求职广告"，这也是用人单位获取学生信息的渠道之一。

5．分析应聘材料

对收集到的应聘学生信息进行分析处理，初步选出符合自己条件的学生，以便进行下一轮筛选。一般而言，用人单位注重的学生资料包括性别、专业、生源地、知识水平、能力及综合素质。

6．组织笔试、面试

一些用人单位以笔试的形式了解毕业生。对于笔试的时间、地点等内容，用人单位会提前通知。有的用人单位会组织几次面试，每次面试参加人员及考核的侧重点各不相同。

7．签订协议

用人单位经过各项考核后，决定录用毕业生，这时必须签订就业协议书确定双方意向。就业协议书签订后具有法律效力，任何一方如想违约，都必须遵照协议书上的约定承担违约责任。有些用人单位还会同时与毕业生签订劳动合同，明确双方的责、权、利。

二、准确定位

随着互联网招聘平台如雨后春笋般涌现，获取的就业信息比过去更便捷并且数量更多。但这并不意味着如今找工作比过去更容易。空缺的岗位、招聘的需求到处都有，但重要的是找到"你的"工作，而不是"一份"工作。想在大量纷繁的信息中找到符合自身条件和职业生涯发展目标的就业信息，也是一项"技术活"。

如果你请朋友推荐一份工作，他的脑海中可能会瞬间冒出很多工作，但无法判断究竟哪个更适合你。因为他只知道你有对工作的需要，但并不清楚你对工作内容和目标的具体需求，反而不知道该如何帮助你。因此，你必须明确地表达："我想要找一份什么样的工作？"只有目标明确，才能有切实的行动。

三、寻找就业机会的途径

我们的世界正在以惊人的速度发展，科技的变革持续地改变着我们获取信息的方式。在互联网时代，网络是传播信息最快捷的媒介之一，一些传统的寻找就业机会的途径，如报纸广告、线下的人才中介等，由于信息传递、更迭效率的低下已逐渐被弃用，过去关于工作内容和方式的许多认知将逐渐消失，取而代之的是更广阔的空间和更丰富的选择，以及更有意义的事业。从用人单位一般招聘的流程来看，学校的学生就业指导中心、现场招聘会仍是大学生寻找就业机会的主要途径。此外，社会网络也是一个不可忽视的有效途径。当然，利用生产实习、社会实践、毕业实习等机会收集就业相关信息，或通过寄自荐信、打电话、登门拜访等方式寻求工作机会也是很好的选择，但往往需要更多的勇气和更充足的准备。

1. 互联网+招聘

"互联网+招聘"使劳动力市场更加开放，更便于雇主与求职者之间的互动。网络媒体，如综合类的搜索网站和门户网站；专业服务类的人才招聘网站和各地区各校就业信息网；网上学生社区，如名校 BBS 等，为大学生就业提供了大量的信息来源。当然，每个网站各有千秋，求职者可以根据自己的实际情况选取符合个人定位的网站，更集中、快速地获取更适合自己的信息。但同时也要提醒求职者，网络上的信息鱼龙混杂，招聘网站只是一个提供信息的平台，对于信息的准确性和可靠性还要慎重鉴别，以免落入招聘陷阱。

2. 学校的学生就业指导中心

普通高校通常设立学生就业指导中心为毕业生提供专门的就业指导及咨询服务。用人单位通常会与学校的学生就业指导中心联系，要求学校帮助发布招聘信息或推荐人才。学生就业指导中心每年对不同专业就业趋势进行分析，以及对用人单位招聘启事等信息进行收集，并发布到就业网上供就业学生查看。因此，充分利用学校提供的有利资源，或许能够事半功倍。

3. 现场招聘会

现场招聘会分为校园招聘会和人才市场招聘会。一般来讲，校园招聘会，尤其是校园宣讲会，通常是知名大中型企业招聘应届毕业生的主要途径，更是大多数毕业生的求职首选。即使招聘职位与自己的专业相差甚远或者并不在自己的学校举行，也建议去现场感受一下招聘会的气氛，多争取一个机会，就会多一分希望。

4. 社会网络

通俗地讲，利用社会网络寻找就业机会就是拜托熟人介绍。首先熟人介绍的工作有一定程度的保障，并且由于熟人比较了解你的个性、兴趣等，这样获得的工作机会符合自己期望的概率也会相对较高。这种求职方式也适用于职业生涯中后期，尤其是 40 岁以后，打算通过跳槽来实现更高的职业目标时，熟人的推荐比盲投简历求职有效得多。

因此，大学生在校期间可以通过加入一些团队、积极参加社会活动来建立社会网络。当然，建立社会网络不能带有太强的功利心，不能单纯地把它当作找工作的工具。任何网络关系的维护都是双向的，大家的信息、资源共享并传递，才能从泛泛之交发展成为互相支持、互相帮助的亲密伙伴。

四、选择一个好的工作平台

很多大学生在选择就业机会时倾向于进入大型国企、国家机关或事业单位，拥有一份稳定的工作。然而，稳定很有可能会成为阻碍职业生涯发展的一大障碍。社会的变化日新月异，经济发展步入新常态，大部分按部就班的工作已经很难使人实现更好生活的梦想了。在巨大的社会变革下，无数人面临着不同的选择，有的人选择离开，有的人选择留下。而我们也进入了一个选择比努力更重要的时代。我们在选择一个职业、一份工作的同时，也要选择一个好的工作平台。

那么，什么是工作平台？所谓工作平台，不是你找到的某一份工作或一个职位，而是在这份工作或这个职位背后的组织所能够提供的基础环境。组织规模怎样？效益怎样？待遇怎样？发展前景怎样？同样类型的工作或职位，不同的平台，起点和最后的结果差距巨大。对于即将毕业的大学生而言，人生的第一份工作非常重要，跨出去的第一步一定要想清楚。

一个好的平台是开阔视野和眼界特别好的方式。究竟什么样的平台才是好的呢？当你没有工作经验时，首先要看组织文化与个人的价值观是否相符，其次要看平台有没有发展机会，最后还要考虑领导对这个职位的期待与自己的人生规划是不是相吻合，如果前两者满足后，最后一点不够满意，则要权衡是调整自己的人生规划，还是果断放弃。

判断平台的好坏要看面试你的同事、领导，他们的水平决定了你成长的速度和高度。一个人认知的层次，一是取决于你所站的位置、拥有的资源；二是取决于你身边人的认知层次。领导的格局小，那么自己的视野也会受到局限，自己的努力很可能得不到肯定。一个好的平台，一定能够使你见识更大的世面，带给你更优秀的同事、领导和客户，做事的格局也会提升许多。

另外，还要看组织内部的制度。成熟的平台有较完善的管理体系和完整的工作方法，可以帮助初入职场的新人建立好的工作习惯和工作思维。不要对影视剧里的情节信以为真，不按套路出牌、不循章做事的风格并不符合现代企业的风险管理要求，获得成功的概率小之又小。规范化的做事方法能让你看起来更专业。

五、警惕就业陷阱

每年的毕业季都有几百万高校毕业生步入社会。对于涉世不深的大学生来讲，就业路上难免遇到各种各样的"陷阱"。一些不法分子面对数量庞大的"求职大军"，处心积虑地挖"坑"，利用大学毕业生求职心切的心理进行诈骗。因此，大学生在选择就业机会时要提高警惕，注意识别和防范就业陷阱。

1. 辨别就业信息的真伪

通常学校的就业指导中心发布的就业信息和参加校园宣讲会、招聘会的用人单位是经过学校核实的，属于安全的就业信息。但网络上搜索到的信息还需要慎重对待，可以通过天眼查、企查查等软件查询该公司是否存在，多种渠道了解公司背景，查看其业务是否合法、单位是否拥有合法的营业执照和经营许可证、是否对公司的形象和实力进行了虚假宣传等，确保就业信息的真实、可靠，避免上当受骗。

2. 拒绝以敛财为目的的"工作机会"

有些不法分子或非法职业中介利用伪造的证照、合同进行虚假招聘，以各类保证金、培训费、上岗费、体检费等名目骗取求职者钱财后就音讯全无。毕业生找工作要尤其警惕这类陷阱，正规单位不会收取尚未入职员工的任何费用，因为《中华人民共和国劳动合同法》第九条明确规定，用人单位招用劳动者，不得要求劳动者提供担保或者以其他名义向劳动者收取财物。

3. 警惕落入传销组织

传销组织会打着"创业、就业"的幌子，以"招聘""介绍工作"为名，诱骗求职者加入传销活动，尤其以亲戚朋友介绍、诱骗为主。大学毕业生一方面自身防范意识薄弱，容易轻信他人，对于亲朋好友更是没有防备心理；另一方面，就业压力过大，求职者渴望成功与财富的心理被非法传销组织利用，因此落入圈套。因此，大学生应该提高警惕，对于非法传销要有所防范，不要卷入传销活动中。如果被传销组织所骗，要想尽办法逃离传销组织并及时报警。

出门参加面试前一定要给家人、老师或亲朋好友留下要去招聘单位的详细地址和联系电话，以防万一。正规的单位一般都有固定的办公场所，若招聘单位面试地点选择酒店等临时租借来的地方，要高度注意，谨防上当受骗。接到面试通知时，要问清对方的办公地址和固定联系电话，若招聘单位只有手机单一联系方式，也要高度警惕，谨防上当受骗。

4. 用人单位设置的陷阱

面对严峻的就业形势，刚刚走出"象牙塔"，踏上社会的大学毕业生，就招聘广告、签订劳动合同、洽谈就业岗位和工资福利待遇等，往往感到力不从心、眼花缭乱，而某些用人单位却乘机在这些环节设置陷阱，侵害大学毕业生的权益。建议毕业生了解《中华人民共和国劳动合同法》的基本内容，在求职时有备无患。与用人单位签订就业意向的书面文件时，要注意区分劳动合同与其他协议的区别，与用人单位签订的就业协议书、实习协议不能代替劳动合同。要仔细阅读劳动合同的内容，与用人单位加强沟通，明确试用期条款、薪酬待遇标准及发放办法、社会保险条款等内容。一旦遇到权益被侵害的情况，要及时用法律的武器保护自身的权益。

总之，大学毕业生找工作要有一个良好心态，不能急功近利，要提高警惕，小心陷阱。

第二节　学会推销自己

一、树立自我推销意识

随着国内外经济增速趋缓，大学生在就业市场中面临的竞争愈发激烈。在复杂严峻的就业环境中，大学生必须学会运用方法和技巧推销自己，只有充分展示自己的竞争力，才能从众多的候选者中脱颖而出。

推销原本是营销学中的概念。从广义上讲，推销是由信息发出者运用一定的方法与技巧，使信息接收者接受发出者的建议、观点、愿望、形象等的活动总称。站在营销的角度上，如果把自己作为推销对象或是商品，把在校学习看作从原材料到劳动力商品的转变，那么大学生走出校园、走向职场的过程和商品营销过程如出一辙。大学生在入校之前属于原材料，水平和"身价"都差不多。但是在毕业后，由于所学专业不同，个人努力程度不同，大学生无论是在个人修养还是在专业技术方面都会存在很大的差异，在就业市场中的"身价"差别也就更大。一切商品都必然要接受市场的检验。大学生作为劳动力商品，是否能满足市场的需求，是否受企业的欢迎，不同的大学生有着很大的差别。在校期间所有的文化知识、专业知识储备和实践经验都将成为自己在求职中获得成功的砝码。

二、用简历推销自己

在生活中，我们经常会在各类媒体上看到一些商品的宣传广告。通过这些广告，我们对某一商品有了最直接的了解。好的广告会让我们对商品、品牌等都留下深刻、生动的印象，即使当时不会购买，一旦有需要也会优先考虑广告中的商品。简历是一种个人广告，用来展示一个人的工作技能以及对于未来用人单位的价值，是帮助你获得工作机会的敲门砖。好的简历会在用人单位做出招聘决策时起到积极的影响作用。因此，无论用何种方式求职，简历都是推销自己的最基础工具。

在招聘会上，经常会看到一些厚如书册、包装精美华丽的简历。但是，许多学生精心制作的简历却未必能得到用人单位的认可。简历的质量并不取决于格式的繁复和装印的精美，一份好的简历要能够让用人单位在最短的时间内获得求职者最多的有用信息。因此，简历的篇幅通常不宜太长，1页最佳，最多不超过2页。重点在于要把握目标职位的特点，在有限的篇幅内尽可能强化自身的优势，突出自己和该职位的匹配度，展现自己的竞争力和胜任力。大多数企业招聘专员看一份简历的时间在1分钟左右，最多不超过3分钟。因此，如何在这短短的时间内抓住他们的眼球是每位求职者应该重点关注的问题。

1. 简历的基本要求

求职简历作为介绍个人情况和展示基本知识技能、工作经历与成就的书面材料，外观要简洁、干净，内容要层次分明、简明扼要。认真阅读招聘广告，在浏览招聘职位的工作描述之后，清楚什么样的职位需要什么样的条件，要特别注意其中提及的重要资格要求，这些将是你的简历中要包括的关键词。一般来说，简历的内容包括求职意向、个人基本信息、教育背景、工作或实践经历、自我评价，以及其他需要说明的内容。

（1）求职意向。求职意向要放在简历顶部最显眼的位置，目标明确、单一，最多不要超过两个，并且职位类型不能跨专业或差异太大。例如，可以申请人力资源管理部门的招聘专员或培训专员，但不能同时申请人力资源部门和营销部门的职位。术业有专攻，意向不明确会无法凸显自己的优势。

（2）个人基本信息。招聘单位如无明确要求，个人基本信息包含真实的姓名、出生年月、性别、籍贯、联系方式等即可，如果是申请国企、政府部门或事业单位，还需要写明政治面貌。

（3）教育背景。为了控制简历的篇幅，突出重点，一般的毕业生求职简历，教育背景从高中写起；已经有工作经历的求职者，教育背景从高等院校写起。教育背景信息首先应包含院校、学院和专业名称，以及该阶段教育经历的起止时间。其次，列举和目标职位相关的主修课程，这部分信息是用人单位筛选简历时，判定求职者是否具备职位相关专业知识的主要依据。另外，如在校期间曾担任学生干部，一定要在简历中突出这个亮点，因为担任学生干部可以间接地体现你具有一定的组织能力、领导能力和团队合作精神。

（4）工作或实践经历。工作或实践经历是用人单位最注重的内容，很多学生在校期间不注重实习或社会实践的积累，敷衍了事，那么在撰写简历时就会乏善可陈。目前高等院校都会要求学生参与一定的社会实践，大学生一定要认真对待，因为每一次实践经历都有可能成为个人简历中的一个亮点。要特别注意的是，工作经历也不是写得越多越好，而是要突出与目标职位的匹配。例如，你在大学期间曾参加过某项产品的促销活动，还有做过家教的实践经验，那么如果你想找一份营销方面的工作，可以重点描述你参加产品促销活动的经历和主要成就，做家教的经历可略写甚至不写；但如果你想获得培训机构讲师的职位，则应重点介绍你做家教的经历和主要成就，这样你的简历与职位的匹配度会更高，获得笔试、面试的机会也会增加。此外，还要学习招聘广告中使用的语言，尽可能用岗位职责中的术语描述你的工作或实践经历，这样能够帮助你更好地将个人经历与职位的要求进行匹配。

（5）自我评价。用简短的语言充分表达个人在性格、学习能力和职业素养等方面的优点。这一部分不是所有美好词汇的堆砌，而是要有技巧地进一步给出用人单位选择你的理由。

（6）其他需要说明的内容。简要列举曾获得的奖励、技能证书或从业资格证书等，同样也要突出与目标职位的匹配。

另外，如果有突出的特长也可以写明，因为有些特长如果恰好符合组织文娱活动的需要，也会增加求职成功的概率。需要强调的是，这里的特长不是指简单的兴趣爱好，而是在一定程度上有所成绩的才有必要列出，至于像喜欢旅行、看电影这类与为组织创造价值关系不大的爱好就没有必要占据简历的篇幅了。

2. 简历撰写的原则

（1）内容真实可信。简历内容首先要真实可信。用人单位招聘选拔人才都非常慎重，绝大多数单位将诚信视为第一重要的品质。因此，一定要按照实际情况撰写简历，做到真实而客观，任何虚假的内容都不可取。

（2）内容简明扼要、突出重点。用人单位，尤其是大企业每天会收到很多份简历，工作人员没有足够的时间和耐心对每份简历都仔细研读，泛泛而谈的长篇大论往往会在第一时间就让人失去兴趣。因此，在简历中说明与目标职位相匹配的内容即可，不必面面俱到地对每一项内容都详细列举。

（3）内容要有针对性。很多大学生在求职时都是一份简历走天下，给每个招聘单位都发一份同样的简历，然而这并不利于其获得被进一步考察的机会，往往这样的简历可能就是泥牛入海了。在撰写简历时，应该根据不同的用人单位、不同的职位量体裁衣，在充分了解每一个用人单位基本情况以及每一个职位具体要求的前提下，结合自身经历调整简历内容的重点。适当地表达对招聘单位的关注和兴趣，以及对目标职位需求情况的了解，可以显示出你的诚意和做事的周全。

（4）措辞简洁，切忌空洞华丽。有些学生的求职简历言辞过于华丽，形容词、修饰语过多。"我希望我的人生在经历了无数场风雨后成为一道最壮丽的彩虹……请用您的目光告诉我海的方向……"这样的简历一般不会打动招聘者，反而令人啼笑皆非。建议简历中不要出现"我""本人"等代词，多用动宾结构的句子，简洁直白。还要避免一些看似美好但实则模糊、空洞的词汇，如能干、坚定、创新、机智、勤勉、博学、游刃有余、卓越等。

（5）格式整齐、文字严谨。简历作为求职者的一面镜子，一定要注意不能出现格式不工整、有错别字之类的低级错误。很多人力资源部经理都表示，招聘时最不能容忍的事情就是看到求职简历里有错别字。很多人习惯了"不拘小节"，并且将这种习惯带到了撰写简历的过程中。虽然招聘工作人员在浏览简历时一目十行，但一旦发现简历中的格式或文字错误，你的形象就会大打折扣，让人觉得"连自己求职都不用心，那么工作也不会用心"，很可能也就因此错失了面试机会。所以，在简历发出之前，一定要仔细检查，保证在文字、排版和格式上不要出现错误，切不可粗心大意。

三、求职信

求职信是沟通求职者和用人单位之间的桥梁，是简历的"开场白"。通过书面的表达，求职者向用人单位展示才干、能力、资格，以自己的某些特长、优势、技能等吸引用人单位，从而得到就业机会。因此，求职信的自我表现力非常明显，带有相当的公关要素与公关特色。

　　鉴于当今社会的"快招聘"节奏，企业招聘工作人员阅读简历的时间都非常有限，求职信的意义就显得不那么重要了。但我们仍有必要去认真地写一封求职信，以显示自己的诚意和对用人单位的尊重。即便是招聘的工作人员无暇阅读，还可以作为面试时自我介绍的素材。

　　书写自荐信的基本原则是，在列举自己的优点和工作态度时要表现出自信，要像一位职业人士与另一位职业人士对话一样，你所提供的材料都是深思熟虑、精心准备的。内容要简明扼要，突出简历中那些与职位需求相吻合的经验和成就。同样，要专门为每一个求职职位写一份自荐信。最后，仔细检查自荐信和简历的布局，使之表述清晰，确保没有文字错误并准确打印。

四、用电子邮件发送简历

　　当今社会，即时通讯软件已成为现代人沟通交流的最主要手段之一。人们更乐于用短语音、表情符号或简短的非正式语言交换信息，电子邮件对于年轻的大学生来说可能并不常用。一封电子的商务邮件和纸质的公务信函一样正式，要遵守信函写作的礼仪。毋庸置疑，求职简历的电子邮件就是一封商务的信函，邮件不仅将你的简历信息传递给用人单位，从邮件的书写细节也能传递你的一些特质。这里关于书写邮件提以下几点建议。

　　（1）邮件的标题写明"个人全名——某职位求职"，让阅读邮件的工作人员一目了然，用最短时间判断你的邮件主题和内容。

　　（2）邮件内容简洁扼要，只要说明发邮件是为了应聘哪个职位或是为了提供某些材料，详情请见附件。

　　（3）最后要有礼貌地表达期待用人单位的回复，并写上你的联系方式。

　　（4）附件的名称也可以编辑为"个人全名——某职位求职"，如有多个附件，建议给邮件编号，并添加到一个压缩包里，便于工作人员下载保存。发送之前检查邮件是否完整上传。

　　总之，无论是用电子邮件发简历还是其他资料，切不可只添加了附件，发一封空白的邮件，这会让看邮件的人觉得不被尊重。

第三节　面试注意事项

一、面试前的准备

　　发出简历后，最期待的就是接到通知面试的邮件或电话。所以既要经常查阅邮件，又要随时做好用人单位打来电话的准备，以免错过重要机会。实际上，面试从你接到用人单位来电的那一刻就已经开始了。接到电话首先说："您好！"当对方通知你面试时，不要过于激动，可以带着微笑说："好的，谢谢！"对方完全可以感受到你的热情和对面试机会的重视。然后认真听对方讲面试的时间、地点、方式及要求，边听边记，准确记下给你打电话的人的名字、电话号码和地址。如果没有听清楚，可以说："不好意思，我想和您确认下，是……"最后，再次表示感谢，挂机前要说"再见"。这种电话礼仪，不仅在接听用人单位电话时十分必要，更建议养成习惯。在任何时候都保持优雅的言谈，礼貌待人，能够帮你更容易获得认可和尊重。

收到面试通知，并不意味着已经一只脚踏入了用人单位。在后续的考察中，应该更加仔细、有针对性地准备。有些用人单位会对符合条件的求职者在面试前进行笔试。笔试主要是对专业知识和个人性格进行考察。答题时一定要客观、真实，切不可功利心太重而刻意隐瞒自己的真实选择，因为你可能不确定每个选项背后的结果意味着什么，也不利于用人单位判断你是否真正符合职位的要求。或许你的变通能使你成功获得这份工作机会，但可能因为与你的性格不匹配导致你在工作过程中非常痛苦和煎熬，这样的工作体验也不利于个人的职业生涯发展。

面试时用人单位通常会让你做一个简单的自我介绍。有些人会有疑问，不是有了个人简历吗？为什么还要做自我介绍？很显然，面试官是想通过你简短的自我介绍了解从简历中无法获取的信息，如表达能力、思维逻辑、自信程度等。因此，面试前首先要花点时间好好准备一下这个开场白，一定会比你在紧张状态下的临场发挥效果好。其次，做足该用人单位的功课。尽可能地查找更多与该单位乃至该行业有关的资料，了解用人单位的主营业务及其运作模式、行业里的先进经验等，以便在面试时展示你对该单位、该工作的兴趣和热情。此外，专业知识的准备也不能少。由于面试官已在职场中千锤百炼，他们的实践能力更强，因此在准备专业知识时不需要纠结于死记硬背的概念，而要尽量复习一些成体系的知识点，在面试时能够娓娓道来、头头是道，会显得你做事条理清晰、思维缜密。最后，面试的前一天，尽可能吃好睡好，千万不要因为第二天要去面试，前一天晚上熬夜补课。没有好的精神状态，面试时的大脑运转效率会大打折扣。

二、面试中的表现

面试最重要的一点就是自信。如果自己都不认为自己会给组织创造价值，那么面试官为什么要相信你呢？所以，在面试时，介绍自己在学校取得的成绩已经不是特别重要了，最重要的是要让面试官看到，如果你在这个职位上工作，你将为组织创造哪些价值。

1. 面试官的提问

不用担心在面试过程中的紧张，这很正常，而且适当的紧张能够使大脑保持清醒，精力更集中，帮助你有更好的表现。只要你具有合适的资格，并且对这个职位感兴趣，面试官就会录用你。许多面试官会以一些"小谈话"作为面试的开始来帮助你放松。看起来好像与工作无关，但这也是评估你的一部分。要利用这开始的几分钟表现你积极的态度。

接下来，面试官向你提问题，以此来决定你是否合适。要对面试官可能提出的问题有所了解，这样你就可以提前准备答案。下面列举一些面试官经常会提问的典型问题，想一想面试官为什么会提出这个问题，什么是用人单位真正想知道的。

（1）介绍一下你自己。不要认为面试官已经看了你的简历，这个问题是多余的。这是一个推销自己的绝好机会。介绍的内容要与个人简历相一致，但绝不是把简历背一遍那么随意。一定要提前准备好这个开场白，建议你的回答包括以下内容：你所受教育的情况，你的专业知识，与求职目标有关的技能，与求职目标有关的成就和资历，以及你所具备的和应聘职位相关的人格特点、长处等。注意回答要语言简练、语句连贯，回答以两分钟左右为宜，切忌啰唆冗长。

（2）谈谈你对自己的职业生涯规划或你的职业目标。越来越多的面试官重视在面试时考察求职者是否有职业生涯规划的意识。一方面，可以了解你对自己的职业生涯是否有切实的规划，是否是一个目标明确、有努力方向的人；另一方面，通过分析你的规划与你应聘的职位是否相关看出你求职的动机，甚至未来在工作中的努力程度和对组织的忠诚度。

（3）你为什么对我们公司这个职位感兴趣？面试官提出这个问题的目的是想进一步了解你申请职位的动机。他们希望你的决定是经过深思熟虑的，是建立在对公司、职位和对自身兴趣及能力充分了解的基础上，并非一时冲动或盲目做出的。

（4）你认为自己能够胜任这份工作吗？这个问题也可能这样表述：你能为我们的公司或单位做出什么样的贡献？此时，你必须表现出对目标职位、公司业务以及自身长处的了解，你所具备的专业知识或技能正是公司所需要的，个人的品质正是公司所看重的，这一切都会给公司创造价值。这里要强调你所能做出的贡献，而不是你能从这份工作中得到的利益，因此不要只说"我希望从这份工作中学到……"。

（5）请举例说明你在……方面的能力。面试官往往不会直接提出让你描述你的某种能力，而是会以这样的形式问："当你跟合作伙伴意见不一致时，是怎么处理的？""你有与一个特别难打交道的人一起完成某项任务的经历吗？""请描述一下你在压力特别大时是如何处理好生活与学习的？""你怎样处理与你的道德标准或商业规范相违背的请求？"等。这样的提问有助于你通过具体的例子证明自己在某一方面的能力，如沟通能力、领导能力、创新精神、团队合作、人际交往能力、问题解决能力、灵活性等。很显然，这种能力是面试官非常看重的，或是在组织里客观存在或组织迫切需要的，因此首先要结合自己的实际宣称自己具有某项品质，如很擅长与人沟通。如果偏巧是一位沉默寡言的求职者遇到了考察沟通能力的问题，那么一定不要勉强地说自己善于交流，要诚实而取长补短地说："我虽然不善言辞，但我善于倾听。"

回答这类问题还有一个重点，就是要有具体实际的、令人信服的例子。可以预先准备一些这样的事例备用，因为在面试的紧张状态下，大多数人都无法在短短的几秒钟内精准地回想起和问题相关的"往事"。在讲述时，不要过于啰唆，尤其是在事件情境部分，但也要有必要的细节。按照"事件发生的情境—我的对策—取得的良好效果"的方式讲述，突出自己应对的能力以及良好的效果。

（6）你最大的优点是什么？不要只谈论你的优点或能力，还要把它们与目标职位和组织需要联系起来。除了列举你具有的某项能力或长处，还要尽可能提供简略的例证，向对方证明你是一个出色的人选。如你的学习能力、适应能力很强，你可以回答："在××公司实习期间，我大概用了一个星期左右的时间就了解了××业务的运作模式和基本流程，可以独立负责某项工作……"

（7）你有什么缺点？除通过此问题了解求职者的短板之外，提出这个问题更深层次的目的是考察求职者在面对危机或尴尬局面时的反应和处理能力。对这个问题的回答可能多数人都会避重就轻，说一些对工作不会造成太大影响的缺点，如做事讲求效率而导致性格急躁，或者因为追求细节而影响行动速度，等等。更好的回答是："我不太擅长……但我已经意识到这个问题，并采取了……的措施来改善。"这样显得既诚恳又头脑清晰。

人无完人，千万不要说自己什么缺点也没有，那样显得你不诚实，也不真实。此外，切忌说自己不擅长职位所要求的某一项重要能力。

（8）你在××方面没什么工作经验。无论对于大学毕业生还是准备跳槽的职场人士，这都是一个客观存在的问题。对大学生来说，实习期间可能大多是做一些琐碎的事务性工作，对专业性的关键工作接触较少；而对于准备跳槽的职场人士，发现新机会是有益的，毫无变化的跳槽则是无意义的，如果新的目标职位和原来的工作内容完全一样，那么你的成长空间仍然没有得到有效地拓展。当今社会，越来越多的工作需要综合多方面的技能或经验，每一个求职的人都会有某方面的经验短板。

因此，在思考如何回答这类问题时，我们首先要客观承认这的确是目前自身的一个客观局限；其次，强调自己的胜任力，如掌握的专业知识和技术可以弥补经验的不足，毕竟理论是实践的指导；或者曾在学校里担任过学生干部或做过一些学生工作，锻炼了组织能力、协调能力；等等。最后，要清楚工作经验带给我们的是什么。是工作思维，而不是单纯的业务操作经历。工作思维是可以触类旁通的，如目标导向、分析问题的角度和方法、思考与总结的习惯等，想一想曾经做过的工作中有哪些规律和方法是相通的，借用到目标职位中是否可行。厘清了这些，你在面对这类问题时就不会再感到手足无措了。

（9）你对加班有什么看法？对于很多职场白领，"996""007"的工作制仿佛成了常态。用人单位都喜欢勤奋的员工，但是加班并不一定总是和勤奋画等号。因此，求职者在回答这个问题时首先要表达自己是一个勤奋的人，并不畏惧承担工作任务和责任；其次，高效地完成工作，尽量不拖延到下班以后才完成是一种能力，你对自己的工作效率还是比较自信的；最后，如果工作需要，领导安排的话，当然义不容辞。同时还可以列举自己能够加班的有利条件，如目前单身、未成家，可以抽出较多的时间工作。在这里要提醒大家，加班未尝不可，但不要成为一种作秀或消磨时间的工具，不能够使你成长的加班是无意义的损耗。

（10）情境假设题。这是一类以现实或假设情境为基础的问题，例如，让你将梳子推销给旅游区寺庙中的和尚，你将如何去做？如果你发现一位和你非常要好的同事犯了一个严重的错误，而这件事只有你们俩人知道，你会怎么办？这类题回答的基本原则是让面试官知道你是怎样思考和解决问题的。下面的五个步骤可以帮助你处理类似的问题。

① 专心倾听提出的问题。

② 提出一些要澄清的问题以正确判断面试官想知道什么。

③ 说明你需要收集哪些必要的信息作为决策的依据。

④ 论述你分析信息从而做出决策的过程。

⑤ 基于你获得的信息、可利用的选择和你对开放立场的理解，解释你将会做出怎样适当的决定或建议。

这类问题没有"正确"的答案，只有"你的"答案。面试官通常利用这些类型的问题决定你是否合适。

最后，你可以通过分析向你提出的问题发现更多关于你所申请的工作的细节。面试官把重点放在什么技能、知识、个人特性和态度上，洞察这些更有助于你设计符合雇主对这个职位要求的答案。

2．求职者的提问

面试官提问全部结束后，出于礼貌，通常会问你有没有需要了解的问题。你可以提前准备一些问题，作为对面试组织或目标职位已掌握信息的补充，同时，也向面试官传递了一个信息：你为这次面试做了很多准备工作。问题应当与职位有关，并能表现出你的热情和知识。通过提出机智的、经过慎重考虑的问题，你向雇主表现出你对公司的态度很认真，需要更多的信息。在之前的交谈中已经得到答案的问题，就不要再重复了，否则会给别人留下你没有在听的印象。以下问题可供参考。

（1）公司对这个职位的工作人员有什么样的工作期望？

（2）这个职位在公司里的职业发展路径如何？

（3）公司里都有哪些培训机会？公司注重培养员工哪方面的能力？

（4）这份工作最大的挑战是什么？

（5）目前公司的主要战略目标是什么？

（6）公司最大的竞争力是什么？

关于酬薪之类的话题，不适合在第一轮面试时提问，应当留到你有足够把握获得该职位时再谈。如果对方主动提起而你又没有把握，那么表达愿意遵照公司的薪酬制度。

三、面试后的工作

从每一次面试中总结经验，哪里表现不错，哪里还需要改进，哪个问题回答得不好，等等。可以通过问自己以下问题进行回顾与总结。

（1）是否以最好的方式呈现了自己的特点、工作经历和胜任力？

（2）用人单位对我的哪个特点或工作经历感兴趣？

（3）有没有抓住推销自己的机会，展示自己可以为公司做贡献、创造价值？

（4）是否太紧张、过分被动或主动？

（5）有没有通过面试获得更多的信息来了解职业、行业？

（6）这个职业是否符合我的期待？

（7）下一次面试可以在哪些方面改进？

面试后一个星期左右，如果没有收到通知，可以写一封邮件或打一个电话，询问进展，注意语气和态度要谦虚和礼貌，这样可以体现你做事主动，不仅关注结果，还重视事件的发展过程。

四、面试礼仪

在求职时，仅靠专业知识和热情是不够的，掌握一些礼仪惯例和技巧是必要的。谦谦君子总会给人留下美好的印象，知书达礼之人总会有更多的机遇，这些都是获得成功的第一步。所以，作为一个求职者，要在求职过程中注重求职礼仪，注意自己的行为举止，表现出自己良好的专业素养和道德修养。具体应该注意以下几个方面。

1. 遵时守约

应当至少提前 10 分钟到达面试地点。面试的时间、地点、联系人电话应牢记，并记录在手机上或便签上随身携带。天气不好或路途比较远时，应当预留出更多的时间应对突发状况。有条件的应聘者最好能提前熟悉一下路线，并观察该公司员工的着装风格。如果预计无法避免迟到，应当提前 15 分钟打电话通知联系人并致歉。

2. 着装得体

尽量按照该公司目标岗位的标准着装，保持最佳的职业化仪容、仪表。如果不是应聘时尚行业创意、设计或时尚编辑等类型职位，不要在面试时穿着太随意，不要尝试非主流的装扮。很多公司对员工的着装都是有要求的，甚至整个行业都会对从业人员的形象、着装有严格的规范，如金融、航空、物业服务等行业。任何时候，无花纹的深色西装套装加衬衫配黑皮鞋总是最安全的。正装能让人看起来显得有精神而且挺拔。如果觉得黑西装配白衬衫过于呆板，可以选择藏青色、深蓝色的西装，配浅蓝色衬衫、棕色皮鞋。女士如果穿裙子，长度在膝盖的位置是最修饰身材的，太短显得轻佻，太长显得矮胖。西装裙不可以配小腿以上的长靴。

到达面试地点之后，如果有可能，先去卫生间整理仪容、仪表，同时调整心态和表情，尽量不要仓促上阵。

3. 有礼有节

进入面试考场前关闭手机或调成静音，以免手机铃声或震动的声音破坏了考场氛围。

如果考场的门关着，应当先敲门，得到允许后再进去，开关门动作要轻、要稳。

进入考场要自信、从容、稳重，良好的仪容、仪表和仪态决定了考官对你的第一印象。绝对不可以嚼着口香糖、手插在口袋里走入考场。

目光从落到面试官身上的那一刻就要微笑致意并问好。

如果对方没有请你坐下，不要慌忙落座；请你坐下时，应当说"谢谢"。

坐下后保持舒适但不懒散的坐姿，不要把任何东西都放在膝盖上或者手里，因为这样会限制你自然的身体动作。把你的笔记本、笔记垫、公文包和笔放在椅子附近的地方，需要时随时可拿到。

回答问题时要语言简洁，不要用啰唆而没有价值的话浪费彼此的时间。避免"嗯""啊""那个""你知道"等这样的口头语，使用专业的语言来表达。条理要清晰，最好能列出"一、二、三"。

回答问题时要有目光交流。缺乏眼神的接触会显得你不够自信，或者让面试官认为你不够坦率。

如果落座之前搬动过椅子，那么面谈结束后应当将椅子放回原处。自己用过的一次性水杯也请随手扔进垃圾桶，尽量少给他人增加工作量。

面试官示意面谈结束时，应微笑，起立，道谢，并说"再见"。

4. 诚信至上

要诚实，不要说谎。没有获得的证书、没有做过的项目，绝对不要谎称做过。谎言一旦被揭穿，你会失去所有人对你的信任。不要伪装自己的能力、素质个性、价值观、好恶。例如，一个内向的、不喜欢和别人打交道的人通过伪装得到了一个客户服务的工作，那么结果很可能是客户对他不满意，他自己也很痛苦，最后还是会辞去工作，白白浪费了很多时间和精力。

5. 情绪稳定

在面试过程中秉持谦虚的态度，不要狂妄自负，也不要过于冰冷，双方应保持互相尊重的和谐氛围。稳定的情绪是高情商的一种表现，过于情绪化的表现对求职成功有害无益。面试结束后，即使应聘不成功，也要礼貌地离开。因为这些人有可能会成为你未来的客户，或许某一天还会和某些人聚在一起。如果你自始至终都有礼有节，那么无论你应聘成功与否，都会在他们心里留下良好的印象。

如果你总是受挫，那么一定不要怨天尤人，而是要总结经验，看看问题是出在职业方向上、知识技能上，还是出在求职技巧上。找出问题所在，努力学习提高，就一定会有收获。

本章小结

在求职时，要了解用人单位的招聘流程，大学生可以通过互联网、学校的学生就业指导中心、现场招聘会、社会网络等途径获取工作信息，与自身条件和职业生涯发展目标相匹配，寻找就业机会。判断一个就业机会的好坏要看这个工作平台是否有利于个人的成长，并且要警惕招聘陷阱。

用简历和求职信对自己进行推销。一份好的简历要简明扼要，突出重点，能够体现个人与职位的匹配。面试时则要着重表达自己如何能够为组织创造价值。

在求职过程中还要注重礼节，表现出良好的专业素养和道德修养，保持情绪的稳定。

思考问题

1．即将毕业的大学生可以通过哪些途径寻找就业机会？
2．谈一谈大学生在面试前应该做好哪些面试工作。

延伸阅读

求职简历常见错误与缺陷

第二十三章　职场攻略

第一节　时间管理

一、时间管理的内容

时间管理是指通过事先规划和运用一定的技巧、方法与工具实现对时间的灵活、有效运用，从而实现个人或组织的既定目标。其目的在于决定什么事该做，什么事不该做，什么事先做，什么事可以缓一缓再做。因此，工作中的时间管理不是简单地画一张时刻表，而是要在对工作任务的重要性、紧急程度充分评估的基础上，对完成任务的时间进行合理分配，提高时间的使用效率，减少浪费，从而提高工作效率。概括地讲，时间管理主要包括以下四个方面的内容。

1. 专注于重要的事情

尽管每个人的工作职责不尽相同，但重要的职责总是排在岗位描述的前几项。工作目标能否实现的决定性因素就是你是否出色地完成了那些重要的事。那些能够影响整个部门乃至全局工作的人，往往是高效的时间管理者。他们专注于处理重要的事情，出现重要而且紧急的事情时，会首先处理，但大部分时间和精力放在重要但不紧急的事情上，未雨绸缪，防患未然。

2. 优化工作流程

工作流程越简化，越不容易出错。取消没有必要的工作环节，如不能取消，考虑简化或合并工作内容。然后，还要将所有程序按照合理的逻辑重新安排工作顺序和步骤，使业务操作更有条理性，工作效率更高。

3. 合理安排工作时间

应该做好每天、每周、每月以及每年的工作计划，列出每一时间单位内应该完成的工作，排出优先次序，突出重点并确认完成时间，并适当安排"不被干扰"的时间。高效管理者常常需要整块的时间思考一些重要决策或完成重要的任务，在进行这些任务的过程中，不能被外界打断，否则重新进入深度思考与完全工作状态往往需要更长的时间。高效管理者会集中时间不受干扰地处理一些重大事项，而把其他事情都推到一边，可能会给本部门甚至整个学校带来一些意想不到的麻烦，但如果有足够的时间，不受任何人、任何事干扰地思考或者从事对整个部门至关重要的工作，那么这些可能的麻烦将是微不足道的。

4. 合理授权

任何一位高效管理者都不可能独自完成本部门的所有工作，也不可能独自对所有的事情做出科学决策，因此将一些事情指派或授权给别人，让其他人对工作进行分担，是提高时间使用效率的有效方式之一。列出工作中所有可以授权的事项，并授权于适当的人来决策和执行，会提高整个企业的办事效率。高效管理者的授权必须充分，同时必须重视监督和检验，保证被授权者的行为符合企业的整体利益。在授权过程中，管理者应避免出现把别人当成自己提高效率、多做事的资源或者障碍、干扰者的倾向，否则可能会出现控制他人的欲望，倾向于让被授权人按照要求做事，或者让"他们"不要妨碍"我们"做事，从而使授权行为适得其反。在授权中必须克服"办事拖延"的陋习，推行"限时办事制"。办事拖延是浪费时间的重要原因之一，在实际工作中，工作任务的完成时间往往会超出预期。因此，严格规定每一件事情的完成期限，并要求被授权者在限定时间内报告处理结果，授权效果会更为有效。

二、提高时间管理能力的方法

1. 计划管理法

它一般不会脱离计划太远，若计划得当，我们可以从整体上把控变化的节奏。计划常分为日计划、周计划、月计划、季度计划、年度计划。由于计划要具体化和落地化，这就要求时间管理的重点落在待办单、日计划、周计划、月计划。计划有层级性，一般是每年年末做下一年度工作计划，每季季末做下季度工作计划，每月月末做下月工作计划，每周周末做下周工作计划。

其中的待办单是将每日要做的一些工作事先列出一份清单，排出优先次序，确认完成时间，以突出工作重点。要避免遗忘，也要避免半途而废，尽可能做到今日事今日毕。待办单主要包括非日常工作、特殊事项、行动计划中的工作、昨日未完成的事项等主要内容。在制作待办单时要特别注意的是，每天在固定时间（最好是早晨开始工作之前）制订待办单，完成一项工作就画掉一项。同时，待办单中要为应付紧急情况留出时间，并做到每天坚持下去，这样才有效果，否则待办事情越积越多，最后导致工作的时间管理进入恶性循环，严重影响工作进程和力度。

2. 时间"四象限"法

著名管理学家科维提出了一个时间管理的理论，把工作按照重要和紧急两个不同的维度进行划分，基本上可以分为四个"象限"：重要且紧急、重要不紧急、紧急不重要、不重要不紧急。其中一个重要观点是把主要的精力和时间集中地放在处理那些重要但不紧急的工作上，这样可以做到未雨绸缪，防患未然。在人们的日常工作中，很多时候往往有机会去很好地计划和完成一件事情，但常常又没有及时地去做，随着时间的推移，造成工作质量的下降。因此，要把工作中的事件合理分类，有次序地执行，才能保证自己的时间不浪费在毫无意义的琐事上，从而有效地开展工作。"四象限"法常以图 23-1 表示。

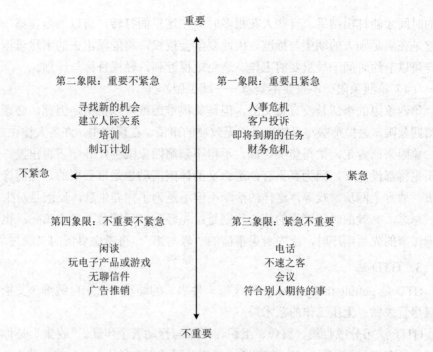

图 23-1　时间管理的四象限图

四个象限的划分有利于我们对时间进行深刻的认识及有效的管理。在这个模型中，需要遵循一定的原则来安排事务。

（1）第一象限：重要且紧急——马上做。

首先要有准确的判断能力，确定是重要且紧急的事情，必须亲自完成、不能拖延、不能授权，然后优先处理。但如果你总是有重要且紧急的事情要做，说明你在时间管理上存在问题，设法减少它。很多重要的事情都是因为一拖再拖或事前准备不足而变得迫在眉睫。许多处于第一象限的事情都是由于缺乏有效的计划，导致本处于"重要不紧急"的象限的事情转移到第一象限。第一象限的工作太多，会令人感到压力大、筋疲力尽、忙于危机处理和收拾残局，而且由于时间原因，往往不能做得很好。

（2）第二象限：重要不紧急——计划做。

第二象限的事情很重要，而且会有充足的时间去准备，有充足的时间去做好。可见，投资第二象限，它的回报才是最大的。时间管理理论强调尽可能地把时间花在第二象限的事情上，这样才能减少第一象限的工作量。荒废这个领域将使第一象限日益扩大，个人陷入更大的压力中，在危机中疲于应付。反之，多投入一些时间在这个领域，能够有效地缩小第一象限的范围，不再手忙脚乱、临时抱佛脚。在第二象限的工作上多投入时间，能够更好地平衡工作与生活，未雨绸缪，并建立良好的人际关系。

（3）第三象限：紧急不重要——授权做。

具有假象的第三象限因为它的紧急性往往使人们难以脱身，所以人们经常会跌进第三象限而无法自拔。例如，打麻将时三缺一，只要一玩起来就很难脱身，而且要耗费很长的时间才能打出结果。有些人花很多时间在这里面打转，自以为是在第一象限，其实不过是在满足别人的期望与标准。因此要学会授权，将能派出去的事尽量派给他人干，这样可以节约时间干最重要的工作。避免短视近利，轻视目标与计划。

（4）第四象限：不重要不紧急——减少做。

第四象限的事情是没有意义的，但是又很难缠或难以抗拒，因此，必须想方设法走出第四象限，丢掉那些与目标无关、无效益的事情。在现实中，许多人往往在第一象限、第二象限来回奔走，忙得焦头烂额，不得不到第四象限去疗养一下再出发。这部分活动倒不见得都没意义，因为真正有创造意义的休闲活动也是很必要的。然而像无节制地玩手机、通宵上网玩游戏等，这样的活动不但不是为了休养生息，反而是对生命的浪费。

总之，高效的时间管理的核心原则是：先轻重，后缓急，要事第一。也就是说，在考虑做事的先后顺序时，应先考虑事情的"轻与重"，再考虑事情的"缓与急"。

3. GTD 法

GTD 是 getting things done（完成每一件事）的缩写，它来自戴维·艾伦的一本畅销书《尽管去做：无压工作的艺术》。

GTD 法可分成收集、整理、组织、回顾与行动五个步骤。"收集"是你将自己能够想到的所有未尽事宜（stuff）全部罗列出来，记录下来放入 inbox 中，这个 inbox 可以是具体实物的文件夹或者篮子，也可以是用来记录各种事项的纸张或掌上电脑。

"整理"是将 stuff 放入 inbox 后，定期或不定期地整理和清空 inbox，对于已经完成的工作就清空，对于尚未完成的工作可以根据实际情况进行处理，也可以推入下一步的计划和行动。"组织"是 GTD 法最为核心的步骤，主要分成对文档管理系统等参考资料的组织以及对下一步行动的组织，下一步行动的组织则一般可分为下一步行动清单、等待清单和未来/某天清单。GTD 法对下一步清单的处理与一般的事项清单最大的不同在于，它做了进一步的细化，如按照地点（计算机旁、办公室、电话旁、家里、超市）分别记录只有在这些地方才可以执行的行动，而当你到这些地点后也就能够一目了然地知道应该做哪些工作。"回顾"是 GTD 法的一个重要步骤，一般需要对每周清单进行回顾、检查和更新，还有可能对未来一周的工作进行计划。"执行"是按照每份清单采取行动，即根据所处的环境、时间的多少、精力情况以及重要性选择清单的事项来行动。

4. 时间 ABC 分类法

这种时间管理法是将自己的工作按轻重缓急分为三种：A（紧急、重要）、B（次要）、C（一般）。根据各项工作的优先级来统筹安排，粗略估计各项工作时间和占用百分比。同时在实际工作中记录耗用时间，对比计划时间安排和耗用时间，分析时间的运用效率，逐步调整自己的时间，进一步有效地开展工作。

无论是运用哪种时间管理方法，必须考虑工作过程的不确定性，要为意外事件留有一定的时间。一是要为每项工作的计划留有多余的空间。二是要努力让自己在不留余地，又饱受干扰的情况下，完成预计的工作，实践证明，工作效率高的人通常比工作效率低的人做事更为有效和精确。三是另外准备一套应变计划。在自己仔细分析将要做的事情后，将事情分解为若干个单元，找到迅速完成工作的必要步骤，满怀信心地向前推进，使自己在规定的时间内完成工作。

第二节　压　力　管　理

有时在你的职业调研和决策过程中遇到的最大障碍是你自己制造的。你必须学会小心地避开其中一个能爆炸和毁掉你一切努力的地雷：压力。

一、工作压力的来源

要想缓解压力，必须首先找到压力的来源，然后才能对症下药。不同的文化、国家、职业、时期，工作压力的来源有所差别，国内学者胡春光（2005）在借鉴了国内外工作压力来源研究成果的基础上，特别吸收了国内具体行业压力来源的研究成果，经过调查研究，总结出我国目前组织内员工工作压力的来源一般有以下三个方面：社会环境因素、组织因素、个人因素。

1.　社会环境因素

我国正处于变革发展的时代，可以说每天都在发生着变化。从某种意义上来讲，变化是压力的诱因，它迫使你需要努力去适应"变化"。社会环境因素的变化是员工压力的来源之一，它包括经济、文化思想和技术的变化。竞争越来越激烈，经济形势也处于变化之中，人们为自己的经济和生存保障而倍感压力；价值又随观念不断变化，新思想、新观念不断涌现，如果员工的思想不能与当代社会相适应，会诱发压力感；随着技术的高速发展，技术更新会使员工的技术和经验在很短的时间内变得落后。IT业就是这方面的典型例子，员工必须不断学习新的技术，否则就会面临被淘汰的危险。社会环境因素是不可控的，对它们的了解有助于分析员工的压力，但是，一般来说，它们是无法改变的，所以压力管理策略不直接涉及这方面的内容。

2.　组织因素

组织内部的因素直接造成员工的压力，所以分析造成压力的组织因素是制定压力管理策略的基础。压力来源中的组织因素主要有以下几个方面。

（1）组织方面的因素。

① 组织结构。组织结构所界定的是组织层次分化的水平、组织规章制度的效力、决策在哪里进行等。如果不能正确进行计划，没有分清人际关系，没有授权，直线职权和信息系统混淆不清，只有职权，没有职责，违反统一指挥与程序，那么，这些因素就会成为影响员工工作绩效的压力源。

② 组织变革。为了适应竞争要求，组织有时被迫进行重组和并购，这些变化迫使管理者、员工改变以往的工作方式，并不断学习以适应变化。尽管员工具备适应性，但人类能承受的变化还是有限的，假如企业的技术、策略、组织结构、动作方式、核心价值观等方面的变化长期处于甚至超越这些极限，那么其结果将使员工难以承受。

③ 组织生命周期。任何组织都会经过由初创、成长、成熟直至衰退四个阶段所组成的生命周期。这个过程难免会给员工带来许多问题和压力。尤其在初创和衰退两个阶段，更是压力重重。组织在初创阶段各方面都缺乏规范，不确定性很强，而在衰退阶段一般伴随着生产规模的缩小、员工解聘等危机，充满不安全感和动荡感。

（2）工作本身的问题。

① 工作环境。在我国，许多组织的工作环境条件较差，其中过多的噪声、极端的温度、光线太暗或太亮、辐射和空气污染、卫生状况不好等因素都会给员工造成压力。工作的危险和风险也会给员工造成压力。各种不同的职业群体处于不同的人身危险中。警察、消防人员、矿工和军人的工作性质，决定了他们不得不面对明显的人身危险和潜在的伤害行为。其他工作也存在一些风险，如工人工作中接触的化学物质、机器等。工作场所存在的一些暴力倾向也对员工的安全造成了威胁。

② 工作负荷过重。随着国内外市场竞争的不断加剧，许多组织尽量精减人员，加大工作量，以降低成本，提高竞争力，工作负荷过重成为许多人普遍面对的问题。员工必须在限定的时间里完成如此多的工作任务，不切实际的时间期限压力导致员工超长时间工作；他们肩负的生产需求和责任不断增加；由其他人或机器控制的工作速率变得更快；工作的难度加大；可利用资源缺乏或分配不均；加上工作需求中的高峰和低谷现象的影响。所有这些都会造成员工工作负荷过重，不得不经常加班工作。

③ 工作缺乏意义、缺乏变化和挑战。如果员工无法感受到工作的挑战或刺激，或者不相信自己的贡献是有价值的，员工就会体验到冷漠、厌倦、低落的士气，以及自我价值的缺乏，造成很大的压力。在我国很多组织中的员工被这个问题所困扰。造成这种情况的原因是多方面的：一是工作负荷量不足。长期工作量负荷不足，人们会因为没有事情可做而感到无聊、松懈和懒散，从而造成厌倦。二是没有发挥能力的机会。组织可能没有为员工提供施展他们技能和能力的机会，处于这种状况中的人不仅会感觉到自己没有成就，没有办法去表现自己的才智，而且会感到自己受到冷遇，毫无发展前途。三是工作简单。促进工业自动化的新技术也导致了工作的简单化，而重复的、简单的、短期循环的工作容易让人厌倦。此外，被动的、低技能需求的、缺乏多样性的以及低决策参与的工作，也会给人造成压力。

（3）管理方面的问题。

① 领导作风不当。管理者的领导作风对员工心理有显著的影响，如果领导作风不当，会给员工造成压力。我国"官本位"的思想比较严重，有些管理者的人格、性格特征、行为有问题，如每天都发脾气、经常小题大做、不懂得尊重员工、不兑现承诺、独裁等，会导致组织中人际关系恶化，给员工造成很大的压力。虽然每个管理者的领导风格可以

有所不同，但是在强调以人为本和民主平等的当代社会，这种不尊重员工的领导作风会严重影响员工的情绪和积极性，进而影响组织的业绩。

②　强化方式不当。激励和惩罚是强化的两种形式。有的管理者不注意运用积极强化，而是过多采用惩罚的方式。惩罚在管理中有一定的效果，但也有一些负面的影响。惩罚可以导致一些不想要的情绪反应，例如因为多休息一会儿而遭到责备的员工可能会对管理者和组织产生愤怒的反应；惩罚也会压制员工的创造力和适应能力，也会使员工采用回避或逃避的方式躲避惩罚；惩罚也会产生对管理的条件性恐惧，也就是说，员工形成了一种对以惩罚为主要强化方式的管理者的普遍恐惧。所以，过多的惩罚会加大员工的压力，影响员工的绩效。

③　沟通不力。信息沟通是正式组织的三要素之一，也是管理的一项重要职能。组织中没有效率的沟通会造成许多问题，如因为信息不对称而产生误会，造成冲突，这些会给员工带来较大的压力。中国文化强调含蓄以及对领导的服从，这样的思想有时会给沟通带来一定的障碍。

（4）人际关系因素。员工之间良好的人际关系被视为个人和组织健康的一个重要因素。良好的人际关系为员工提供了一个很好的工作氛围，也可以帮助员工达到个人的目标，支持性的人际关系对于员工克服压力也是非常重要的。相反，缺乏支持性的人际关系，或者与同事、伙伴和上级的关系非常差，是产生工作压力的根源之一。造成人际关系紧张的原因可能是个别人由于不知道从别人的角度考虑问题，只按照自己的观点和方式做事；工作中不懂得互相妥协的重要性，固执己见；把别人都看成竞争对手，而不是合作的伙伴；对别人吹毛求疵，不能宽容；对同事冷漠疏远，不能真诚相待；或者是组织中的竞争氛围过于激烈，每个人的工作安全感都很低，有限的发展机会引发激烈的竞争。总之，不良的人际关系会使员工对他人产生低信任和低兴趣感，不能互相支持、配合，加大工作完成难度，有矛盾时容易发生冲突、争吵，甚至造成暴力伤害，严重影响工作任务的完成，还会使员工感到烦恼、痛苦、压抑，造成一定的压力。

（5）角色冲突与角色模糊。在工作场景中，角色是指其他人期望一个人完成的一系列工作任务和行为。当一个员工面对与工作任务相反的需求或矛盾的目标时，他会感到困惑，这时就会出现角色冲突。一个人如果必须完成被认为不属于自己工作角色要求与规定的任务时，就会导致与角色冲突相联系的压力。例如，要求很高的需求、可能不现实的生产目标、产品质量超过现有标准的需求、要满足生产需求而又缺乏适当的安全标准等，这些问题都可能引起角色冲突。角色冲突会导致缺勤、不满、血压升高等。麦尔斯（1976）把角色冲突定义为四种类型，具体如表23-1所示。

表23-1　角色冲突的四种类型

冲 突 类 型	具 体 表 现
人与角色的冲突	个人可能采取与工作规则中的规定完全不同的方法完成任务
内部传递的冲突	当实际情况与管理者传递的内容相互矛盾时，这种冲突就可能发生。例如，员工被委派一项工作，但是没有完成这一任务的足够资源

续表

冲 突 类 型	具 体 表 现
互相传递的冲突	当员工被要求以某种方式从事某项行为，而这种方式可能使某个人对结果感到满意，而另一个人却不满意时，互相传递的冲突就会发生
角色负荷过重	当员工被分配的工作量超过他的有效能力时，他就会体验到与角色负荷过重相联系的压力

角色冲突是工作中一个不容忽视的潜在问题。当工作需要个人与组织外部的人进行接触，或组织内部的个人职能出现交叉重叠，或者部门权限责任范围分界不清时，角色冲突就会发生。如经理既要服从上级的要求，又要考虑下属的实际情况，当两者相互矛盾时，角色冲突就形成了。

角色模糊与一个人的工作角色或所需完成的任务缺乏清晰度有关。当员工不能理解，或不能认识工作的期待、需求或者角色的范围时，就会出现角色模糊的情况。缺乏培训或缺乏信息也会导致角色模糊。研究表明，工作中的角色模糊容易导致紧张感和疲惫感，使人产生尽快离开工作的意图，产生高度的焦虑、生理和心理的损伤与缺勤的后果。导致角色模糊的情境范围非常宽广。例如，一个人提拔到一个新的职位上，职位身份发生变化，有了一个新的领导，工作结构或制度出现变化，这些都会导致角色模糊。

当员工感到工作中缺乏管理人员或督导的支持，角色冲突和角色模糊的情境就可能加剧，重大的人员裁减会产生同样的影响。当工作与家庭或社会环境之间产生冲突后，员工可能感到无法实现他人对自己工作角色的期待，也会加大角色的压力。

3. 个人因素

除组织因素的压力来源之外，个人自身存在的一些问题也是压力的直接来源。这些因素主要包括生活因素和个人问题。

（1）生活因素。如果员工生活方面有很多烦恼，那么会加大工作压力。因此，个人因素会影响员工的压力水平。这些因素包括以下几个方面。

① 工作与家庭要求的冲突。家庭通常需要员工付出一定的时间和精力，而这往往与工作相互矛盾，从而造成冲突。

② 家庭问题。和睦美满的家庭会成为员工的有力后盾。相反，家庭的紧张关系或家庭的困难、不幸会给员工造成很大的压力。

③ 经济问题。经济是员工及其家庭安全的基本保障，若员工经济上困难，自然容易忧虑。

④ 生活条件。住房、居住条件、交通堵塞、污染等都会给员工情绪造成影响，加大压力。

⑤ 健康状况。健康的身体无疑对抵御压力有利，而身体的不健康是直接造成压力的来源。

（2）个人问题。员工的某些个人问题是造成压力的重要来源。

① 面对困难缺乏自信。作为工作的一部分，我们经常不得不以某种不愿意的方式与

他人相处，这种情况可能成为工作生活中的重要压力之一。它意味着员工可能处于一个非常困难的情境之中，例如，不得不传达一个下属不喜欢的决定，不得不为了获得一个有价值的商业机会而与一个发怒的顾客相处，面对不合理的工作需求或期限要求，等等。如果员工缺乏自信，没有能力处理困难情境，会使他感觉愤怒、焦虑、挫败和压力重重。

② 不擅长时间管理。有些员工不懂得有效管理时间，他们工作没有计划性，做事不分主次，精力分散，不懂得在重要的事情上优先使用时间，也不懂得把有些事情委托给别人。这就造成他们无法完成别人可以完成的任务，造成了很大的压力。

③ 解决问题能力不强。在组织中，员工总是会遇到许多问题和困难，如果员工的解决问题能力不强，不能有效地解决这些问题，会造成很大的压力。

④ 不善于处理人际关系。员工如果不懂得处理人际关系的原则，不善于处理与领导、同事的关系，会给自己造成压力。

⑤ 工作生活方式不科学。有的员工工作生活方式有问题，他们为自己安排或接受过多的任务；即使劳累过度也不休息；工作第一，不会享受生活；不懂得及时缓解自己的压力，等等。这些都会加大压力。

⑥ 工作中的挫败感。有些人会觉得自己怀才不遇、期待与现实有落差，导致在职场上屡屡有挫败感，这是员工压力的重要来源。每个人都对自己在组织中的事业发展有一定的要求，但是由于个人以及组织环境的原因，可能无法实现，此时就会产生压力。另外，个人不切实际的期望也会造成压力。因为组织中发展机会毕竟是有限的，如果期望过高，与自己的能力不符，失败的可能性就大，容易造成压力。

有些压力是正面的，与高激励、高能量、敏锐的感知相联系。负面的压力则会以许多形式降低你寻找工作的效率。压力会导致某些心理症状，如焦虑、挫折、冷漠、自尊下降、侵犯性和绝望感。因此，你必须寻求某些方法去应对这些压力，防止它们消磨、侵蚀你的自尊和找工作的动力。找工作并不意味着你必须放弃自我、贱卖自己或者是放弃对自己很重要的理念。改变职场现状不是你的责任。雇主如果想要成功地挑选和获得高质量的人才，就有义务帮助清除产生压力的来源。一些不熟悉聘用不同文化背景的人的雇主可能会对你讨论你的岗位职责和对报酬的期望表示欢迎。

二、如何缓解工作压力

当你准备面试或进入一个新的工作岗位时，必须用积极的自我肯定去应对可能产生的压力。改善你的整体状态和管理好压力对于认清走向成功的轻重缓急至关重要。我们可以运用一些小策略管理压力，具体如下。

（1）拿出时间善待自己。为自己做点有意义的事，关注个人的需要和快乐。

（2）锻炼是缓解压力的最好方法之一。开始或保持一个现实可行的锻炼计划，参加一些你能从中得到快乐的运动和活动。

（3）与朋友和家庭成员进行社交活动。你的关系网可以为你的求职提供许多机会。

（4）不断提示自己的长处。一些人发现在求职陷入迷茫时，通过列举自己的长处进行自我肯定能够起到鼓舞士气、振奋精神的作用。

（5）开怀大笑。健康的欢笑是保持乐观向上、面对人生起伏的最好方法。

（6）专注于实现目标。提示自己为什么要找工作，想象当你找到一份自己真正喜欢的工作时的感觉。一切艰苦的努力最终都会得到补偿。

如果这些日常的小方法不能帮你缓解压力，那么一定要寻求专业的心理咨询帮助，避免形成严重的心理问题。

第三节　情绪管理

情绪表达是人的本能，也是身心健康的重要标志，一个人的情绪是否稳定反映了他的自控力和意志力。

拿破仑有句名言："成功者与失败者的最大不同在于，前者是情绪的主人，后者是情绪的奴隶。"在职场中，最重要的原则就是如何管理自己的情绪，如何洞悉人心，揣摩别人的心理，调整自己的心理，张扬好情绪，收敛坏情绪，从而赢得别人的认可和尊重。每一个心智正常的职场人肯定都不愿意跟别人发生冲突，所有的职场人都希望自己能跟同事、客户保持良好的人际关系，职场上的成功往往来源于他对自己情绪的良好管理，尤其对失败情绪的管理。可是就有一些人总是控制不住自己的情绪，为了一点小事情也会跟别人发生激烈的冲突，之后连他们自己都会感到非常后悔。千万不要让情绪成为脱缰的野马。

情绪管理的举措主要有以下几种。

1. 调整认知

情绪是以人的认知为基础的，不良情绪往往产生于不正确的认知，改变了不正确的认知，情绪问题就可能得到缓解。认知不当在于问题没有看全面。发生了一次不愉快的事，不代表不愉快的事总是会发生；一件事情做不好，并不证明其他事情也做不好。

研究发现，很多大学生的情绪困扰来自认知偏差，所以大学生树立正确的认知观点是保持情绪健康的关键。在校期间，大学生要多读书，积极参加各种校园文化活动及社会实践活动，用丰富的经历和见识改善片面或极端的想法，消除不良情绪。

2. 合理宣泄

情绪问题有时就像奔腾的江水，如果打开闸门，让江水顺流而下，情绪问题可能自然就得到缓解了。例如，有的公司设置了"情绪宣泄室"，在情绪宣泄室内放置了各种充气玩具，用来帮助进入情绪宣泄室的人宣泄心中的愤怒等情绪。平常没有这种条件时，大学生经常可以参考这些方法，简便又可行。例如，找朋友聚一聚，一壶清茶，一杯咖啡，把抑郁的情绪倾诉出来；和朋友去唱歌就是一种排解紧张和激动情绪的有效方法；

养花弄草，通过清静雅致的态度平息心头怒气；等等。

3. 发展情绪智力

情绪智力就是情商，指个体监控自己和他人的情绪和情感，并识别、利用这些信息指导自己思想和行为的能力。丹尼尔·戈尔曼的情商理论模型可以很好地帮助我们发展情商，具体如下。

（1）自我意识：了解自己当前的感受，根据当前的感受做出恰当选择；对自我能力有客观的评价，抱有根基牢固的自信心。

（2）自我调节能力：控制好自己的情绪，使情绪不干扰手头工作，反而能促进工作的完成；有责任感，为实现目标可以把个人愿望搁置一旁；能够从低落情绪中振作起来。

（3）成就驱动力：善于运用自己内心深处的倾向或愿望推动并引导自我实现目标，采取主动，努力进步。强烈的成就驱动力也有助于我们面对挫折仍锲而不舍。

（4）同理心：能察觉他人感受，能够从他人角度看问题，能够与各种各样的人建立和谐的人际关系，和睦共处。

（5）社交能力：能很好地处理人际关系中涉及的情感问题，能准确认清社交时的形势和人际网络关系；与人打交道时左右逢源；为公司和团队运用自己的社交技能开展说服、领导、谈判、处理纠纷等事务。

4. 情绪调节的具体方法和建议

由于情绪产生的原因不同，调节的方法也多种多样。美国哲学家威廉·詹姆士曾经说过："我不是因为快乐而唱歌，而是唱歌使我们快乐。"下面简单介绍几种不良情绪的调节方法。

（1）如果你经常担心、忧虑，可以经常保持忙碌，不再有忧郁的时间和空间，也可以多安排一些户外活动，如爬山、运动等。

（2）如果你觉得愤怒生气，你可以深呼吸，然后区分轻重缓急，换位思考，原谅对方，善待自己。

（3）如果你觉得压力大，你可以暂停一下，让自己有放松、喝水的机会，然后想想愉快的事情，也可以求助于别人。

第四节　职场沟通策略

沟通涉及工作与生活的各个层面，与人生发展息息相关，包括人际关系、家庭关系、个人与社会关系、团体关系，甚至国与国之间的关系。

一、职场沟通的注意事项

职场沟通强调效率，沟通的目的是在最短的时间内解决沟通的问题，而不是一些内容冗长、重点不突出、流于形式、浪费时间的对话。要想做到有效的职场沟通，要注意以下几点。

1. 不能带着情绪去沟通

如果自己的情绪没有摆正，那么沟通就不是为了解决问题，反而可能会引起冲突。带着平稳的情绪可以使沟通顺利地进行下去，达到解决问题的目的。

2. 提前确定好沟通的内容

沟通之前要想清楚沟通的内容，这一点是沟通的核心。有了明确的问题或话题，沟通过程才能围绕这些特定内容进行，不会跑题去聊一些无用的事情，最终得到解决问题的方法；如果没有明确的沟通内容，那么沟通就只是没有结果的闲聊。

3. 用对方能听懂的词汇进行沟通

这一点在技术部门与业务或行政部门沟通时尤为重要。

过于专业的术语，外行不一定容易领会，对方可能完全不知道你想表达什么、说明什么。只有听懂了，沟通才能进行下去。

4. 有效沟通要求学会倾听

一直在说自己的想法，别人没有机会说出他的想法，整个所谓沟通的过程都是一个人在自说自话，这不是一个有效的沟通。另外，如果你总是打断别人的话，几次之后别人也不想说了，事情就会陷入僵局。因此，善于倾听也是有效沟通的一个要素，你可以先听完别人的发言之后，然后说："我赞同你的这个观点，但有一个地方我想补充一下。"

5. 沟通的目的是解决问题

要始终牢记，同事间的沟通不是辩论赛，是为了解决某个问题，或是为了让工作更有效地开展。所以我们不能将对方放在对立面上，希望用自己的语言或观点让对方心悦诚服。当整场沟通变成一场争辩时，就是将合作的关系变成了对立关系，那么最后的结果很可能就是不欢而散。最好的方式应该是整合大家的意见，求同存异，达成最佳的解决方案。

二、沟通的主要障碍与克服沟通障碍的方式

1. 沟通的主要障碍

沟通的障碍主要来源于以下几个因素。

（1）角色差异。人们站在不同的位置上，追求的目标不同，利益点也不同，对同一

事物的看法也不同。有研究表明，员工会经常误解上级的想法，而上级对下级的角色、经验和问题的理解也总是有限的。例如，可能主管关心的是部门的整体目标能不能实现，因为他的利益是和整个部门的效益挂钩的，而员工可能关心的更多的是他完成了自己的本职工作能拿到多少钱，相对于主管来说，整个部门的目标是否完成并不是他最关心的。

（2）认知的差异。人们对于同一事件的看法可能会迥然不同，这往往是因为认知的不同造成的。在认知过程中，不同的人收集、加工信息的动机和能力都不同，因此认知结果也会因人而异。

（3）信息发送者没有准确完整地表达。有些人可能由于表达能力不佳、知识经验的局限或是对信息的过滤，导致不能及时、清晰、完整地表达自己的观点或影响信息的传递，容易造成误解。

（4）信息接收者没有全面准确地接受信息。我们在与他人沟通时，不仅要听他说了什么，还要注意他是怎么说的，是在什么场合说的。沟通不仅包括语言沟通，也包括肢体、表情等非语言沟通。所以，"察言观色"非常重要。

2. 克服沟通障碍的方式

要实现有效沟通，必须消除上述沟通障碍。我们可以从以下两个方面改善沟通的效果。

（1）作为信息发送者时，我们主要考虑的是在合适的时间，利用合适的渠道与方式，清晰又完整地表达自己的意图。

① 明确沟通的目的。发送者必须弄清楚做这个沟通的真正目的是什么，动机是什么，要对方理解什么。确定了沟通的目的，沟通的内容就容易规划了。

② 系统思考，充分准备。在进行沟通之前，发送者必须对其想要传递的信息有系统、详尽的准备，并据此选择适宜的沟通方式、场所以及最佳的信息传递时间。

③ 沟通要因人而异。发送者必须充分考虑接收者的心理特征、知识背景等状况，依此调整自己的沟通方式、措辞或是服饰仪态等。此外，发送者还必须使用接收者能够理解的语言，语言要清晰，不可含糊其词。

④ 前后言行一致。发送者必须以自己的行动支持自己的想法和说法，而且更有效的沟通是"行"重于"言"。

（2）作为信息接收者时，我们需注意的是全面准确地理解信息发送者传递过来的信息，不仅要理解字面的信息，还要理解一些潜在的、隐含的信息。

① 积极倾听。积极倾听要求接收者能站在说话者的立场上，运用对方的思维架构去理解信息。亨利·福特曾指出：成功的秘诀就是以他人的观点来衡量问题。积极倾听有四项原则：专心、移情、客观、完整。

② 积极给予反馈。有效的沟通定义为："存在于两人之间的信息已经被传送且被接收及译成其想被了解的意思。"假如接收者不反馈，发送者如何测试信息传送的正确性？反馈对沟通非常重要，因为这是确定信息接收者是否听到发送者所传递的信息的唯一途径。反馈可以给发送者提供线索，让他了解信息接收者是否同意他的意见，是否得到需

要或是想要的信息。

③ 注意非语言信息。通过关注对方的非语言提示，全面理解对方的思想、情感。

④ 调整心态。人的情绪对沟通过程有着巨大影响。过于兴奋、失望等，一方面易造成对信息的误解，另一方面也易造成过激的反应。信息接收者在接收信息时，要调整自己的心态，明确自己的角色定位，客观评价他人。例如，我们在愤怒时总是难以听进他人的劝告，这时应该冷静下来，仔细想想别人说得对不对。

第五节 职场礼仪

一、着装规范

职场着装要符合公司的企业文化和行业特点，每一个人都要根据自己的身份和自己的行业选择适合自己的服装，那样才能让自己更加得体地展示在大家面前。

很多刚刚工作的新人不知道该如何选择西装。随着大众审美的变迁，纯黑色西装配纯白色衬衫会显得太过庄重和沉闷。男士选择西装时可以选择深蓝色、深咖色等，上装外套要合身，袖子比衬衫短1厘米左右；西裤的长短可以通过让人自然站立判断，最适合的长度是恰巧盖住袜子，不要让袜子露出来，但也不能过长，不要让西裤在脚腕处有褶皱的情况，那样会让人显得不精神。衬衫可以抛弃纯白色，黑色和灰色都是不错的选择，或者带一些条纹、格纹或者简单的花纹都可以，但切忌太过花哨，花纹太多反而显得有些浮夸。总之，低调中多些点缀，稳重中多点俏皮。还有需要注意的几点，发型要干净利索，衬衫切记塞进裤子里，领带不能过于艳丽，穿西装不能配白袜子，皮鞋干净发亮。记住以上这些，在职场上的仪容仪表就不会出错。

职业女性的着装要结合自己的个性、兴趣、体态特征、职位、企业文化、办公环境等因素。女性的穿着打扮通常更灵活有弹性，如果公司没有指定的工作装，只要不是运动装、街头风格的休闲装或过短的裙子，其他都可以穿，但要学会搭配衣服、鞋子、发型、首饰、化妆，使之完美和谐。最终被别人称赞时，应该夸你漂亮，而不是说你的衣服好看或鞋子漂亮。如果不愿意为着装伤脑筋，选择一些质地好的套装，以黑色、深蓝色、咖啡色或米色最为安全，服装要少而精，重质量轻数量，讲究做工和面料，最重要的是要合身。搭配自己喜欢的衬衫、鞋子和其他饰品，其中鞋子的颜色必须深于衣服的颜色，如果比服装颜色浅，那么必须和其他装饰品颜色相配。手提包要和衣服的风格相符，并且不要塞得满满的。

另外，化妆可以让女性更具魅力，但不宜浓妆艳抹。过度打扮会让人感到做作，过于简单会让人感到不够精致。总之，有一个原则，每天的打扮必须迎合你当天要会见的人，符合他们的身份和职业，让自己不寒酸掉价。

二、办公室礼仪

办公室是商务人员处理日常工作的重要场所，在这里你会与同事们朝夕相处，还会经常在这里接待客户。因此，创造一个有利于事业成功的办公室环境是非常重要的。通常应当注意以下几个方面。

（1）保持办公室环境干净、整洁，物品摆放井然有序。从办公桌的状态可以看出工作人员的工作状态。任何时候桌面都井然有序的人，一般来说，工作也会做得干净利索、一丝不苟。为了更有效地完成工作，办公桌上应当只摆放手头正在处理的与工作有关的资料。如果工作人员暂时离开座位，应将文件覆盖起来，保密的资料应当随时收存。在每天下班前应做好第二天的准备工作。下班时，桌面上除台式计算机以外的其他工作物品或资料都应该收起来放进抽屉里或文件柜中，椅子要归位。

（2）在办公室里不要使用不雅、戏谑的绰号或昵称。虽然有时使用"宝贝儿""小子""丫头"等称呼会使双方显得亲近，但是在工作场所使用此类称呼会在别人心目中降低此人的身份，有损于他的专业形象。

（3）保持良好的仪态风范。不要匆匆忙忙地走路，也不要慌慌张张地做事。正确的走路姿态应当是安静的、稳重的，不要一边走路一边大声说笑，以免干扰别人办公。人的心理与行为有互动作用，心里慌乱则会手忙脚乱；反之，如果能够保持动作的稳重有序，内心的慌乱也容易慢慢平息下来。微笑要恰到好处、落落大方。站立时要收腹挺胸，给人以精神饱满的感觉。坐姿须稳重，背要直，不要跷腿叉脚、歪肩斜背，或瘫坐于椅子或沙发上，不要坐或倚靠在桌子、工作台或设备上，手不要放在衣袋里。

（4）控制自己的声音。一个人如果说话声音坚定而洪亮，那么在别人看来他是充满自信的。但洪亮不是大喊大叫，要注意自己声音的分贝。

（5）遵守各项规章制度，不迟到、早退。不迟到、早退不仅是为了免于受处罚而遵守制度，更是一种职业精神的体现。

（6）敲门的礼节。办公室关着门时，如果有人敲门，门内的人根据敲门的位置和声音就可以判断来人的情况——是自信的还是自卑的，是情绪急躁的还是情绪稳定的，等等。因此掌握敲门的礼节很重要。敲门时用力适中，节奏稳定，不急不慢。如果门口装有门铃，应当按门铃而不要敲门。通常门铃只按一次即可。如果无人应答，应当间隔10秒以后再按门铃。另外，开门、关门时注意不要用力过猛，以免引起他人不悦。

（7）递接物品时尽量用双手递接以示尊重。不能用双手时，应用右手递接物品。递接物品时不可以尖端对人。递给别人笔、剪刀等物品时，应当自己握住尖端，把安全的一端递给他人。

（8）不要霸占公用复印机、打印机，要爱护这些设备，并且充分考虑其他人的需要。如果对这些设备不熟悉，则应先阅读使用说明书；如果同事不忙，也可向他们请教。千万不能随意乱用，或者在卡纸时粗暴对待这些设备。在设备使用的高峰时段不要长时间占用设备，使用完毕后应当调整至常规状态。

（9）尊重他人。与人交谈时使用礼貌用语。如果有重要客人来办公室拜访，应当站起来打招呼以示尊重。注意尊重他人的空间和隐私，不要随意进入他人的办公室且不顾别人是否忙碌而一味闲聊。尤其注意不要对别人评头品足，不要无意中传播是非或未经证实的小道消息。工作时间如果有事要外出，应当事先和领导或同事交代清楚自己的去向以及需要同事帮忙代办的工作。

（10）如果在办公室里用餐，不要带会散发很浓烈气味的食物到办公室。用餐时不要发出很大的响声。用餐完毕之后，立即打扫桌面和地面，一次性餐具要立刻扔到垃圾房，不要长时间摆在办公室里。用餐时如有客户来访，一定要立刻收起餐具。用餐完毕后，要去洗手间漱口或刷牙，并整理仪容仪表。

（11）使用卫生间的礼仪。卫生间马桶的清洁程度往往能够反映员工的素质。如果你看到的都是脏乱差的卫生间，说明使用该卫生间的大多数人缺乏自律性和为他人着想的意识。使用洗手盆时，应注意不要把水溅出盆外，洗完手后不要到处乱甩。排队时，应从洗手间的门口开始排队。不要直接走到某个小门前排队。

 本章小结

时间管理是指通过事先规划和运用一定的技巧、方法与工具实现对时间的灵活、有效运用，从而实现个人或组织的既定目标。其目的在于决定什么事该做，什么事不该做。提高时间管理能力的方法有计划管理法、时间"四象限"法、GTD法、时间ABC分类法。

在职场上，要做好时间管理、压力管理与情绪管理，克服沟通障碍，才能更好地适应职场，在职场上更好地生存。

职场礼仪是指人们在职业场所中应当遵循的一系列礼仪规范。学会这些礼仪规范，将提高一个人的职业形象。良好的职业形象也是一种竞争力。因此，每一个职场人都需要着装规范，遵守办公室礼仪，树立塑造并维护个人职业形象的意识。

 思考问题

1. 谈一谈职场上如何做好时间管理和情绪管理。
2. 谈一谈在职场上如何缓解压力。
3. 如果你是刚进入职场的大学生，应该注意遵守哪些职场礼仪？

延伸阅读

职场致胜法则

———————— 本 篇 案 例 分 析 ————————

案例分析一　盲目求职的 A 先生

讨论题：

1．A 先生面试表现如何？面试失败的原因有哪些？

2．如果面试中遇到了自己无法解答的问题，你会怎么做？

案例分析二　歆 的 困 惑

讨论题：

1．歆目前的工作压力来源于哪些方面？

2．歆处理自己情绪的方法好不好？对个人职业生涯发展的影响有利吗？

3．请你给歆提供一些能够改变现状的建议。

参 考 文 献

[1] 曲强，林益民. 区块链+人工智能：下一个改变世界的经济新模式[M]. 北京：人民邮电出版社，2019.

[2] 罗宾斯. 5 秒法则[M]. 李佳蔚，译. 长沙：湖南文艺出版社，2018.

[3] 富田和成. 高效 PDCA 工作术[M]. 王延庆，译. 长沙：湖南文艺出版社，2018.

[4] 孙宗虎. 职业生涯规划管理事务手册[M]. 北京：人民邮电出版社，2018.

[5] 戈尔曼. 情商 3：影响你一生的工作情商[M]. 2 版. 葛文婷，译. 北京：中信出版社，2018.

[6] 费瑟斯通豪. 远见[M]. 苏健，译. 北京：北京联合出版公司，2017.

[7] 萨克尼克，若夫门. 职业指导：职业生涯规划教程[M]. 11 版. 北京：中国劳动社会保障出版社，2017.

[8] 王占军，北森生涯学院组. 大学生职业生涯规划咨询案例精编[M]. 上海：华东师范大学出版社，2017.

[9] 施瓦布. 第四次工业革命[M]. 世界经济论坛北京代表处，李菁，译. 北京：中信出版社，2016.

[10] 里尔登，伦兹，彼得森，等. 职业生涯发展与规划[M]. 4 版. 侯志瑾，等译. 北京：中国人民大学出版社，2016.

[11] 方伟. 大学生职业生涯规划咨询案例教程[M]. 2 版. 北京：北京大学出版社，2015.

[12] 刘明耀，曹金凤，陈强，等. 职业生涯规划与就业指导案例分析[M]. 北京：电子工业出版社，2015.

[13] 刘瑞晶. 职业生涯规划：理论、案例与实训[M]. 北京：中国人民大学出版社，2015.

[14] 徐克茹. 商务礼仪标准培训[M]. 3 版. 北京：中国纺织出版社，2015.

[15] 李兴洲，单从凯. 职业生涯规划[M]. 北京：北京师范大学出版社，2015.

[16] 葛玉辉. 职业生涯规划与管理[M]. 北京：清华大学出版社，2014.

[17] 陈济，等. 职业生涯规划教师参考书[M]. 2 版. 北京：中国人民大学出版社，2013.

[18] 吉拉德，凯斯摩. 怎样销售你自己[M]. 王淑贤，等译. 北京：中国人民大学出版社，2013.

[19] 葛玉辉. 人力资源管理[M]. 3 版. 北京：清华大学出版社，2012.

[20] 格拉顿. 转变：未来社会工作岗位需求变化及应对策略[M]. 高采平，等译. 北京：电子工业出版社，2012.

[21] 张凤伟. 懂心理学你赚大了[M]. 广州：广东经济出版社，2011.

[22] 沙夫. 生涯发展与规划：人生的问题与选择[M]. 周黎明，译. 北京：中国人民大学出版社，2011.

[23] 莱文森. 职业生涯的设计和管理[M]. 李特朗，等译. 北京：商务印书馆，2010.

[24] 石建勋. 职业生涯规划与管理[M]. 北京：清华大学出版社，北京交通大学出版社，2009.

[25] 杨河清. 职业生涯规划[M]. 2 版. 北京：中国劳动社会保障出版社，2009.

[26] 钟谷兰，杨开. 大学生职业生涯发展与规划[M]. 上海：华东师范大学出版社，2008.

[27] GUTTERIDGE T G, LEIBOWITZ Z B, SHORE J E. Organizational Career 35. Development: Benchmarks for Building a World-class Workforce[M]. Jossey –Bass Publishers, San Francisco,1994.

[28] FARREN C. The Flexible Career: Riding the career waves of the Nineties[M]. The 1995 Annual: Volume 1, Training by PFEIFFER J W (Ed.), San Diego, CA: Pfeiffer & Company.

[29] ADAMSON S J, DOHERTY N, VINEY C. The meanings of career revisited: Implications for theory and practice[M]. British Journal of Management, 1998.

[30] ROTHWELL W J. Designing and Developing Career Development Systems[M]. Spring semester, 2000.

[31] DESSLER G. Human Resource Management[M]. Prentice-hall International, Inc., 2002.